50 clássicos de auto-ajuda

50 clássicos de auto-ajuda

50 livros inspiradores para transformar sua vida

TOM BUTLER-BOWDON

SEXTANTE

Título original: *50 Self-Help Classics*

tradução: Pedro Jorgensen Junior
preparo de originais: Débora Chaves
revisão: Sérgio Bellinello Soares e Tereza da Rocha
projeto gráfico e diagramação: Marcia Raed
capa: Miriam Lerner
fotolitos: R R Donnelley
impressão e acabamento: Cromosete Gráfica e Editora Ltda.

O autor preparou uma lista com outros 50 importantes clássicos de auto-ajuda. Para ter acesso a essa lista, que inclui pequenos comentários de Tom Butler-Bowdon sobre cada obra, visite a página do livro *50 clássicos de auto-ajuda* no site www.sextante.com.br. Se preferir, ligue 0800-22-6306 e solicite uma cópia impressa.

CIP-BRASIL. CATALOGAÇÃO-NA-FONTE
SINDICATO NACIONAL DOS EDITORES DE LIVROS, RJ

B992c

Butler-Bowdon, Tom, 1967-
50 clássicos de auto-ajuda: dos sábios da antiguidade aos gurus contemporâneos, 50 livros inspiradores para transformar sua vida / Tom Butler-Bowdon; tradução de Pedro Jorgensen Junior. – Rio de Janeiro: Sextante, 2006.
Tradução de: 50 self-help classics
ISBN 85-7542-257-X

1. Técnicas de auto-ajuda – Bibliografia. 2. Experiências de vida – Bibliografia. I. Título.

06-3575 CDD 158.1
CDU 159.947.2

GMT Editores Ltda.
Rua Voluntários da Pátria, 45/1.404 – Botafogo
22270-000 – Rio de Janeiro – RJ
Tel.: (21) 2286-9944 – Fax: (21) 2286-9244
E-mail: atendimento@esextante.com.br
www.sextante.com.br

Sumário

Introdução

"A maior descoberta da minha geração é a de que
o ser humano pode mudar sua vida modificando suas atitudes."
William James (1842-1910)

"Os hábitos mentais não precisam durar para sempre.
Uma das descobertas mais significativas da psicologia nos últimos 20 anos
é a de que as pessoas podem escolher seu modo de pensar."
Martin Seligman, *Aprenda a ser otimista*

Você com certeza já ouviu dizer que é possível "mudar sua vida modificando seus pensamentos e hábitos mentais", mas já parou para pensar no que isso significa? Este livro é um resumo de idéias extraídas de livros especificamente dedicados à transformação pessoal – eu os chamo de clássicos da auto-ajuda.

Você certamente tem uma idéia do que seja a literatura de auto-ajuda, mas seria útil aprofundar essa compreensão com o auxílio dos autores e títulos abordados nas páginas seguintes. Se existe um fio a percorrer todas essas obras é a sua recusa em aceitar a "infelicidade comum" ou o "silencioso desespero" como se fizessem parte do temperamento humano.

Os autores reconhecem as dificuldades e os contratempos como parte da realidade, mas dizem que eles não podem nos definir. Não importa quão adversa seja a situação, sempre é possível determinar o seu impacto em nossas vidas – como bem nos mostram dois dos livros selecionados, *Em busca de sentido,* de Viktor Frankl, e *A consolação da filosofia*, de Boécio.

Decidir conscientemente o que pensar, não permitindo que os genes, o ambiente ou o destino determinem nosso caminho – essa é a essência da auto-ajuda. Embora uma das visões convencionais seja a de que a auto-ajuda lida com problemas, a maior parte dos clássicos aqui analisados trata de *possibilidades* que podem ajudar a revelar sua trajetória de vida, construir uma ponte entre o medo e a felicidade ou apenas inspirá-lo a ser uma pessoa melhor.

Samuel Smiles escreveu *Self-Help* (Auto-ajuda) em 1859, temendo que o livro fosse visto como um tributo ao egoísmo. Na verdade, ele pregava que a pessoa devia se apoiar em seus próprios esforços, na busca rigorosa de um objetivo que não dependesse de qualquer tipo de amparo, oficial ou não. Originalmente um político reformador, Smiles chegou à conclusão de que as verdadeiras revoluções aconteciam dentro da mente das pessoas. Ele introduziu, então, a maior idéia do século em que viveu – "progresso" – e a aplicou à sua vida pessoal. E usou histórias de figuras notáveis para tentar mostrar que tudo é possível para quem tem a audácia de tentar.

Abraham Lincoln é às vezes mencionado em textos de auto-ajuda como a personificação do pensamento "ilimitado". Ele não aplicava seus princípios em sua própria vida – era um homem desastrado e depressivo, em sua própria opinião –, preferindo usá-los para propósitos nobres, como "salvar a União" ou "libertar os Estados Unidos da escravidão". Lincoln não gostava de se vangloriar, ele vivia para algo maior.

A melhor literatura de auto-ajuda não trata das fantasias do ego, mas da identificação de um projeto, meta, ideal ou modo de ser em que você possa fazer a diferença. Sendo assim, você pode transformar uma parte do mundo e, ao mesmo tempo, você mesmo.

O fenômeno da auto-ajuda

"...os símbolos do divino aparecem em nosso mundo inicialmente como lixo cultural."
PHILIP K. DICK, *VALIS*

O livro de auto-ajuda não é novo, mas só no século XX ele se tornou um fenômeno de massa. O número exato de exemplares vendidos é impossível de calcular, mas só os 50 clássicos desta seleção ultrapassaram a barreira dos 150 milhões de cópias. Se considerarmos os milhares de outros títulos, o número final passa de meio bilhão.

Eles são comprados por pessoas comuns, interessadas em fazer algo de suas vidas e dispostas a acreditar que o segredo do sucesso pode ser encontrado num livro de bolso.

A imagem de subliteratura talvez se deva ao fato de os livros serem muito acessíveis, contendo promessas e idéias que dificilmente sairiam da cabeça de um professor ou de um padre. O fato é que as pessoas passaram a dispor de uma nova fonte de orientação para suas vidas, e gostaram disso. Pela primeira vez não estavam recebendo ordens sobre o que devia ser feito – ao contrário, eram incentivadas a pensar grande e a pensar alto.

Um livro de auto-ajuda pode ser o seu melhor amigo e defensor na medida em que demonstra uma fé em sua grandeza e beleza essencial que é difícil obter de outra pessoa. A ênfase na idéia de pensar grande e acreditar que nossos pensamentos podem reformar o mundo nos permite concluir que a melhor definição para os textos de auto-ajuda talvez seja a de uma "literatura da possibilidade".

Muitas pessoas se surpreendem com o tamanho das seções de auto-ajuda nas livrarias. Não vejo razão: qualquer livro que reconheça o direito de sonhar e mostre como transformar os sonhos em realidade é poderoso e precioso.

Os 50 escolhidos

A lista de clássicos aqui discutidos resulta de minhas próprias leituras e pesquisas. Certamente, ela seria totalmente diferente se fosse outra pessoa a se lançar no mesmo projeto. Embora meu foco sejam os livros publicados no século XX, algumas obras antigas também foram incluídas porque a ética da auto-ajuda está conosco há um longo tempo. É o caso da *Bíblia,* do *Bhagavad-Gita,* de *Meditações,* de Marco Aurélio, e de *Autobiografia,* de Benjamin Franklin.

Grande parte dos autores é dos Estados Unidos e, embora possa parecer imperialismo cultural, a verdade é que os valores da auto-ajuda são universais. Minha seleção procura refletir a imensa diversidade do gênero, cujos objetivos são mais amplos: desenvolvimento pessoal, autoconhecimento e aumento da felicidade. Muitos títulos foram escolhidos por sua fama e influência. Outros por preencherem algum nicho relevante – relacionamentos, alimentação, vendas, auto-estima – com suas idéias. Mas todos são de fácil leitura e possuem aquela "centelha" que desafia o tempo e o lugar em que foram escritos.

Em *Mulheres que correm com os lobos,* por exemplo, Clarissa Pinkola Estés apresenta uma bibliografia que pode interessar aos leitores. Ela pergunta: "Como é que eles se combinam? Em que um contribui para o outro? Compare, veja o que acontece. Algumas parcerias são pura dinamite. Outras são como sementeiras." O mesmo pode ser dito dos clássicos da auto-ajuda.

A sua vez de agir

"O essencial, em última análise, é a vida do indivíduo.
Só ele faz história, só aqui as grandes transformações acontecem,
e todo o futuro, toda a história do mundo, emana, finalmente,
como um somatório gigante dessas fontes ocultas nos indivíduos."
CARL GUSTAV JUNG

Houve um tempo em que vivíamos em grupos tribais que guiavam nossas vidas e supriam nossas necessidades físicas, sociais e espirituais. Com o surgimento da "civilização", a Igreja e o Estado parecem ter assumido esses papéis. Hoje dependemos das empresas que nos empregam para obter segurança material e emocional (a sensação de pertencer a um grupo).

A história mostra, contudo, que instituições e comunidades eventualmente desmoronam e, quando isso acontece, o indivíduo fica exposto. Trata-se de uma mudança forçada e, à medida que o mundo se torna mais acelerado, a probabilidade de que isso o afete aumenta na mesma velocidade. Por esse motivo, precisamos saber mais sobre nós mesmos, estar conscientes de como administrar a mudança e ter planos para nossas vidas que não dependam de nenhuma instituição.

Seja nossa intenção mudar o mundo ou apenas a nós mesmos, há razões de sobra para suspeitarmos que ninguém o fará por nós. Isso mesmo. No final, a responsabilidade será nossa.

Outra pressão crítica que nos atinge, por mais incrível que pareça, é a vertiginosa expansão do poder de escolha. É claro que amamos a liberdade, mas ter a oportunidade efetiva de construir o próprio caminho pode ser um tanto assustador. Os livros *Estratégias de vida: fazendo o que importa, fazendo o que dá certo*, de Philip McGraw, *Finding Your Own North Star* (Descobrindo a sua estrela-guia), de Martha Beck, e *Walden ou A vida nos bosques*, de Henry David Thoreau, tratam desse paradoxo – quanto mais opções temos, mais precisamos de foco. A verdade é que qualquer um pode arranjar um emprego, mas será que isso se aplica quando se trata de ter um propósito?

No século XX, uma das questões tinha como foco a adaptação do indivíduo às grandes estruturas organizacionais – quem se ajustava era bem-sucedido. Contudo, Richard Koch nos mostra em *O princípio 80/20* que o sucesso, hoje como no futuro, depende de sermos cada vez mais fiéis a nós mesmos.

Ou seja, se você estiver disposto a expressar sua individualidade, fará inevitavelmente uma contribuição valiosa para o mundo.

Isso tem uma dimensão moral (Teilhard de Chardin se referia "à incomunicável singularidade que cada um de nós possui"), mas também um sentido econômico e científico: a evolução se dá por diferenciação, não por assimilação a um padrão geral, de modo que as recompensas da vida sempre caberão àqueles que não são apenas excelentes, mas extraordinários.

O futuro da auto-ajuda

"Sou uma contradição. Sou amplo. Contenho multidões."
WALT WHITMAN

Há, no coração da literatura de auto-ajuda, duas concepções básicas de como devemos nos ver. Livros como *A verdadeira magia*, de Wayne Dyer, *Cuide de sua alma*, de Thomas Moore, e *As sete leis espirituais do sucesso*, de Deepak Chopra, defendem a existência de uma essência imutável dentro de nós (chamada alma ou eu superior) que nos guia e nos ajuda a realizar nosso propósito de vida. Nessa concepção, o autoconhecimento é o caminho da maturidade.

Outros livros, como *Quem é John Galt?*, de Ayn Rand, *Desperte o gigante interior*, de Anthony Robbins, e *Autobiografia*, de Benjamin Franklin, presumem que o *self* é uma folha em branco sobre a qual se pode escrever a própria história. Ninguém resume melhor essa atitude do que Friedrich Nietzsche:

"As naturezas ativas e bem-sucedidas agem de acordo não com a máxima 'conheça-te a ti mesmo', mas como se pairasse à sua frente este mandamento: deseje o eu e torne-se uno."

Pessoas que se conhecem profundamente e que têm capacidade para se reinventar são abstrações. Uma pessoa de verdade será sempre uma combinação interessante das duas coisas. Em ambos os casos, consideramos que o eu é independente e unitário ("uno"), mas atualmente a situação é bem diferente – assumimos muitos papéis, pertencemos a várias comunidades e expressamos múltiplas personalidades; nossa experiência é complexa.

Em seu livro *The Saturated Self* (O eu saturado), Kenneth Gergen sugere que a idéia do eu unitário evoluiu para a multimentalidade, ou o que ele chamou de "personalidade multifrênica". Outro autor, Robert Jay Lifton, diz em *The*

Protean Self: Human Resilience in an Era of Fragmentation (O *self* proteano: a resistência humana na era da fragmentação) que, para evitar o sentimento de caos, temos de desenvolver um eu mais firme e sofisticado, consciente de suas múltiplas dimensões. Somente o "eu proteano" saberá lidar com este mundo imensamente complicado. Para Lifton, o eu unitário não está morto, mas em fase de mudança.

Será que mesmo essa percepção mais evoluída do indivíduo será capaz de lidar com os avanços tecnológicos? Que tipo de pessoa surgirá do uso da engenharia genética e de outros métodos capazes de mudar a personalidade e aumentar a inteligência? Se conseguirmos interferir no *self* a esse ponto, o que será do "autoconhecimento" imaginado por Platão?

Os cientistas estão convencidos de que muitas das crianças que nascerão na próxima década viverão mais de 100 anos, podendo chegar a 150 anos de idade. Será que essa nova longevidade tornará nossa identidade mais coerente ou será que tantas mudanças – relacionamentos, família, carreiras, acontecimentos mundiais – destruirão o sentimento de continuidade e segurança?

Mais assustadora ainda é a possibilidade de manter ativo o software de nosso cérebro até muito depois de nossa vida se extinguir e, quem sabe, tê-lo transplantado para um novo corpo. Essa possibilidade torna mais significativa a pergunta: "O que é o eu?". Nesse futuro estilo *Blade Runner*, a idéia do autoconhecimento pode vir a se tornar o objetivo histórico do ser "pós-humano". Os livros de auto-ajuda surgiram do desaparecimento da certeza e do colapso da tradição. Mas a literatura sempre assumiu que conhecíamos o *self* e, na medida em que essa premissa é questionada, os livros de auto-ajuda do futuro terão que ser guias de si mesmos.

50 clássicos de auto-ajuda

Como fazer amigos e influenciar pessoas

1936

"Em vez de condenar as pessoas, tentemos compreendê-las. Tentemos descobrir por que elas fazem o que fazem. Isso é muito mais proveitoso e interessante do que criticar, além de despertar simpatia, tolerância e bondade. 'Saber tudo é perdoar tudo.'"

"Lembre-se de que as pessoas com quem você fala estão 100 vezes mais interessadas em si mesmas, em suas necessidades e problemas do que em você e seus problemas. A dor de dente de uma pessoa significa mais para ela do que a fome que mata milhões de pessoas na China. Um furúnculo no pescoço lhe importa mais do que 40 terremotos na África. Pense nisso da próxima vez que começar um diálogo."

Em síntese

Esforce-se sinceramente para ver o mundo como a outra pessoa o vê. A simpatia despertada significa que tudo o que você tem a dizer será realmente ouvido.

Na mesma linha

Stephen Covey, *Os 7 hábitos das pessoas altamente eficazes* (p. 32)

Norman Vincent Peale, *O poder do pensamento positivo* (p. 158)

Capítulo 1

Dale Carnegie

É preciso admitir: o título *Como fazer amigos e influenciar pessoas* sugere certa falta de sinceridade. Afinal, quantas pessoas se orgulhariam de "conquistar" um amigo e influenciá-lo para seu benefício pessoal? De fato, isso não soa nada bem. Para o leitor de hoje, o livro invoca truques mentais para um mundo altamente competitivo, típica mercadoria barata usada por um vendedor da era da depressão americana nos anos 1930. Nesse caso, julgar o livro pelo título parece uma decisão bastante razoável. No entanto, vale a pena o leitor considerar alguns argumentos em sua defesa.

Algumas razões para ler Dale Carnegie

1 Há uma estranha inconsistência entre o que o título anuncia e o que boa parte do livro realmente propõe. Lendo-o com atenção, você verá que não se trata absolutamente de um manual de manipulação, à maneira de *O príncipe,* de Maquiavel. Carnegie desprezava a idéia de se "ganhar um amigo" com um propósito em mente: "Se nos limitarmos a tentar impressionar as pessoas e conquistar seu interesse, nunca teremos amigos verdadeiros e sinceros. Amigos de verdade não agem dessa forma." A energia que faz desse livro uma grande leitura provém do amor pelas pessoas. Talvez ele ainda atraia ególatras de todos os tipos – por ser divulgado como uma ferramenta para conquistar popularidade –, mas já é tempo do clássico de Carnegie passar a ser visto sob uma luz mais generosa e verdadeira.

2 Carnegie escreveu esse livro nos anos 1930, em plena grande depressão dos Estados Unidos, quando as oportunidades eram escassas. Sua proposta mostrava exatamente como as pessoas com baixo nível de instrução podiam progredir tirando partido da única coisa que ninguém lhes poderia roubar: sua personalidade. Pelos padrões atuais, as afirmações feitas por Carnegie não parecem muito ousadas – a psicologia motivacional se tornou uma disciplina

conhecida –, mas tente imaginar seu impacto na época. Para muita gente devia parecer ouro. Para outras ainda é.

3 *Como fazer amigos e influenciar pessoas* é um manual de ação baseado em experiências do próprio Carnegie. É como se ele estivesse revelando um segredo ao leitor: sem grandes teorias, apenas um conjunto de regras que funcionam "como mágica". O estilo coloquial foi um sopro de ar fresco para os que se interessavam pelo assunto e só tinham tratados acadêmicos de psicologia como fonte de consulta, e atraiu ainda mais aqueles que não tinham o hábito da leitura. Numa cultura cuja marca registrada é a substituição do trabalho braçal pela tecnologia, um livro que prometia transformar sua vida sem muito esforço estava mesmo fadado a ter uma imensa receptividade.

4 O livro não foi escrito com a perspectiva de se tornar um best-seller, nem fazia parte de seu plano geral lucrar com os baixos instintos das pessoas. Seu objetivo era simples: servir como material didático para os cursinhos que Carnegie ministrava (o "Como" do título é revelador de sua origem) nas áreas de oratória, comunicação eficaz e relações humanas. A tiragem original foi de 5 mil exemplares.

A causa do fenômeno

Apesar da origem "caseira", o livro causou sensação. Seja por causa do título apelativo ou não, o fato é que *Como fazer amigos e influenciar pessoas* é um dos maiores best-sellers da história: mais de 15 milhões de exemplares vendidos em todos os principais idiomas do mundo. Até hoje mantém o posto de campeão de vendas na área do auto-aperfeiçoamento.

No prefácio que fez para a edição de 1981, Dorothy Carnegie observou que "mais do que um fenômeno passageiro do período pós-depressão", as idéias de seu marido atenderam a necessidades reais. Nada mais verdadeiro. Não por acaso o livro foi incluído em coletâneas como *Most Significant Books of the 20th Century* (Os livros mais significativos do século XX) e *Ultimate Business Library: 50 Books that Made Management* (A biblioteca de negócios perfeita: 50 livros que fizeram história em gerenciamento), ao lado de autores como Henry Ford, Adam Smith, Max Weber e Peter Drucker.

A mensagem: educação, não manipulação

O sucesso dos cursos de Carnegie revelou o interesse das pessoas por treinamentos específicos que as ajudassem a desenvolver habilidades como liderar, expressar idéias e motivar equipes. Hoje é mais do que sabido que só o conhecimento técnico e a inteligência não garantem sucesso na carreira, mas na década de 1930 ainda era muito incipiente a visão de que para ser bem-sucedido era necessário lançar mão de vários elementos.

Explorando o fato de que as aptidões pessoais podiam fazer toda a diferença, Carnegie popularizou técnicas de inteligência emocional décadas antes de sua consolidação no mundo acadêmico. Ele nunca esqueceu uma declaração feita por John D. Rockefeller (o Bill Gates da época) de que a aptidão para o trato interpessoal era mais valiosa do que todas as outras juntas.

Como não encontrou nenhum livro a respeito do assunto, Carnegie fez incansáveis pesquisas em varas de família, ensaios de psicologia e biografias, em especial de pessoas reconhecidas por seus excepcionais talentos de liderança. Também entrevistou dois dos mais importantes inventores do século: Marconi e Edison, além de Franklin D. Roosevelt e os astros do cinema Clark Gable e Mary Pickford.

Foi a partir desse conjunto de idéias que Carnegie transformou as apostilas que havia criado para seus cursos no livro *Como fazer amigos e influenciar pessoas*. Uma vantagem extra: elas tinham sido exaustivamente testadas no "laboratório humano" de seus cursos antes de aparecerem como "princípios" em seu livro.

Os princípios de Carnegie

Mas esses princípios funcionavam? Os fatos descritos no livro falam por si mesmos. Há, por exemplo, a história de um homem que comandava implacavelmente seus 314 empregados. Era o protótipo do patrão carrasco, incapaz de dizer qualquer coisa de positivo a respeito de sua equipe. Mas, depois de fazer o curso de Carnegie e aplicar o princípio de "Não criticar, não condenar e não se queixar", ele conseguiu transformar 314 inimigos em 314 amigos, inspirar uma lealdade nunca antes vista e, ainda por cima, aumentar seus lucros. Como se não bastasse, sua família passou a amá-lo ainda mais, o que o levou a reservar mais tempo para o lazer e a mudar radicalmente sua perspectiva da vida.

Essa era a maior fonte de satisfação de Carnegie – não os benefícios profissionais e resultados financeiros proporcionados por seus cursos, mas o fato de eles ajudarem as pessoas a abrir os olhos e reestruturar suas vidas, agora com mais leveza e menos embates e jogos de poder.

No segundo capítulo há uma interessante seqüência de citações sobre o principal desejo humano. O filósofo americano John Dewey cita o desejo de ser importante como o mais profundo ímpeto da natureza humana. Para Freud, depois do sexo, o desejo de ser famoso é o que motiva as pessoas, enquanto Lincoln acha que o que vale é se sentir valorizado.

Na opinião de Carnegie, quem compreender verdadeiramente a ânsia por reconhecimento que as pessoas têm também saberá como fazê-las felizes e extrair o melhor de quem está ao seu redor.

Carnegie inclui ainda histórias de sucesso de grandes industriais de sua época, entre eles Charles Schwab, presidente da United States Steel Company, o primeiro executivo a ganhar um milhão de dólares por ano. O segredo de seu sucesso? "Ser sincero em minhas aprovações e pródigo em meus elogios aos subordinados." Parece óbvio, mas valorizar os empregados e fazer com que se sintam especiais são técnicas que só recentemente foram incorporadas ao manual de boas maneiras gerenciais.

Ao mesmo tempo, Carnegie era contra a bajulação. Até porque bajular implica imitar as vaidades de quem se quer agradar, enquanto o sincero reconhecimento do valor de um empregado é um ato de gratidão que pressupõe que você está realmente analisando aquela pessoa, quem sabe, pela primeira vez. Uma das conseqüências é que você se torna mais bem visto pelas pessoas que estão sendo avaliadas e aumenta o seu próprio julgamento de valor.

Isso permite que você desfrute o prazer inenarrável de ver um rosto se iluminar e, no ambiente de trabalho, o tédio e a desconfiança se transformarem em animada colaboração. O princípio de Carnegie que estimula a "valorização sincera e honesta" tem a ver, em última instância, com enxergar a beleza das pessoas.

O livro lista 27 princípios, mas a maioria segue a lógica desses dois primeiros. Entre eles se incluem:

- Desperte no outro uma necessidade intensa.
- Procure se interessar verdadeiramente pelos outros.
- A única forma de tirar vantagem de uma discussão é evitá-la.
- Mostre respeito pela opinião dos outros. Nunca diga: "Você está errado."
- Se você estiver errado, admita de modo rápido e enfático.
- Apresente-se de maneira amigável.
- Deixe que a outra pessoa fale a maior parte do tempo.
- Apele para motivos nobres.
- Faça com que o outro se sinta querido.

Comentários finais

Embora fácil de ser parodiado, o livro é realmente divertido, coisa rara em obras de desenvolvimento pessoal. Com seu peculiar senso de humor, Carnegie produziu um texto que realmente cativa o leitor, como prova um de seus princípios mais conhecidos: "Lembre-se de que o nome de uma pessoa é para ela a palavra mais doce e importante da face da Terra."

Como fazer amigos e influenciar pessoas será lido pelos próximos 50 anos exatamente porque fala de pessoas, um assunto sobre o qual todo mundo pensa que sabe muito, mas, invariavelmente, não sabe nada. Antes de o livro ser lançado, pensava-se que lidar com pessoas era uma aptidão natural – ou você tinha ou não.

Carnegie provou que as relações humanas são mais compreensíveis do que supomos e que as habilidades pessoais podem ser aprendidas. E ainda acrescentou uma proposição que se opunha diretamente à reputação de sua obra – a de que só podemos influenciar verdadeiramente as pessoas se as respeitarmos e apreciarmos.

Dale Carnegie

Filho de um agricultor pobre, Carnegie nasceu em 1888 em Maryville, Missouri. Na adolescência, apesar de ter de se levantar diariamente às três da manhã para ordenhar vacas, ele conseguiu se graduar pela Teachers State College de Warrensburg. Seu primeiro emprego foi de vendedor de cursos por correspondência. Depois passou a vender toucinho defumado, sabonetes e banha de porco para a Armor & Company. Seu desempenho foi tão bom que o sul de Omaha, seu território de vendas, tornou-se líder nacional no ranking da empresa.

O desejo de se tornar ator levou Carnegie a se inscrever na Academia Americana de Artes Dramáticas, em Nova York. Chegou a excursionar pelo país com a peça Polly of the Circus, *na qual interpretava o personagem Dr. Hartley, mas acabou retornando à vida de vendedor, como representante da fábrica de automóveis Packard.*

Mais tarde convenceu a Associação Cristã de Moços a deixá-lo dar cursos de "Como falar em público", que fizeram enorme sucesso e hoje são oferecidos em todo o mundo. Seu primeiro livro, Public Speaking and Influencing Men in Business *(Falar em público e influenciar homens de negócios), foi escrito como material didático. Outros títulos seus:* Como parar de se preocupar e começar a viver *e* Lincoln, esse desconhecido. *Carnegie morreu em 1955.*

As sete leis espirituais do sucesso

1994

"Quando entendemos essas leis e as aplicamos em nossas vidas, tudo o que queremos pode ser criado, porque as mesmas leis que a natureza usa para criar uma floresta, uma galáxia, uma estrela ou um corpo humano podem também gerar a realização de nossos mais profundos desejos."

"A melhor forma de pôr em prática a lei da doação... é tomar a decisão de, toda vez que entrar em contato com alguém, dar algo a essa pessoa. Não precisa ser na forma de bens materiais; pode ser uma flor, um elogio, uma oração... Carinho, atenção, apreço e amor são os presentes mais valiosos que você pode dar a alguém e não custam absolutamente nada."

"A quarta lei espiritual do sucesso é a lei do menor esforço. Ela se baseia no fato de que a inteligência da natureza funciona com uma tranqüila naturalidade e absoluta despreocupação. É o princípio da ação mínima, da não-resistência... Quando aprendemos essa lição, realizamos facilmente os nossos desejos."

Em síntese

Existe uma forma mais fácil de obter o que se quer da vida, e ela envolve a sintonia com a natureza e o universo.

Na mesma linha

Bhagavad-Gita (p. 260)

Florence Scovell Shinn, *O jogo da vida e como jogá-lo* (p. 164)

Capítulo 2

Deepak Chopra

A*s sete leis espirituais do sucesso* é o protótipo do livro de auto-ajuda contemporâneo – simples e de efeito poderoso.Você poderia jogar fora todos os outros e ficar só com ele.

A ênfase no sucesso e na prosperidade pode parecer "pouco espiritual", mas, a menos que você seja um ermitão auto-suficiente, precisa, como todo mundo, conciliar a criação da riqueza com o espírito. Nada mais emblemático de nossa época.

Misturando um texto de cunho religioso com dicas de manual de prosperidade, Chopra busca identificar as leis imutáveis do sucesso – um dos grandes desafios da literatura de auto-ajuda. O *karma* (causa e feito) e o *dharma* (propósito de vida) constituem duas das sete leis que ele apresenta. Dê uma breve olhada nas outras cinco.

A lei da potencialidade pura

O campo da potencialidade pura é o reino silencioso do qual fluem todas as coisas, onde "o não-manifesto se faz manifesto". Nesse estado de consciência intocada, temos conhecimento puro, equilíbrio perfeito, invencibilidade e bem-aventurança.

Ao acessar esse campo, experimentamos nosso eu mais elevado e percebemos a futilidade e o desperdício de deixar que o ego assuma o comando de nossa vida. Enquanto o ego se baseia no medo, o "eu superior" se mantém em amorosa segurança:

> *"Ele é imune à crítica, não teme nenhum desafio e não se sente inferior a ninguém. Apesar disso, é também humilde e não se sente superior a ninguém, porque reconhece que todos os outros fazem parte do mesmo 'Eu', do mesmo espírito sob diferentes aspectos."*

Quando cai o véu da consciência, o conhecimento se revela e as grandes inspirações se tornam habituais. Chopra usa o comentário de Carlos Castañeda para mostrar sua visão sobre o assunto: "Se parássemos de insistir em nossa própria importância, começaríamos a ver a grandeza do universo."

Podemos acessar o campo da potencialidade pura basicamente através da meditação e do silêncio, assim como da prática do não-julgamento e da apreciação da natureza. Uma vez bem-sucedido, você pode a qualquer momento se recolher e manter-se independente, imune a situações, sentimentos, pessoas e coisas. Toda prosperidade e criatividade emanam desse campo.

A lei da doação

Você já percebeu que quanto mais você dá mais recebe? E por que essa troca parece tão infalível? Para Chopra, é porque nossas mentes e corpos estão sempre disponíveis para o universo. Criar, amar e crescer mantêm o fluxo ativo, enquanto o egoísmo interrompe o fluxo e, como o sangue, coagula.

Quanto mais doamos, mais nos envolvemos na circulação da energia universal e mais a recebemos de volta na forma de amor, coisas materiais e experiências felizes. O dinheiro faz, sim, girar o mundo, mas somente se a pessoa tiver o hábito tanto de distribuir quanto de receber.

Se você decidir oferecer alguma coisa, faça isso com alegria. Se quiser ser alvo de bons fluidos, silenciosamente envie braçadas de pensamentos positivos às pessoas. Se estiver sem dinheiro, ofereça seus préstimos. Nossa capacidade de doação é ilimitada porque a riqueza e a abundância constituem a verdadeira natureza do gênero humano. A natureza providencia tudo aquilo de que necessitamos, assim como o campo da pura potencialidade nos provê de inteligência e criatividade para produzirmos ainda mais.

A lei do menor esforço

Assim como é da natureza do peixe nadar e da natureza do sol brilhar, é da natureza do homem transformar – sem esforço, se possível – seus sonhos em realidade. O princípio védico da economia de esforço diz: "Faça menos e realize mais." Conceito revolucionário ou loucura? Será que trabalho duro, planejamento e esforço são pura perda de tempo?

Chopra sugere que quando nossas ações são motivadas pelo amor, não pelos desejos do ego, elas geram um excesso de energia que pode ser usado para criar tudo o que desejamos. Em contraste, a busca do poder dominante ou a tentativa de ser aceito pelos outros consomem grandes quantidades de energia. Na tentativa de provar alguma coisa, enquanto estivermos agindo a mando do "eu superior", podemos simplesmente escolher como e onde influenciaremos a evolução e estimularemos a abundância.

O primeiro passo é praticar a aceitação. Não podemos ter esperanças de canalizar o poder natural do universo se estamos lutando contra ele. Diga, pois, a si mesmo, até nas situações mais difíceis: "Este momento é como devia ser." O segundo passo é praticar atitudes não defensivas. Quem fica o tempo todo sustentando seus pontos de vista e culpando outras pessoas não pode estar realmente aberto à alternativa perfeita que se encontra à sua espera.

A lei da intenção e do desejo

Essa é a lei mais complexa e também a mais fascinante. Chopra observa que, enquanto as árvores possuem um único propósito (fincar raízes, crescer e fazer a fotossíntese), a inteligência do sistema nervoso humano permite moldar a mente e as leis da natureza para realizar a façanha de um desejo livremente imaginado. Isso ocorre por meio do processo de atenção e intenção.

Enquanto concentrar sua atenção sobre algo provoca uma energização do objeto, levando-o a expandir-se, a intenção aciona energia, informação e "organiza a sua própria realização". Como isso acontece? O autor usa a analogia de um lago sereno. Quando a mente está imóvel, mesmo a menor intenção que atiramos dentro dela cria ondulações que se movem no espaço e no tempo.

Quando, porém, a mente se assemelha a um mar turbulento, nem mesmo um rochedo provocaria efeito algum. Uma vez que a intenção tenha sido apresentada, o estado de receptiva imobilidade apóia-se no infinito poder organizador do universo para torná-la visível. É melhor deixar que "o universo cuide dos detalhes".

A lei do desapego

Embora você possa ter uma intenção, precisa abrir mão, se desapegar da conquista antes que ela se torne realidade. Mesmo estando totalmente focados num objetivo, se nos apegarmos a um resultado específico, isso nos deixará inseguros e com medo diante da possibilidade de nada acontecer.

Uma pessoa sintonizada com seu "eu superior" terá intenções e desejos, mas a percepção de si mesma não depende do resultado dessas intenções e desejos. Existe uma parte do "eu" que não pode ser afetada.

Nas palavras de Chopra:

> *"Só se pode ter alegria e riso com envolvimento desapegado. Dessa forma, os símbolos de riqueza são criados espontaneamente e sem esforço. Sem desapego, ficamos prisioneiros da impotência, do desespero, das necessidades mundanas, das preocupações corriqueiras, do silencioso desespero e da aflição – aspectos distintivos da existência medíocre e da pobreza de espírito cotidianas."*

Sem desprendimento, sentimo-nos na obrigação de dar soluções aos problemas. Com desprendimento, estamos livres para testemunhar as soluções perfeitas que surgirão espontaneamente do caos.

Mas não se contente com este resumo. Compre o livro para desfrutar a riqueza de detalhes e a prosa que faz da leitura de Chopra um verdadeiro prazer. Pode levar algum tempo para você entrar em sintonia e entender seus termos, mas insista – *As sete leis espirituais do sucesso* podem ter um impacto real na sua vida. Essa é a marca característica dos clássicos.

Comentários finais

A tendência, intencional ou não, de transmitir mensagens espirituais por meio de instruções realistas é o que caracteriza a literatura de auto-ajuda. Ao comprar um livro sobre a prosperidade, descobrimos que ele nos fala da inteligência e benevolência do universo; outro promete ensinar as regras para o sucesso e nos surpreende com conselhos de como manter um bom *karma* em nossas ações e nos desapegarmos dos frutos do sucesso.

Chopra costuma ser acusado de promover os valores espirituais como meio de enriquecimento. Isso é verdade, mas não é vergonha. Quando a natureza do próprio universo é abundante, uma vida vivida conscientemente na pobreza é uma vida desperdiçada.

O tema do livro é a unidade de tudo o que há no universo. Apesar de claramente preocupado com o "sucesso", seu verdadeiro tema é o poder. Tornando-nos mais abertos a essa unidade e perfeição, incorporamos uma parte maior de seu poder, ao passo que a ilusão da independência nos opõe ao mundo, enfraquecendo-nos. O melhor da literatura de desenvolvimento pessoal, exemplificado por *As sete leis espirituais do sucesso*, é a transformação do conceito de sucesso – de "senhor do universo" à conquista da iluminação, do "uno".

Deepak Chopra

Nascido em 1947 em Nova Délhi, Índia, filho de um eminente cardiologista, Chopra estudou medicina antes de se mudar para os Estados Unidos na década de 1970. Estabeleceu-se em Boston como endocrinologista, foi chefe de equipe do New England Memorial Hospital e trabalhou como professor nas faculdades de Medicina das universidades de Boston e Tufts.

A transformação de médico em guru foi mediada pelo encontro com o Maharishi Mahesh Yogi, o indiano responsável pela popularização da meditação nos Estados Unidos na década de 1960. O envolvimento de Chopra com o movimento de meditação transcendental foi acompanhado de um renovado interesse pela filosofia curativa hindu Aiurveda, que o levou a fundar a Associação Americana de Medicina Aiurvédica.

Em 1999, a revista Time *colocou Chopra na lista dos "100 maiores ícones e heróis do século" e o definiu como um "poeta-profeta da medicina alternativa". O reconhecimento lhe rendeu convites para apresentações na ONU, na OMS (Organização Mundial da Saúde) e na Academia Soviética de Ciências.*

Seus mais de 25 livros – dentre os quais A cura quântica *(1986),* Corpo sem idade, Mente sem fronteiras *(1993),* Criando prosperidade *(1993) e* Como conhecer Deus *(2000) – foram traduzidos para mais de 35 idiomas. Chopra editou ainda uma coleção de poesia do indiano Tagore e escreveu o romance* Senhores de luz.

Chopra vive em La Jolla, Califórnia, onde promove cursos e eventos no instituto para o bem-estar que leva o seu nome.

O alquimista

1988

"Ele estudara latim, espanhol e teologia. Mas desde criança queria conhecer o mundo e isto era muito mais importante do que conhecer Deus e aprender sobre os pecados dos homens. Certa tarde, numa visita a sua família, reuniu coragem para dizer ao pai que não queria ser padre. Queria viajar."

"'É uma força que parece ser negativa, mas que lhe mostra como cumprir seu destino. Ela prepara seu espírito e sua vontade, porque só existe uma verdade neste planeta: não importa quem seja e o que faça; quando se quer realmente alguma coisa, é porque esse desejo se originou na alma do universo. É a sua missão na Terra.'
'Mesmo quando tudo o que você quer é viajar ou casar com a filha de um comerciante de tecidos?'"

Em síntese

Desistimos muito facilmente de nossos sonhos, apesar de o universo estar sempre pronto para nos ajudar a realizá-los.

Na mesma linha

Martha Beck, *Finding Your Own North Star* [Descobrindo a sua estrela-guia] (p. 66)

Joseph Campbell com Bill Moyers, *O poder do mito* (p. 218)

Capítulo 3

Paulo Coelho

Santiago é pastor. Apesar de amar seu rebanho, não pode deixar de perceber a natureza limitada da existência das ovelhas. Sempre em busca de água e comida, elas nunca levantam a cabeça para admirar o pôr-do-sol e a paisagem ondulante. Os pais de Santiago sempre lutaram pela sobrevivência básica e, com isso, foram obrigados a sufocar as próprias ambições. Eles moram na maravilhosa Andaluzia, que atrai tantos turistas aos seus pitorescos povoados e colinas verdejantes, mas, para eles, a região não é exatamente um lugar de sonhos.

Santiago, por outro lado, sabe ler e sonha em viajar pelo mundo. Um dia, ele vai à cidade para vender algumas ovelhas e encontra um velho andarilho e uma cigana que o incentivam a "seguir seus presságios" e deixar para trás o mundo que conhece. A cigana lhe diz para ir às pirâmides do Egito, onde encontrará um tesouro. Ele acredita na previsão e decide ir. Vende seu gado e se põe a caminho.

Mas o infortúnio não tarda: um ladrão rouba seu dinheiro em Tânger. Tanto empenho e disciplina por uma aventura tão curta! Estranhamente, porém, Santiago não fica arrasado; ele tem um sentimento maior – a segurança de saber que está no caminho certo. Agora sua vida mudou: cada dia é novo e pleno. E ele nunca esquece o que lhe disseram no mercado antes de partir: "Quando a gente quer alguma coisa, todo o universo conspira a favor."

Seguindo o próprio sonho

Essa crença é fantástica porque funciona como um apoio para todos os que se lançam num grande projeto. Mas seria ela uma esperança infundada? Pensando na energia que colocamos nas coisas com que nos comprometemos, provavelmente não. A "conspiração do universo" para nos dar o que queremos é o reflexo de nossa determinação de transformar o sonho em realidade. Lendo *O alquimista*, somos lembrados do conselho de Goethe: "O que você puder fazer, ou imaginar que pode fazer, comece a fazer – a ousadia está cheia de gênio, poder e magia."

O livro não nos deixa esquecer que os sonhos têm um preço, mas não vivê-los igualmente custa caro. Pelo mesmo dinheiro, Paulo Coelho observa, pode-se comprar tanto uma roupa feia e mal cortada quanto uma que, além de bonita, veste magnificamente bem.

Já que enfrentamos dificuldades em tudo o que fazemos na vida, o melhor é que os problemas façam parte do que estamos tentando conquistar. Do contrário, nossas dificuldades serão ainda maiores, com uma desagradável seqüência de contratempos. Os sonhadores de plantão têm a imensa responsabilidade de lidar com a própria liberdade. Pode não parecer um preço tão alto, mas exige um nível de consciência a que talvez não estejamos acostumados.

O ancião que Santiago encontra na praça lhe diz para não acreditar na "maior de todas as mentiras", a de que não se pode controlar o próprio destino. Nós podemos, diz ele, mas temos de "ler os presságios" e isso só é possível quando começamos a ver o mundo como uma unidade.

O mundo pode ser lido como um livro, mas nunca conseguiremos entendê-lo se levarmos uma existência isolada, complacente com a própria sorte e sem correr riscos.

Amor

O alquimista é notável por ser uma história de amor que rejeita a idéia de que o amor romântico é a coisa mais importante na vida. Para o autor, todo mundo tem um destino a perseguir, que independe de outras pessoas – aquilo que você faria, ou seria, mesmo que tivesse todo o amor e dinheiro do mundo.

O tesouro que Santiago procura naturalmente simboliza o sonho ou destino pessoal, mas ele se mostra pronto para abrir mão dele quando encontra a mulher de seus sonhos num oásis. Todavia, o alquimista que ele encontra no deserto lhe explica que o amor dessa moça só será real se ela estiver disposta a apoiar sua busca do tesouro.

O dilema de Santiago diz respeito ao conflito entre o amor e os sonhos pessoais. Tendemos a encarar nossos relacionamentos amorosos como a razão de nossas vidas, mas essa obsessão pode nos impedir de ter uma vida mais conectada com o resto do mundo. Mas e as necessidades do coração? Se você viver em torno de seu sonho, vai conseguir colocar mais "coração" em sua vida – mais, inclusive, do que é capaz de compreender:

"...nenhum coração jamais sofreu por sair em busca de seus sonhos, porque cada segundo dessa busca é um encontro de um segundo com Deus e a eternidade."

O amor romântico é importante, mas não é um dever – perseguir o seu sonho, sim. Somente por meio da devoção ao nosso sonho é que a "alma do mundo" se revela a nós – o conhecimento que destrói a solidão e dá poder.

Comentários finais

Boa parte da literatura de auto-ajuda se dedica à busca do próprio destino, mas os sonhos nem sempre têm força para nos influenciar. Embora insistentes, eles são silenciosos. E não é necessário um grande esforço para sufocar as vozes interiores. Quem quer arriscar seu conforto, sua rotina, sua segurança e seus relacionamentos para buscar algo que aos olhos dos outros não passa de miragem? É preciso coragem, e um exemplar amarelado e cheio de orelhas do clássico de Paulo Coelho é o livro de cabeceira daqueles que precisam diariamente tomar decisões corajosas e se manter fiéis a uma visão mais abrangente da vida. Para essas pessoas, o livro virou um grande companheiro de viagem.

Paulo Coelho

Paulo Coelho nasceu em 1947 no Rio de Janeiro, Brasil. De formação católica, ele estudou em um colégio jesuíta. Seu pai queria que ele seguisse seus passos e se tornasse engenheiro, mas Coelho se rebelou – avisou que gostaria de tornar-se escritor. Sua rebeldia lhe rendeu duas internações em sanatórios aos 17 anos.

Mais tarde, sua experiência como hippie o levou a trabalhou como ator, compositor e jornalista. Seu primeiro livro, O alquimista, *inspirado num conto de* As mil e uma noites, *vendeu 20 milhões de exemplares (sua primeira editora o dispensou depois de vender menos de mil exemplares, mas ele perseverou). Depois ele lançou mais 18 livros, que foram traduzidos para 59 idiomas – feito que o transformou no autor de língua portuguesa mais popular do mundo, com mais de 65 milhões de exemplares vendidos.*

Místico, ele tem especial interesse pelas rotas de peregrinação. Santiago de Compostela, na Espanha, é o cenário de O diário de um mago. *Outros livros do autor:* As valquírias, Brida, Na margem do rio Piedra eu sentei e chorei, Verônica decide morrer, O Zahir *e* Onze minutos.

Paulo Coelho mora no Rio de Janeiro com sua esposa Christina, que é artista plástica, mas mantém uma casa de campo nos Pireneus franceses.

Os 7 hábitos das pessoas altamente eficazes

1989

"A Ética do Caráter baseia-se na idéia fundamental de que existem princípios que governam a eficácia humana – leis naturais na dimensão humana que são tão reais, imutáveis e infalíveis quanto a gravidade na dimensão física."

"As pessoas não conseguem conviver com a mudança quando não têm dentro de si uma essência imutável. O segredo da habilidade de mudar é uma percepção inalterável de quem se é, do que se quer e de qual é o seu valor."

"A maioria das pessoas tende a pensar em termos extremos: forte ou fraco, pesado ou leve, vitória ou derrota. Mas esse tipo de pensamento é fundamentalmente incorreto porque não está baseado em princípios, mas em poder e posição. A situação ideal, em que ambos vencem, baseia-se no paradigma de que existe abundância para todos e de que o sucesso de um não acontece à custa do insucesso de outros."

Em síntese

A verdadeira eficácia vem da clareza (de princípios, de valores e de visão). A mudança só é real quando se torna um hábito.

Na mesma linha

Viktor Frankl, *Em busca de sentido* (p. 202)
Benjamin Franklin, *Autobiografia* (p. 38)
Philip C. McGraw, *Estratégias de vida* (p. 106)

Capítulo 4

Stephen Covey

O livro de Stephen Covey é um dos fenômenos da moderna literatura de desenvolvimento pessoal. Tem vendido em todo o mundo em média um milhão de exemplares por ano desde a sua publicação, sendo traduzido para 32 idiomas. Para se ter uma noção, foram necessários 60 anos para que *Como fazer amigos e influenciar pessoas,* de Dale Carnegie, alcançasse resultados semelhantes.

Diante de fatos tão magníficos, fica a pergunta: O que é que esse livro tem para superar todos os outros que alegam ter o segredo para uma existência melhor?

Sucesso de dentro para fora

Primeiro, a oportunidade. *Os 7 hábitos das pessoas altamente eficazes* foi lançado no começo da década de 1990. De repente, o desejo de se tornar "dono do mundo" não parecia mais satisfatório e as pessoas estavam ávidas por novas receitas que ensinassem a buscar o que realmente queriam da vida. A mensagem de Covey – restaurar a ética do caráter – era tão fora de moda que pareceu revolucionária.

Tendo estudado, para sua tese de doutorado, tudo o que foi publicado sobre sucesso nos últimos 200 anos, Covey conseguiu estabelecer uma distinção entre o que chamou de "ética da personalidade" – as soluções rápidas e as técnicas de relações humanas que impregnaram boa parte da literatura do século XX – e "ética do caráter", que gravitava ao redor de princípios pessoais. Covey acreditava que o sucesso exterior não podia ser considerado como tal se não fosse uma demonstração de domínio interior. Ou, como ele gostava de dizer, "a vitória na vida privada" devia preceder "a vitória na vida pública".

Um plano de negócios para a vida pessoal

A segunda, e mais prática, razão para o sucesso do livro é o fato de ser uma leitura cativante – como auto-ajuda e como manual de liderança e administração. Essa versatilidade dobrou efetivamente sua capacidade de atração, mas significa também que o leitor exclusivamente interessado em desenvolvimento pessoal pode não gostar da profusão de termos gerenciais, diagramas e histórias de negócios.

Para um trabalho que trata de mudanças de paradigma, ele é notavelmente representativo do pensamento do mundo dos negócios. Mas esse é um preço pequeno a pagar pelo brilhante manual de reengenharia da vida, ainda por cima enriquecido com experiências pessoais do autor. Covey talvez seja, sob vários aspectos, o herdeiro de Dale Carnegie, mas seu clássico é mais sistemático, abrangente e desbravador do que todos os títulos de auto-ajuda que o antecederam.

Hábitos: as etapas da mudança

A ênfase nos hábitos como unidades básicas de mudança também é um fator que contribui para o sucesso do livro. Covey percebeu que a verdadeira grandeza estava no desenvolvimento gradual do caráter. São nossos hábitos cotidianos de pensamento e ação que formam a base sobre a qual se constrói a grandeza. O livro *Os 7 hábitos das pessoas altamente eficazes* promete uma revolução de vida. Não de uma forma explosiva, mas como o resultado cumulativo de milhares de pequenas mudanças para melhor. O romancista inglês Charles Reade sintetizou com perfeição essa proposta:

> *"Semeie um pensamento e você colherá uma ação; semeie uma ação e você colherá um hábito; semeie um hábito e você colherá um caráter; semeie um caráter e você colherá um destino."*

Eficácia versus eficiência

Por fim, o sucesso do livro deve-se muito ao uso da palavra "eficaz" no título. Na época em que foi lançado, no fim dos anos 1980, havia uma profusão de teorias sobre eficiência. O conceito de gerenciamento de tempo, produto de uma sociedade obcecada por tecnologia, acabou se estendendo para a vida pessoal e se transformou na desculpa perfeita para explicar todos os problemas que surgiam em nossas vidas – era tudo culpa da "alocação ineficiente de recursos".

Apesar de adotar um ponto de vista diferente, a mensagem de Covey é a seguinte: pense no que é mais importante para você e observe se é o centro em torno do qual gira a sua vida. Não se preocupe com a eficiência se o que você está fazendo carece de significado ou de utilidade.

Os 7 hábitos das pessoas altamente eficazes coloca a eficácia em um nível mais alto que a realização. Qualquer avanço é enganoso, a menos que o que você conquiste realmente valha a pena, tanto em termos de seus objetivos mais elevados como de serviços prestados aos outros. Para Covey, o caráter ético da auto-ajuda do século passado ajudou a criar uma sociedade altamente empreendedora que, curiosamente, não sabia qual era o seu objetivo.

O hábito da responsabilidade

Os sete hábitos resultam da disposição de se ver o mundo de uma forma diferente e de ter a coragem de levar a vida a sério. O livro mexeu com as pessoas porque mostrou, talvez pela primeira vez, o que é verdadeiramente a responsabilidade. Culpar "a economia", "o desgraçado do meu patrão" ou "minha família" pelos nossos próprios problemas é inútil. Para conseguir o que queremos e conquistar poder, temos de decidir quais responsabilidades vamos assumir, qual é a nossa "área de interesse". Só assim podemos ter esperança de expandir nosso "círculo de influência".

Vejamos resumidamente os sete hábitos:

1 **Seja proativo.** Nós temos sempre a liberdade de escolher nossas reações aos estímulos, mesmo quando tudo o mais nos é tirado. Essa habilidade traz consigo a noção de que não precisamos seguir os roteiros que nos foram impostos pela família ou pela sociedade. Podemos assumir total responsabilidade por nossas vidas e vivê-las da forma que nossa consciência nos diz que elas devem ser vividas. Com isso, deixamos de ser autômatos que reagem a estímulos para nos tornarmos indivíduos proativos.

2 **Comece com o objetivo em mente.** O que eu gostaria que as pessoas falassem sobre mim em meu enterro? Ao escrever nosso próprio elogio fúnebre ou declaração de missão pessoal, nós criamos o objetivo mais incrível e trabalhamos de forma retrospectiva a partir daí. Nosso sistema de orientação nos dá a sabedoria para fazer a escolha certa, de modo que qualquer coisa que fizermos hoje estará em sintonia com a imagem final que nós mesmos criamos.

3 **Primeiro o mais importante.** Este hábito coloca em ação o hábito anterior. Com a imagem final em mente, é possível planejar o dia-a-dia de forma a obter a máxima eficácia e satisfação. Dessa forma, podemos desfrutar nosso tempo com as pessoas e as coisas que realmente importam.

4 **Pense em ganha/ganha.** O sucesso de uma pessoa não precisa significar o insucesso de outra. Ao buscar a vitória para todos, nunca colocamos em risco nossos princípios. O resultado é um relacionamento melhor – "nem do meu nem do seu jeito, do melhor jeito" –, criado pela concepção realista de ver as coisas da perspectiva do outro.

5 **Procure primeiro compreender, depois ser compreendido.** Sem empatia, não há influência. Sem depósitos na poupança emocional dos relacionamentos, não pode haver confiança. A atenção verdadeira dá ao outro uma preciosa aura psicológica e abre uma janela para a sua alma.

6 **Crie sinergia.** A cooperação surge pelo exercício de todos os outros hábitos. Ela cria "terceiras alternativas" ou resultados impecáveis que não podem ser previstos com base na soma das partes.

7 **Afine o instrumento.** Precisamos equilibrar as dimensões física, espiritual, mental e social da vida. "Afinar o instrumento" para aumentar a produtividade implica dar um tempo de vez em quando para nos renovarmos nessas áreas.

Comentários finais

Os heróis do autor dão as pistas para um melhor entendimento de sua filosofia. Benjamin Franklin é apresentado como o exemplo perfeito do caráter ético em ação: "A história do esforço de um homem para integrar os princípios e hábitos profundamente arraigados em sua natureza." Já Anwar Sadat, o líder egípcio responsável pelos acordos de paz no Oriente Médio, ocupa lugar de destaque no item pessoas bem-sucedidas na tarefa de reescrever sua própria história pessoal.

Viktor Frankl (ver *Em busca de sentido*), um sobrevivente de campo de concentração, é lembrado para fundamentar o trecho que fala sobre a ética da responsabilidade pessoal, enquanto Henry David Thoreau (ver *Walden*) ilustra a defesa da "mente independente".

Já se disse que os sete hábitos de Covey são puro senso comum. Talvez sejam. Mas, reunidos num só pacote, como um conjunto de princípios, e ordenados numa seqüência específica, são capazes de produzir a sinergia por ele celebrada.

Uma crítica comum à literatura de auto-ajuda é que podemos nos inspirar intensamente com um livro ou um seminário e pouco depois esquecer tudo. Ao fazer dos hábitos suas ferramentas de ação e mudança, Covey impulsiona os leitores a incorporar os ensinamentos à sua vida cotidiana. É como receber os meios para mudar as pequenas coisas, de forma a transformar as grandes.

Stephen Covey

Nascido em 1932, Covey tem mestrado em Administração pela Universidade de Harvard e passou boa parte da carreira de professor na Brigham Young University, de Utah.

Em 1984, ele fundou o Covey Leadership Center, que 13 anos mais tarde se fundiu com a Franklin Quest para formar a Franklin Covey, uma empresa especializada em aprendizagem contínua e serviços de aprimoramento nas áreas de liderança e produtividade. A empresa treina 750 mil pessoas anualmente e possui 90 lojas e business centers, um deles localizado em São Paulo (www.franklincovey.com.br).

Outros livros de Covey: Liderança baseada em princípios, Primeiro o mais importante, Os 7 hábitos das famílias altamente eficazes *e* Princípios essenciais das pessoas altamente eficazes. *Seu livro mais recente se intitula* O oitavo hábito. *Seu sócio, Hyrum Smith, é autor de* O que mais importa *e* O gladiador moderno.

Covey foi eleito pela revista Time *um dos 25 americanos mais influentes. Vive em Provo, Utah, com sua esposa Sandra. O casal tem nove filhos e 34 netos.*

Autobiografia

1790

"Não desanimei diante da aparente magnitude da empresa, pois sempre fui de opinião que um homem de capacidades razoáveis pode produzir grandes mudanças e realizar grandes coisas para a humanidade se criar primeiro um bom plano e, eliminando todas as distrações e outras atividades que possam desviar sua atenção, fizer da execução desse plano seu único estudo e negócio."

"Quando alguém dizia algo que me parecia um erro, eu me negava o prazer de contradizê-lo sumariamente e de mostrar de imediato o absurdo de sua proposição. Ao responder, eu começava observando que em certos casos e circunstâncias sua opinião estaria certa, mas que na presente situação me parecia ou figurava alguma diferença, etc. Logo descobri a vantagem dessa mudança em meu comportamento. Os diálogos em que me envolvia fluíam de um modo mais agradável."

Em síntese

O constante auto-aperfeiçoamento e o gosto pelo aprendizado são bilhetes de ingresso para um grande sucesso.

Na mesma linha

Stephen Covey, *Os 7 hábitos das pessoas altamente eficazes* (p. 32)
Samuel Smiles, *Self-Help* [Auto-ajuda] (p. 288)

Capítulo 5

Benjamin Franklin

Mais conhecido por seu papel histórico na revolução americana e seus experimentos com a eletricidade, Benjamin Franklin também teve uma extraordinária influência nos negócios, na política, na literatura e na ciência do século XVIII. Embora a envergadura de Franklin se manifeste na co-autoria da Declaração da Independência e da Constituição americanas, sua *Autobiografia* foi classificada pelo biógrafo Richard Amacher como "o primeiro grande livro escrito na América".

Apesar de inacabado, o livro ajudou a criar a moderna forma literária da autobiografia e foi um sucesso de vendas durante dois séculos. A atitude de Franklin para com a obra é resumida em um de seus aforismos:

> *"Para não ser esquecido assim que estiver morto e enterrado, escreva coisas que mereçam ser lidas e faça coisas sobre as quais valha a pena escrever."*

O livro

Autobiografia não é uma crônica do brilhantismo de Franklin. Escrito numa linguagem simples, de humor sutil, quase como uma conversa íntima ao pé da lareira, o livro assemelha-se a um relatório sobre os sucessos e fracassos de experimentos de vida. A primeira parte conta histórias de família, amigos, patrões, colegas de trabalho, além de viagens e tentativas de empreendedorismo, todas sem dúvida de interesse para o leitor de hoje.

Embora não reivindique qualquer saber especial sobre como viver a vida, Franklin estava engajado na busca de uma fórmula que pudesse assegurar às pessoas algum sucesso na empreitada. Seu objetivo é mostrar como a vida e o caráter de uma pessoa podem se enobrecer por meio da auto-avaliação constante. Daí deriva o lugar seminal de Franklin na literatura de auto-ajuda.

Criando o melhor *self* possível

Religioso, sempre se auto-examinando e auto-aperfeiçoando, Franklin acreditava no valor intrínseco da virtude, fosse ou não pela glória de Deus. Gráfico de ofício, ele acreditava que o caráter resulta da correção da "errata" que nos impede de atingir a perfeição. A vida não existe para que a atravessemos sofrendo, ela é propícia para que possamos nos aperfeiçoar permanentemente.

Contrário a concepções religiosas sobre a bondade ou a maldade inatas, o autor via os seres humanos como folhas em branco concebidas para o êxito. Seavey observa: "Para Franklin, experimentar uma nova identidade era algo tão natural quanto vestir uma roupa nova." Sua visão do indivíduo em permanente evolução, um produto nunca acabado, era realmente moderna.

A lei do auto-aperfeiçoamento permanente de Franklin

Franklin escreveu *Autobiografia* quando já estava consagrado. Vindo de Boston, ele chegara à Filadélfia com alguns tostões e três pães, dois dos quais, numa atitude tipicamente sua, deu a uma mulher necessitada. Sabedor por instinto que o domínio das palavras seria seu salvo-conduto para sair da mediocridade, ele convenceu um amigo que trabalhava numa livraria a lhe "emprestar" livros durante a noite.

Franklin sem dúvida concordaria com a máxima "líderes são leitores", que diz: leia pelo menos uma dúzia de livros de não-ficção por ano e sua vida será incomensuravelmente enriquecida e aperfeiçoada. Mas ele ia além: devorava os livros que seu amigo emprestava, um atrás do outro, entre o fim de um dia de trabalho e o início de outro.

Suas realizações são menos importantes do que seus esforços para adquirir o autoconhecimento. A mensagem principal é: a grandeza não é para os eleitos, mas uma obrigação de todos nós. Podemos protestar que não somos assim tão especiais, que não temos o talento nem ímpeto, mas Franklin sabia que a ética do auto-aperfeiçoamento constante é o fermento que promove a ascensão individual.

Franklin e a ética da auto-ajuda

O mais conhecido exemplo da ética de auto-ajuda de Franklin é o que veio a ser conhecido como *A arte da virtude*, em que ele listou as 12 qualidades que tinha por objetivo possuir.

Usando um sistema de gráficos e de auto-avaliação diária, ele afirmou ter atingido grande parte das virtudes desejadas, apesar de ter enfrentado algumas dificuldades com o que podemos chamar de administração do tempo (ordem). Ao perceber que se orgulhava de ter vivido de acordo com os próprios padrões, ele criou uma 13.ª virtude – a humildade!

1 **Temperança.** Não coma até ficar apático. Não beba para ficar alto.
2 **Silêncio.** Fale somente o que possa beneficiar os outros e você mesmo. Evite conversas frívolas.
3 **Ordem.** Ponha todas as coisas em seus lugares. Cuide de seus afazeres em seu devido momento.
4 **Resolução.** Decida fazer o que precisa fazer. Desempenhe com competência o que decidiu fazer.
5 **Frugalidade.** Não gaste senão para fazer o bem aos outros e a você mesmo; vale dizer, não desperdice nada.
6 **Diligência.** Não perca tempo. Esteja sempre envolvido em coisas úteis. Elimine todas as ações desnecessárias.
7 **Sinceridade.** Não use artifícios maldosos. Pense com justiça e inocência; quando falar, fale coerentemente.
8 **Justiça.** Não faça mal a ninguém nem recuse favores que são de sua obrigação.
9 **Moderação.** Evite extremos. Abstenha-se de ressentir-se tanto quanto julga merecerem as ofensas recebidas.
10 **Asseio.** Não tolere falta de asseio do corpo, das roupas e da casa.
11 **Tranqüilidade.** Não se deixe perturbar por bagatelas nem por acidentes comuns e inevitáveis.
12 **Castidade.** Pratique o ato sexual visando somente à saúde e à procriação, nunca à apatia e à fraqueza, e não o deixe ofender a si próprio e prejudicar sua paz e reputação ou a de qualquer outro.
13 **Humildade.** Imite Jesus e Sócrates.

Franklin advogava também o uso de uma "pergunta matutina" (Que bem eu farei hoje?) e de uma "pergunta vespertina" (Que bem eu fiz hoje?), técnica que o best-seller de Anthony Robbins, *Desperte o gigante interior*, recomenda como parte de um ritual diário de sucesso.

A idéia ligeiramente bizarra de Franklin de escrever o próprio epitáfio no começo da vida de modo a obter o domínio do que fará nela é hoje uma bem estabelecida técnica de auto-aperfeiçoamento. Stephen Covey (*Os 7 hábitos das pessoas altamente eficazes*) não faz segredo de sua dívida com Franklin, cuja vida ele descreve como "a história do heróico esforço de um indivíduo para fazer dos princípios a base de sua existência". Mais do que as técnicas de personalidade, o foco no caráter é a base dos sete hábitos de Covey.

O segredo da influência

Por fim, a aptidão inata de Franklin para fazer amigos e influenciar pessoas não escapou à atenção de Dale Carnegie. Mesmo acreditando-se altamente capacitado para o debate, ele chegou à conclusão de que essa "aptidão" mais atrapalhava do que ajudava na realização das coisas. E desenvolveu o hábito de se expressar em termos de "modesta desconfiança", nunca usando expressões como "sem dúvida" ou tentando corrigir as pessoas. Preferia frases sensatas e moderadas como "Parece-me que..." ou "Se não estou enganado...", fazendo com que as pessoas se concentrassem em suas idéias. Mesmo sem ser um grande orador, ele conquistava imediata credibilidade.

Comentários finais

A *Autobiografia* de Franklin, uma história de "sucesso pelo próprio esforço", representa a liberdade de criar e prosperar – ou seja, a essência da moral norte-americana. Tendo em vista, porém, seu grande senso de humor, suas qualidades camaleônicas e sua capacidade de autopromoção, seria ingenuidade considerá-la como seu evangelho. Reverência não é uma característica propriamente frankliniana.

Suas prescrições não passaram isentas de críticas. Thoreau acreditava que elas orientavam as pessoas a correrem contra o tempo para acumular riquezas, nunca se detendo para desfrutar a natureza ou o momento. Russel B. Nye chamou-o de "primeiro apóstolo da frugalidade e santo padroeiro das cadernetas de poupança", comentário provavelmente dirigido aos aforismos de Franklin sobre o dinheiro e a frugalidade.

A vida do homem não se ajusta, porém, à imagem da sovinice puritana, pois é evidente que o autor viveu em grande estilo. Muito mais do que esforço e aplicação, a ética da auto-ajuda, para Franklin, representava a perspectiva de uma vida mais rica e excitante.

Benjamin Franklin

Franklin nasceu em Boston, em 1706, filho de um fabricante de velas. Era o mais jovem de 17 irmãos. Até a idade de 10 anos, teve uma educação formal. Dos 12 aos 17 anos, foi aprendiz de tipógrafo do próprio irmão, que produziu um dos primeiros jornais dos Estados Unidos.

Mais tarde, já na Filadélfia, fundou sua própria tipografia e antes de completar 30 anos já publicava seu popular Poor Richard's Almanacks, *um almanaque que trazia um misto de informação prática e aforismos, muitos dos quais se usam até hoje. Aos 42 anos, embora rico o suficiente para se aposentar, engajou-se em projetos cívicos e experimentos com eletricidade, dos quais resultou a invenção do pára-raios.*

O papel de liderança de Franklin na Assembléia da Pensilvânia levou-o a se envolver nas negociações entre a Grã-Bretanha e a América colonial e a tomar parte no comitê que elaborou o rascunho da Declaração da Independência. Indicado embaixador norte-americano na França aos 69 anos de idade, durante a década em que ocupou o cargo negociou a ajuda da França aos Estados Unidos e um acordo de paz com a Grã-Bretanha. Foi escolhido delegado à convenção constitucional de 1787.

À parte seus outros feitos, Franklin mapeou a corrente do Golfo, projetou um aquecedor doméstico, fundou uma biblioteca pública, criou um corpo de bombeiros municipal e serviu num comitê francês para a pesquisa do hipnotismo.

Ao morrer, em 1790, Franklin era provavelmente o norte-americano mais famoso do mundo. A Autobiografia, *então publicada, cobria a sua vida somente até 1758. Ela fora escrita entre 1771 e 1790, durante sua estada na França.*

Visualização criativa

1978

"Visualização criativa é mágica no mais puro e verdadeiro sentido da palavra. Ela envolve entender e harmonizar-se com os princípios naturais que governam o universo e aprender a usá-los de um modo mais consciente e criativo."

"Se nunca tivesse visto uma linda flor e um pôr-do-sol espetacular e alguém os descrevesse, você talvez os tomasse como milagres (que realmente são!). Mas, depois de tê-los visto e aprendido algo sobre as leis naturais que os regem, você começaria a entender sua formação e eles lhe pareceriam naturais e nada misteriosos. O mesmo vale para o processo de visualização criativa. Aquilo que a princípio pode parecer espantoso ou impossível para a limitadíssima educação que nossas mentes racionais receberam torna-se perfeitamente compreensível depois que aprendemos e praticamos os conceitos em que se apóia."

Em síntese

A vida tende a corresponder aos pensamentos e imagens, bons ou maus, que fazemos dela. Por que não imaginar seu futuro do jeito que você o quer?

Na mesma linha

Steve Andreas e Charles Faulkner, *PNL* (p. 122)
Wayne Dyer, *A verdadeira magia* (p. 88)
Louise Hay, *Você pode curar sua vida* (p. 142)
Joseph Murphy, *O poder do subconsciente* (p. 152)

Capítulo 6

Shakti Gawain

Não há nada de estranho ou esotérico sobre visualização criativa. Parte considerável da vida se passa em nossa imaginação, criando imagens do que gostaríamos que acontecesse ou do que tememos que venha a acontecer. Visualizamos o tempo todo, só que de maneira inconsciente. Com o domínio da técnica, você decide e assume a responsabilidade pelo que deseja que se torne realidade em sua vida.

É uma questão de perceber a ligação entre imaginação e realidade, entre as leis invisíveis que governam o mundo e sua contrapartida física, real. Será, então, que o fracasso em realizar seus desejos e aspirações resulta simplesmente da falta de conhecimento ou percepção do modo como funciona o universo?

Este livro lhe será particularmente útil se você é uma pessoa do tipo que "vai na onda" e até por isso sente que precisa ter mais controle sobre seu futuro. Foi esse o paradoxo que Shakti Gawain percebeu quando começou a escrever sobre o assunto, de modo que você não está só.

A técnica

Pense no que você quer em sua vida: um novo emprego, paz e serenidade, ter um negócio próprio, começar um relacionamento bem-sucedido, aperfeiçoar suas aptidões mentais e, quem sabe, fazer sucesso no esporte.

A chave do sucesso da visualização criativa é a harmonização da mente de modo a deixar as ondas cerebrais no nível "alfa", que é o estado em que normalmente ficamos antes de dormir, ao acordar, meditar, caminhar pela floresta ou mesmo quando sentamos na beira de um rio.

Ainda que seu primeiro instinto seja imaginar as "coisas" boas que deseja, o verdadeiro propósito é desvendar as camadas de seu "eu reativo normal" e deixar fluírem os pensamentos que expressam o seu "eu superior". Fazendo isso, você fica em condições de pensar no que é de fato melhor para você e no que o faria verdadeiramente feliz.

Se você tem tido problemas com um colega de trabalho, por exemplo, deixe de lado os sentimentos usuais de antipatia e rancor e imagine-se dialogando de um modo aberto e descontraído com ele. O que quer que tenha havido entre vocês, deixe para lá e o abençoe mentalmente. É possível que da próxima vez que vocês entrarem em contato as barreiras tenham se dissipado. Você vai se surpreender com a velocidade com que as coisas podem mudar para melhor.

Gawain observa que o propósito da visualização criativa não é controlar mentalmente as pessoas – ela não funciona quando usada com finalidades negativas ou manipuladoras –, mas dissolver nossas barreiras internas à harmonia natural.

A ciência da visualização criativa

Como funciona a visualização criativa?

- O universo físico é energia. Subdividida ao infinito, a matéria se reduz a partículas de energia que, quando reunidas de uma certa maneira, criam uma ilusão de "solidez".
- Partículas de diferentes tipos de matéria têm diferentes níveis de vibração. Uma rocha, uma flor, uma pessoa – energias que se movem com diferentes níveis de vibração. Quando a energia tem certa qualidade ou nível de vibração, ela tende a atrair vibrações similares. O pensamento é uma forma de energia leve e móvel que tende a buscar expressão física.
- Quando visualizamos criativamente ou afirmamos resultados e estados positivos, irradiamos energia mental. O universo responde com matéria e acontecimentos. Visualização criativa significa "espalhar as sementes da vida que queremos".

Algumas outras questões tratadas no livro:

- **Afirmações.** Você não precisa realmente ter capacidade de "ver" imagens para ser um visualizador criativo. Há pessoas que têm dificuldade nisso, acreditando ser mais eficaz apenas pensar no que desejam ou transformar seu desejo numa afirmação (por exemplo: "Eu mereço o melhor e o melhor está vindo até mim agora."). As afirmações consolidam o que você imagina e devem ser feitas no presente. Pode-se aumentar sua força invocando Deus, a inteligência infinita ou o universo.

- **Reconhecimento do próprio valor.** Talvez você ache que não merece tudo o que espera da vida. Antes de visualizar, certifique-se de que está disposto a aceitar o que lhe estiver destinado. Ame a si próprio acima de tudo.
- **Crença.** Não é necessário acreditar em nenhum conceito espiritual ou metafísico para que a visualização criativa dê certo; todo o poder de que você precisa para se sair bem já está dentro de você.
- **Saúde e prosperidade.** Você pode curar a si mesmo e aos outros visualizando a saúde perfeita, e pode também começar a ganhar consciência da verdadeira abundância do universo ao imaginar tudo o que está sendo criado.

Comentários finais

Visualização criativa é um livro pequeno, mas seus princípios e exercícios são poderosos. Lembre-se de que ele foi traduzido para 25 idiomas, vendeu mais de 3 milhões de exemplares e, como se não bastasse, o conceito ganhou status de área de estudo, com direito a ser incorporado ao vocabulário popular.

Ainda que a princípio pareça estranho repetir para si mesmo coisas como "A luz divina está em mim e faz milagres na minha vida", talvez você descubra que afirmações desse tipo têm poder – transmitem paz e confiança. O livro traz várias sugestões para guiá-lo nesse processo.

Segundo Gawain, à medida que você se aprofunda na visualização criativa, ela deixa de ser uma técnica para se tornar um estado de consciência no qual você se vê como o criador permanente de seu próprio mundo. Com isso, você percebe que não adianta ficar se preocupando, planejando ou manipulando – o poder de mudança dessas atitudes é bem menor do que a serena visualização dos resultados que refletem os seus melhores propósitos.

Shakti Gawain

Gawain estudou psicologia e dança no Reed College e na Universidade da Califórnia. Depois de se formar, viajou durante dois anos pela Europa e Ásia estudando filosofias orientais, meditação e ioga. De volta aos Estados Unidos, envolveu-se na pesquisa da conscientização e do crescimento pessoal, tornando-se palestrante e facilitadora de workshops sobre o assunto.

Outros livros seus: O caminho da transformação, A conquista da verdadeira prosperidade, Os 4 níveis de cura *e* A visualização criativa pode mudar sua vida.

Tenha medo... e siga em frente

1987

"Houve uma época em minha vida em que eu tinha medo de quase tudo – medo de fracassar em todos os esforços para realizar meus sonhos. Então eu simplesmente ficava em casa, vítima de minhas inseguranças. Queria poder dizer que foi um velho mestre zen que me chamou de volta à realidade. Mas não foi. Foi um comercial da Eastern Airlines cujo slogan era 'Entre neste mundo'. Quando o vi, percebi que havia deixado de participar do mundo."

"Você é uma 'vítima' ou assume toda a responsabilidade por sua vida? Muita gente pensa que está assumindo a responsabilidade quando não está. A mentalidade de 'vítima' é sutil e assume muitas formas."

Em síntese

A presença do medo é um indicador de que você está crescendo e aceitando os desafios da vida.

Na mesma linha

Norman Vincent Peale, *O poder do pensamento positivo* (p. 158)

Anthony Robbins, *Desperte o gigante interior* (p. 60)

Martin Seligman, *Aprenda a ser otimista* (p. 170)

Capítulo 7

Susan Jeffers

As idéias da auto-ajuda ampliam nossa imagem do que é possível. Elas nos fazem pensar grande, parar de nos desvalorizar e acreditar em nossos próprios sonhos. "Vou fazer isto!", "Vou ser aquilo!", dizemos. Mas, quando acordamos no dia seguinte e sentimos o peso da "realidade", esses sonhos mais parecem uma obra de ficção do que biografia. Em dois minutos, voltamos a racionalizar a vida que temos e a ter medo de tirar um simples dia de folga.

Como chegar ao ponto em que perseguir o sonho faz parte de nossa tarefa diária? Entre a experiência atual e a visão idealizada há um abismo de dúvida e medo que nos paralisa – parece muito mais fácil voltar à segurança e à rotina. Mas Susan Jeffers diz que as pessoas vêem o medo de uma forma totalmente errada.

Em vez de funcionar como um indicador de que estamos chegando ao limite, o medo é um sinal verde para seguirmos adiante; se não sentimos nenhum medo, talvez não estejamos crescendo. Assuma a tremedeira e dê o passo assim mesmo – os navios não foram feitos para ficar parados no porto.

Veja as questões-chave da filosofia do destemor de Jeffers.

Controlando o medo

Há diferentes tipos de medo, mas um especialmente é o pior deles: a sensação de não ser capaz de lidar com certas situações. Não saberíamos o que fazer, por exemplo, se nosso parceiro resolvesse nos deixar caso perdêssemos o emprego e assim por diante. O objetivo é chegar ao ponto em que você se sente confiante e disposto a enfrentar qualquer coisa, boa ou má. A tese de Jeffers, que para alguns não passa de um clichê, é a de que o medo não é um problema psicológico, mas educativo. Para ele, é preciso se reeducar para aceitar o medo como parte necessária do crescimento e seguir em frente.

Dizendo "sim" ao universo

Sentimos alívio por não termos como controlar totalmente o nosso mundo, que tem seu próprio ritmo e suas razões. A chave para não se deixar paralisar pelo medo é fazer uma declaração positiva. Isso se aplica não só a coisas pequenas, como perder a carteira, mas também a outras mais importantes, como a dor.

Embora o pensamento positivo não faça desaparecer a dor, se não lhe negarmos o direito de existir, ela deixa de ser um terror. Jeffers menciona *Em busca de sentido*, o clássico de Viktor Frankl que descreve algumas das condições mais hediondas que o ser humano já teve de suportar, como os campos de concentração que ele próprio conheceu. Atrás das cercas de arame farpado o autor encontrou gente que dizia "sim" a tudo, optando pela responsabilidade em vez da desistência.

Ao longo de nossas vidas somos chamados a assumir responsabilidades, o que geralmente se traduz em entrar para a universidade, arranjar um emprego, casar ou fazer um financiamento para comprar uma casa. O entendimento de Jeffers sobre essa questão se aproxima do ideal de autoconfiança de Emerson, que nos incentiva a assumir a responsabilidade pela maneira como interpretamos nossas experiências de vida. Você detesta seu emprego? Existem duas opções: ou você decide ficar e tirar algo de positivo (um enfático "sim!") ou cai fora de uma vez.

Por que o pensamento positivo funciona

O pensamento positivo é ótimo, mas não reflete a realidade, é "Poliana" demais. Diante dessa acusação, Jeffers pergunta: se 90% das coisas com que nos preocupamos nunca acontecem (como demonstram os estudos), por que razão a negatividade haveria de ser mais "realista" que a positividade? Ser realista ou não depende de como pensamos.

Uma disposição mental positiva não nos poupa de más notícias, mas as reações podem ser diferentes. Substitua "Que coisa horrível!" por "Isto é um aprendizado". O.k., mas e no caso de questões graves, como um câncer, por exemplo? Jeffers diz que essa atitude fez uma enorme diferença em sua própria experiência com a doença.

Se essa regra se aplica em situações tão extremas, não há desculpa para exagerar no dia-a-dia. Todo mundo adora denunciar e dramatizar as coisas, mas a autora recomenda prestarmos atenção em como isso nos enfraquece.

A chave para o pensamento positivo, seu aspecto mais elementar e mais negligenciado, é a prática intensa e ininterrupta. Nem mesmo uma famosa orientadora motivacional como Jeffers pode dar-se ao luxo de passar um dia inteiro sem se reabastecer de pensamentos positivos. Ela sugere montar coleções de livros inspiradores e de citações favoritas e manter tudo ao alcance da mão (junto ao computador, no console do carro ou na sua cabeceira). O efeito será provavelmente muito maior do que você imagina. A positividade criada vai aproximá-lo de como as coisas deveriam ser (a "realidade") e não do modo como você está acostumado a viver. É como se você tivesse vivido até então em meio a uma névoa cinzenta.

Programe o subconsciente

Tenha certeza de que tudo o que existe em seu subconsciente encontrará uma forma de se expressar na vida real. É, portanto, crucial assumir o controle do que penetra em sua mente em todos os níveis. As afirmações positivas são elementos importantes para a promoção de mudanças e a superação do medo.

Jeffers as define como declarações construtivas. A frase "Eu não vou mais me desvalorizar", por exemplo, não funciona. Ela deve ser positiva e no tempo presente: "Eu sou uma pessoa confiante em qualquer situação." Você não precisa acreditar no que está sendo dito para que o objeto do desejo se torne realidade – o importante é que ele se torne o seu mantra.

A mente reage ao que a alimenta, seja verdadeiro ou falso. Podemos escolher entre dar ouvidos às nossas tagarelices ou ao nosso eu superior.

Outros pontos

O livro contém muitas outras mensagens importantes, como estas:

- Sempre há tempo suficiente. "A maior armadilha conforme caminhamos na vida é a impaciência." Esse sentimento é pura autopunição, estresse, insatisfação e medo. É preciso confiar que, independentemente do que se está fazendo, tudo se desenrola perfeitamente e no tempo certo.
- Como tomar decisões "vencedoras": pare de acreditar que só existe um caminho "certo" ou "errado" a tomar. Devemos nos colocar numa posição em que não sejamos mais reféns de um único resultado. O mundo tem infinitas oportunidades para alcançarmos o que queremos.
- Não tenha medo de errar. Lembre-se de que os maiores craques já perde-

ram pênaltis, alguns em decisão de Copa do Mundo. Você é um sucesso porque tentou.

- Sobre o medo de se comprometer em um relacionamento: precisamos entender que estamos assumindo um compromisso com uma pessoa, seu progresso e seu bem-estar, não necessariamente com uma união inflexível para todo o sempre.

Comentários finais

No começo do livro, Jeffers estabelece algumas "verdades sobre o medo". A mais profunda é a número cinco:

> *"Enfrentar o medo é menos assustador do que viver com o medo latente que provém do sentimento de impotência."*

Em outras palavras, quem nunca assume riscos vive, paradoxalmente, com o pavor de que algo saia errado. Buscar segurança acima de tudo resulta em insegurança crônica. Na verdade, é mais fácil (e infinitamente mais gratificante) tentar coisas novas. Isso traz uma sensação de segurança, pois mostra que você é capaz de lidar com o que vier.

Esse é o tipo de sugestão que você encontra em *Tenha medo... e siga em frente.* O livro faz com que você não se sinta só, o que é decisivo perante o isolamento provocado pelo medo. A empatia e a leveza do texto crescem à medida que você penetra na leitura.

Você tem vergonha de comprar um livro de auto-ajuda? Não tem problema. Dirija-se ao balcão mesmo assim...

Susan Jeffers

Jeffers era uma jovem mãe de dois filhos quando fez seu doutorado em Psicologia na Universidade de Colúmbia. Tornou-se diretora executiva do Floating Hospital (um hospital instalado num navio ancorado no porto de Nova York), onde permaneceu durante quase uma década.

Tenha medo... *é resultado de um curso que Jeffers fez na New School for Social Research, em Nova York. O manuscrito recebeu muitas cartas de rejeição, a pior delas a que afirmava que "ninguém o leria mesmo que Lady Di o distribuísse de graça andando nua de bicicleta" (como registrado no website de Jeffers).*

Outros de seus livros: Como superar o medo, O livro da confiança *e* O livro da paz. *O mais recente deles, sobre educação dos filhos, intitula-se (em homenagem ao clássico de Thomas Harris)* I'm Okay...You're a Brat (Eu estou bem... você é uma criança rebelde). *Conhecida por seus inspiradores seminários e cursos antipânico, a autora já apareceu várias vezes no programa de Oprah Winfrey. Jeffers mora em Los Angeles.*

Psicocibernética

1960

"O homem é, por natureza, um ser que persegue objetivos. E, por ser 'feito assim', ele não se dá por satisfeito enquanto não estiver funcionando da forma como deveria, ou seja, como um ser que persegue objetivos. O verdadeiro sucesso e a verdadeira felicidade não apenas andam juntos como se reforçam mutuamente."

"Até onde diz respeito às suas funções, o cérebro e o sistema nervoso formam uma maravilhosa e complexa 'máquina de perseguir objetivos', um sistema automático de orientação que trabalha para você como uma 'máquina de sucesso' ou contra você como uma 'máquina de fracasso', dependendo de como 'VOCÊ', o operador, a opera e dos objetivos que estabeleceu para ela."

Em síntese

Seu corpo/cérebro é um sistema completo de realização de objetivos. Use-o.

Na mesma linha

Steve Andreas e Charles Faulkner, *PNL* (p. 122)
Anthony Robbins, *Desperte o gigante interior* (p. 60)

Capítulo 8

Maxwell Maltz

As vendas desse livro em todo o mundo já ultrapassaram a barreira dos 25 milhões de exemplares, o que já é motivo suficiente para achar que vale a pena investigá-lo. Portanto, vá em frente. A psicocibernética preenche a lacuna que existe entre os modelos mecanicistas de funcionamento do cérebro (clichês do tipo "O seu cérebro é um computador maravilhoso") e a certeza de que somos muito mais do que máquinas.

Aplicando os princípios da cibernética – ciência que faz estudos comparativos dos sistemas e mecanismos de controle automático, regulação e comunicação nos seres vivos e nas máquinas –, Maltz criou a psicocibernética. Apesar de inspirar-se no desenvolvimento de máquinas sofisticadas, ele rejeita a idéia de que o homem possa ser comparado a uma máquina. Em sua opinião, os seres humanos têm uma "essência" que não pode ser reduzida meramente a um cérebro e a um corpo físico. Jung chamava essa força vital de "libido", Bergson, de "*élan vital*".

Uma pessoa não pode ser definida por seu corpo e seu cérebro, assim como a eletricidade não pode ser definida pelo fio através do qual viaja. Ao contrário, somos sistemas em fluxo constante. Há quem se incomode com essa distinção entre cérebro e mente, mas ela faz sentido com relação à afirmação fundamental de Maltz: "O homem não é máquina, mas possui e utiliza uma." Essa distinção é fundamental para se entender o tema mais amplo do livro: o estabelecimento e a realização de objetivos.

Tecnologia de mísseis teleguiados aplicada aos seres humanos

O fundador da cibernética foi o matemático norte-americano Norbert Wiener, que passou a Segunda Guerra Mundial aperfeiçoando a tecnologia de mísseis teleguiados. Wiener enfatizava as similaridades entre máquinas, animais, cérebros humanos e sociedades. Ele estava muito à frente de seu tempo ao prever que nada impediria as máquinas de "pensar" como os humanos.

Para ele, os computadores, assim como o cérebro humano, recebem dados de baixa energia e criam novas conexões a serem usadas em interações com o mundo exterior. O feedback do ambiente externo é usado para reforçar a comunicação com o próprio ambiente. O ciclo virtuoso controle-comunicação-feedback é o aspecto-chave do sistema de controle do míssil, que, uma vez sabendo seu destino, atinge seu alvo por meio da comunicação constante consigo mesmo.

Maltz pensou: "Por que essa tecnologia não pode ser aplicada a finalidades humanas?" Ele percebeu que, ao fixar o alvo, o processo se torna automático. É como quando estamos aprendendo a dirigir e temos de nos preocupar com os outros carros que estão na rua e processar todos os sinais à nossa frente – você anda devagar e ainda corre o risco de se perder. Com o tempo, porém, dirigir se torna algo natural: você sabe seu destino ao sentar ao volante e o corpo-mente fazem automaticamente tudo o que é necessário para alcançá-lo.

A cibernética pareceu tão revolucionária para Maltz porque ele entendeu que uma de suas implicações era o fato de que a conquista é uma questão de escolha. Na dinâmica da realização, "o que" (alvo) é mais importante que "como" (caminho). Os lobos frontais, a parte consciente do cérebro, podem projetar o alvo ou criar a imagem da pessoa que você quer ser e o subconsciente se encarregará da sua realização. Desse modo, o mesmo mecanismo "programe e esqueça" dos mísseis teleguiados trabalharia por nossos mais profundos desejos.

A importância da auto-imagem

Formado em medicina, com especialidade em cirurgia plástica, Maltz sempre quis entender por que alguns pacientes, mesmo eliminando cicatrizes e outras deformações, não se sentiam mais felizes depois da operação do que antes. Essa curiosidade o levou a se interessar pela nova psicologia da auto-imagem, segundo a qual nós moldamos em pensamentos e ações a imagem profunda que temos de nós mesmos. Por não terem mudado essa imagem interior, os pacientes ainda se sentiam feios, por mais perfeita que tivesse sido a plástica.

Maltz chegou à conclusão de que a auto-imagem é a chave-mestra de acesso a uma vida melhor. O pensamento positivo, por exemplo, pode ser inútil se referido apenas a circunstâncias externas particulares. Dizer "Eu vou conseguir esse emprego" não adiantará nada se o desejo não for coerente com o modo como você se vê interiormente.

Como funciona

A auto-imagem é adquirida por meio de nossas crenças sobre nós mesmos, desenvolvidas com base em experiências de sucesso, de fracasso e na visão que os outros têm de nós. Maltz dizia que nada disso merece o privilégio de determinar nosso modelo psicológico básico.

A questão mais crucial e fascinante da auto-imagem é que ela é "neutra", ou melhor, indiferente quanto a ser fortalecedora ou destrutiva, formando-se de acordo com o alimento psicológico que recebe. Podemos criar uma auto-imagem capaz de acomodar prosperidade, paz e grandeza ou adotar uma que esteja defeituosa e nos impeça de sair da cama na manhã seguinte. A questão é que pensamentos positivos não surgem do nada – eles precisam ser analisados e fabricados.

Agora a questão fundamental: o que e como fazer para mudar a auto-imagem? E se a pessoa só experimentou fracassos? Essas eram perguntas perturbadoras para Maltz, uma vez que acreditava-se que a auto-imagem se modifica pela via da experiência, não do intelecto.

Mas não é esse o caso porque – e este é um dos pontos mais importantes do livro – psicólogos clínicos e experimentais estabeleceram que o cérebro não diferencia uma experiência real de outra imaginária. Em outras palavras: imagens vencedoras do eu podem substituir as negativas, negando toda autoridade aos acontecimentos passados. A beleza da auto-imagem é que, assim como ela é fundamental para determinar o sucesso ou o fracasso, ela se mostra extremamente maleável.

Vivendo a imagem

Uma vez que o cérebro pensa por imagens, se você for capaz de visualizar conscientemente o que deseja de si mesmo, o cérebro e o sistema nervoso fornecerão automaticamente um feedback para garantir que eles "vivam de acordo com a imagem pré-programada".

Num experimento clínico com um grupo de jogadores de basquete, parte dos atletas recebeu um treinamento para atirar bolas na cesta enquanto os outros apenas visualizavam o exercício. O segundo grupo teve um desempenho real muito superior ao primeiro.

O cérebro, o sistema nervoso e os músculos são servos obedientes das imagens colocadas em nossa mente. Mas sua capacidade de realizar o que foi desejado depende da imagem ter continuidade. Ela deve ser "tatuada" no cérebro de forma que seja difícil não vivê-la nem manifestar tudo o que a ela se associa. Em vez de "ter objetivos", nós nos tornamos os próprios objetivos.

Comentários finais

Boa parte da literatura de auto-ajuda trata de objetivos, mas como estabelecer o que é ou não um objetivo? E por que esse processo funciona? Como Maltz foi o primeiro a investigar a mecânica na auto-imagem positiva, acabou influenciando decisivamente toda uma geração de autores de sucesso. *Psicocibernética* abriu caminho para centenas de livros sobre o poder da afirmação e das técnicas de visualização porque provê uma base científica para a realização dos sonhos.

Apesar de seu estilo acessível, *Psicocibernética* é um livro acadêmico. Suas referências científicas e tecnológicas são obsoletas, mas a teoria cibernética só cresceu em complexidade – a inteligência artificial e a ciência cognitiva, por exemplo, tiveram origem no entendimento cibernético de como o não-físico, o "fantasma da máquina", conduz a matéria.

O livro é admirável porque foi escrito numa época em que o behaviorismo e os estudos de tempo e espaço, que tendem a reduzir as pessoas a uma dimensão mecânica, estavam no auge. A genialidade de Maltz está em dizer que, embora sejamos "máquinas" e a dinâmica da fixação de objetivos e da auto-imagem pudesse ser mais bem descrita em termos mecanicistas, a fantástica variedade de nossos desejos e a nossa capacidade de criar são singularmente humanas.

O que nunca poderia ser reduzido a analogias mecanicistas são os fogos da imaginação, da ambição e da vontade. É o livro de auto-ajuda perfeito para uma cultura tecnológica.

Maxwell Maltz

Nascido e educado na Europa, Maltz passou a maior parte da vida adulta em Nova York, onde abriu uma clínica de cirurgia plástica. Seu primeiro livro, New Faces, New Futures *(Novas faces, novo futuro), é uma coletânea de histórias de pacientes cujas vidas foram transformadas pela plástica facial. Sua pesquisa subseqüente sobre os pacientes cujas vidas não melhoraram radicalmente levou-o a escrever* Psicocibernética.

Com o sucesso do livro, Maltz se tornou um popular conferencista motivacional nos anos 1960 e começo dos 1970. O amplo público do livro incluía Salvador Dalí, que pintou um quadro "psicocibernético" e deu de presente para o autor. Maltz faleceu em 1976, aos 76 anos de idade.

Embora pouco conhecidos, outros títulos de Maltz são A imagem de si mesmo, Pensamentos para uma vida feliz *e* O vendedor irresistível. *Uma versão atualizada do livro* Psycho-Cybernetics 2000 *(Psicocibernética 2000) foi feita por Bobbe Summer e Anna Maltz.*

A Psycho-Cybernetics Foundation (www.psycho-cybernetics.com) se dedica a divulgar sua obra.

Desperte o gigante interior

1991

"Sempre que tiver o desejo sincero de fazer uma mudança, a primeira coisa que você deve fazer é elevar seus padrões. Quando as pessoas me perguntam o que mudou de fato a minha vida oito anos atrás, eu lhes digo que a coisa mais importante foi mudar o que eu exigia de mim mesmo. Pus no papel tudo o que eu não iria mais aceitar em minha vida, tudo o que eu não iria mais tolerar e tudo o que eu iria me tornar."

"Não devemos permitir que nossa programação passada controle nosso presente e nosso futuro. Com este livro, você pode se reinventar organizando sistematicamente suas crenças e valores de uma forma que o coloca na direção do seu projeto de vida."

"Embora tenhamos o costume de negá-lo, o fato é que o que move nosso comportamento é a reação instintiva ao prazer e à dor, não ao cálculo intelectual. Intelectualmente, podemos acreditar que comer chocolate é ruim, mas ainda assim o comeremos. Por quê? Porque somos movidos não tanto pelo que sabemos intelectualmente, mas por aquilo que nosso sistema nervoso associa à dor e ao prazer."

Em síntese

É tempo de aproveitar o dia e viver a vida que você sempre imaginou. Esse é o seu mecanismo de partida.

Na mesma linha

Steve Andreas e Charles Faulkner, *PNL* (p. 122)
Susan Jeffers, *Tenha medo... e siga em frente* (p. 48)

Capítulo 9

Anthony Robbins

Orientador pessoal de presidentes, reis, desportistas famosos e líderes empresariais, Anthony Robbins é a encarnação do guru da transformação pessoal. Nos Estados Unidos, pelo menos, ele é um nome tão familiar que é difícil encontrar quem já não o tenha visto na TV. Muita gente se dispõe a pagar mais de mil dólares para participar dos seminários de fim de semana organizados pelo autor, que oferecem de caminhadas sobre carvão em brasa a níveis de histeria dignos de concertos de música pop e encontros evangélicos.

Comparados a Robbins e sua singular combinação de energia pessoal e talento para o marketing, titãs da auto-ajuda como Deepak Chopra e Wayne Dyer são até discretos. *Desperte o gigante interior* começa com o autor num helicóptero a caminho de um seminário com lotação esgotada, vendo, do alto, o edifício onde trabalhava como zelador uma década antes. Ele se lembra de como era nessa época: gordo, pobre e solitário. Agora esbelto, feliz e milionário com uma mansão à beira-mar, ele percebe que está vivendo o seu sonho.

Robbins sabe que a melhor propaganda de seus produtos é a sua própria vida.

Programação neurolingüística "num instante"

O primeiro livro de Robbins, *Poder sem limite,* escrito quando ele ainda não tinha 30 anos, lançou as bases para o método de programação neurolingüística (PNL) que ele aperfeiçoou e ajudou a difundir junto ao público em geral.

Como vimos anteriormente, a PNL, cujos pioneiros foram John Grinder e Richard Bandler, surgiu dos estudos sobre a forma como a linguagem verbal e não verbal afeta o nosso sistema nervoso. Sua premissa é a de que podemos controlar nosso sistema nervoso de tal modo que nossas ações e reações, ainda que pareçam "naturais", sejam na verdade programadas. Outro ponto-chave é que, se "copiarmos" as ações e o comportamento das pessoas bem-sucedidas, poderemos obter resultados no mínimo iguais aos delas.

Diante dessas constatações, Robbins assumiu o lema "A mudança acontece num instante", que é diretamente relacionado aos princípios da PNL, assim como suas observações sobre como associar nossas motivações à dor e ao prazer.

Alguns pontos importantes

O livro captura a imaginação do leitor pelas perguntas que faz e pelas possibilidades que cria em sua mente. Embora tenha o cuidado de mostrar os passos práticos e detalhes dos objetivos, Robbins é o mestre do ilimitado. Seus comentários são apoiados em numerosas referências, casos e fatos.

Dor e prazer

Essas são as principais forças que moldam nossa vida. Podemos deixá-las nos controlar ou entendê-las para que nos sirvam. Tome cuidado com o que você associa ao prazer: você quer ser como Jimi Hendrix ou como Madre Teresa de Calcutá? Associando dor ou prazer intensos a alguma atividade ou pensamento, podemos mudar quem somos.

O poder da crença

Dois homens estão presos por correntes à parede de uma prisão. Um deles comete suicídio, o outro fica para contar às pessoas sobre o poder do espírito humano. Não são os acontecimentos que nos moldam, mas nossas crenças sobre o que eles significam. Crenças gerais (o modo como vemos o mundo e as pessoas em geral), se modificadas, podem alterar praticamente tudo em nossas vidas. Todos os grandes líderes parecem não acreditar que seus problemas são permanentes. Da mesma forma que a CIA usa técnicas especiais para influenciar – e mudar rapidamente – o modo de pensar das pessoas, você também pode aplicá-las às crenças que o estão limitando.

O poder das perguntas

Todo progresso humano se faz questionando as limitações que vão surgindo. Não precisamos ter respostas prontas; faça uma pergunta relevante para obter uma resposta relevante.

O poder das palavras

Use o poder das palavras e um vocabulário ampliado para transformar o pensamento e a ação. Considere também que "líderes são leitores" – a leitura nos permite fazer distinções cruciais com base na experiência dos outros.

Clareza é poder

Determine exatamente o que você quer realizar e escreva num papel; crie um futuro tão incrível que o estimule a realizá-lo. Mantenha-se "focado em aonde quer chegar, não naquilo de que tem medo". Crie um plano de 10 anos que funcione retrospectivamente; a maioria das pessoas superestima o que é capaz de fazer em um ano e subestima o que é capaz de fazer em uma década.

Eleve seus padrões, mude suas regras

Decida a respeito de quem você é, em vez de apenas desejá-lo, e aja. Entenda as regras pessoais ocultas que comandam a sua vida e crie outras que o impulsionem a viver seu destino.

Olhando mais de perto...

Desperte o gigante interior é a bíblia da psicotecnologia. Se todo mundo lesse e aplicasse Robbins, o mundo seria um lugar imensamente mais poderoso, pleno e feliz. Um pouco preto-e-branco, mas seria um mundo em que saberíamos como escapar de qualquer negatividade eliminando o mau humor, a depressão e assim por diante. Há autores de auto-ajuda, como Thomas Moore e Robert Bly, que vêem um grande valor na depressão e até no sofrimento, porque nos ensinam sobre nós mesmos e fazem parte de uma existência espiritualmente plena.

O fato de a vida de Robbins parecer uma fantasia viva significa que os desejos das outras pessoas têm de ser satisfeitos também? Os instrumentos que ele nos oferece para realizarmos tudo o que queremos são de fato notáveis, mas não há nenhuma advertência sobre nossas razões para querê-lo.

As pessoas podem desanimar com a aura de super-homem que cerca o livro e sua convicção de que as fantasias a respeito de si mesmas podem ser realizadas. Para os mais críticos, tudo é uma questão de "realizar os próprios objetivos". Eric Fromm escreveu sobre o "indivíduo mercantilizado", a pessoa que se transforma em mero reflexo da economia capitalista, só buscando o auto-aperfeiçoamento na medida em que ele possa lhe trazer um status mais elevado.

Em defesa de Robbins

É verdade que algumas pessoas podem usar os exercícios mentais de Robbins para alcançar objetivos materialistas banais, mas o que ele realmente propõe desafia o poder do materialismo em nossas vidas. O cerne da sua filosofia é contestar a cultura que nos cerca recusando-se a ser apenas um detalhe a mais, a acomodar-se ao seu trabalho de modo a poder apenas manter o passo. Em seu mundo, todos devem brilhar.

E o livro realmente nos leva a questionar nossa idéia de sucesso: será que é o produto do máximo de nossa criatividade e visão? Sua filosofia sustenta que perseguir um sonho é a única forma de nos mantermos verdadeiramente vivos e que o dinheiro é sempre uma questão secundária.

Robbins nos incentiva a "pular a cerca", a mudar nossas crenças sobre nós mesmos, a identificar nossos valores fundamentais, a sair de relacionamentos e empregos que não fazem nada por nós e a descobrir que nossas limitações são em ampla medida ilusórias.

Comentários finais

A mensagem de Robbins tem apelo de massa porque acreditamos ter muito mais a dar do que os outros são capazes de perceber. O mundo gosta de colocar nossas idéias na categoria de "pouco razoáveis e irrealistas". Nós aprendemos que não podemos fazer o que nossos corações mandam e depois de um tempo aceitamos essa restrição como um fato. Mas a pessoa verdadeiramente bem-sucedida, segundo Robbins, se recusa a ser razoável.

Desperte o gigante interior já foi chamado de "cirurgia plástica da mente", o que significa que, se você não está satisfeito com sua identidade, deve mudá-la. Embora isso possa soar artificial e até desagradável para alguns, pode ser uma tábua de salvação para outros.

A reinvenção pessoal, não se esqueça, é a base da cultura norte-americana, razão pela qual o livro não poderia ter surgido em nenhum outro lugar. Veja-o como uma espécie de Estátua da Liberdade em palavras.

Anthony Robbins

Nascido em 1960, Robbins cresceu num subúrbio de classe média de Los Angeles, mas foi expulso de casa pela mãe aos 17 anos de idade por ser "intenso demais". Ganhou fama de excelente vendedor ao trabalhar em eventos motivacionais. Depois de ter lido mais de 700 livros sobre crescimento pessoal, conheceu a Programação Neurolingüística em 1983 e saiu em campo para promover a sua própria versão, que prometia curar pessoas com fobias em 15 minutos.

Milionário aos 24 anos, perdeu sua fortuna e recuperou-a em seguida. Esses e outros incidentes estão relatados em The Life Story of Anthony Robbins, *de seu ex-sócio Michael Bolduc. Como consultor, ele já trabalhou para a IBM, AT&T, American Express e o Exército dos Estados Unidos, além de equipes de esportes profissionais e atletas olímpicos. Foi orientador pessoal de Bill Clinton (que aparentemente se apoiou em Robbins durante a crise envolvendo Monica Lewinski), Mikhail Gorbachev e teve até algumas sessões com a princesa Diana.*

Entre seus livros mais famosos estão Passos de gigante, Poder ilimitado: uma escolha negra, Mensagem de um amigo *e* Poder sem limites: o caminho do sucesso pessoal. *Suas empresas (dreamlife.com) promovem seminários e eventos em todo o mundo, incluindo um curso de extensão (Mastery University), e sua fundação mantém programas de ajuda a jovens, idosos, sem-teto e presidiários. Robbins mora na Califórnia com sua esposa e seus filhos.*

Finding Your Own North Star
(Descobrindo a sua estrela-guia)

2001

"Ouça com atenção: sua família não sabe como levá-lo à sua estrela-guia. Não sabia quando você era pequeno, não sabe agora e nunca saberá... Pessoas cujos pais são receptivos e atenciosos têm de enfrentar o fato de que o amor familiar não é o bastante para guiá-las até que encontrem a vida certa."

"Muitos de meus clientes não conseguem descobrir o que querem de suas carreiras até que restaurem a saúde física descansando profundamente durante algumas semanas ou mesmo meses. Seja lá o que seu corpo lhe mandar fazer, são grandes as chances de que seja o próximo passo em direção à sua estrela-guia."

Em síntese

Um livro para quem tem a sensação de que sua vida tomou o rumo errado.

Na mesma linha

Joseph Campbell com Bill Moyers, *O poder do mito* (p. 218)
Clarissa Pinkola Estés, *Mulheres que correm com os lobos* (p. 224)
James Hillman, *O código do ser* (p. 230)
Susan Jeffers, *Tenha medo... e siga em frente* (p. 48)
Richard Koch, *O princípio 80/20* (p. 100)

Capítulo 10

Martha Beck

No hemisfério norte, a estrela-guia é conhecida como Estrela Polar ou Estrela do Norte. Por não se mover como as outras e estar sempre indicando a direção do pólo norte da Terra, ela foi usada desde os primórdios pelos exploradores e navegantes para determinar sua posição e verificar a direção. É o símbolo perfeito do que Martha Beck chama de "vida ideal", a existência plena que lhe pertence e que está à espera do seu chamado.

O desafio é como descobrir a sua estrela-guia particular. Nossas bússolas internas são regidas por reações físicas, intuições, necessidades e anseios particulares. São elas que nos orientam e nos devolvem o rumo quando as nuvens e tempestades da vida nos desnorteiam. Para a autora, a chave para descobrir nossa "vida ideal" é saber a diferença entre o "eu essencial" e o "eu social". É nessa questão que nos concentramos aqui.

O "eu essencial" e o "eu social"

O "eu essencial" é aquela voz silenciosa que lhe pede para "seguir a batida de um tambor diferente" quando você preferiria acompanhar o rebanho. Já o "eu social" é responsável pela maior parte de suas decisões, aptidões e também por sua capacidade de formar uma rede de relacionamentos. A maioria das pessoas permite que seu "eu social" seja o seu mestre, mas para viver uma vida plena você deve fazer o contrário – seguir a pista do seu "eu essencial" e deixar o outro fazer o que é necessário do ponto de vista prático para levá-lo aonde você quer chegar.

Beck vem de um ambiente acadêmico em que fazer coisas "difíceis" é sinal de respeitabilidade. Escolheu estudar chinês na universidade porque parecia uma opção admirável e inteligente, embora ela odiasse tudo aquilo. Essa contradição acabou deixando-a mentalmente estressada, pois não importa quão válida você acredite ser a tarefa para a qual você se propôs, se ela não faz parte de sua verdadeira vocação, o desgaste é inevitável. Quando você encontrar algo que lhe dê alegria e o faça sentir-se naturalmente produtivo – aquilo que na filosofia oriental se chama "não-ação" –, provavelmente estará próximo de sua estrela-guia.

Antigamente eram maiores as chances de ser bem-sucedido economicamente se seu "eu social" tivesse um comportamento obediente e conformista. Nos tempos atuais, porém, isso mudou: o dinheiro flui na direção de quem tem personalidade, habilidade ou sucesso. E atitude não pode ser comprada pronta, ela surge da essência da pessoa, do seu "eu essencial".

Expressando o seu "eu essencial"

O "eu essencial" é como o demônio, ou como a "imagem da alma" de que fala James Hillman em *O código do ser*. Ele não pode falar e, por isso, encontra mil e uma maneiras de se fazer reconhecer. Muitos clientes de Beck se queixam de "auto-sabotagem": eles fracassam em provas e entrevistas em que precisavam se sair bem e não sabem a razão disso. Contudo, o que parece um fracasso inexplicável pode, na verdade, estar em consonância com os seus verdadeiros desejos a longo prazo.

Um dos aspectos mais vitais da recuperação do "eu essencial" é reaprender a dizer não. Da mesma forma que um tigre enjaulado atacará quem entrar em seu espaço, seu "eu essencial" sabe perfeitamente quando é preciso dizer não – basta que ele possa estabelecer seus limites. Se não o fizer, você corre o risco de ficar neurótico – afinal, quem agüenta a obrigação de ser simpático com todo mundo o tempo todo?

Seu corpo e seu cérebro costumam mostrar que seu "eu essencial" foi ignorado – por meio de doenças, esquecimentos, atitudes hostis ou apáticas, deslizes freudianos ou vícios. Escute o seu corpo!

O alinhamento com a sua estrela-guia, em contraste, libera o tipo de vitalidade que se desfruta quando se é criança. Você voltará a gostar de si mesmo, a lembrar-se facilmente das coisas, a cuidar mais da saúde e a se sentir bem com o resto do mundo. Aos olhos das pessoas próximas, buscar seu verdadeiro propósito pode parecer egoísmo – será que elas preferem arcar com as conseqüências de mantê-lo escondido?

Dando o salto

Quando pensamos em mudança (ter um filho, largar o emprego, tirar um ano de licença), reclamamos com nós mesmos que "todo mundo" vai nos achar idiotas, nos detestar. A psicologia chama esse processo de "outro generalizado". É exatamente o que Beck fez quando optou por escrever em um estilo desnecessariamente árido (acadêmico) para obter a aprovação de seu pai.

Ao percebermos que existem milhões de pontos de vista sobre tudo, deixamos de nos sentir devedores de pessoas imaginárias e nos libertamos para buscar aquilo que achamos ser correto. Lembre-se sempre de que o "eu social" é programado para evitar o perigo, mesmo que ilusório. Seguindo seus sonhos, por outro lado, você desenvolverá uma relação nova e positiva com o medo.

Comentários finais

Finding Your Own North Star (Descobrindo a sua estrela-guia) trata de temas tão diversos como saber apreciar a beleza, ser generoso, acolher a mudança mesmo quando tudo está indo bem, diagnosticar o medo em si mesmo e nos outros, sofrer, expressar raiva e ódio, seguir sua intuição. Mas o que tudo isso tem a ver com a sua estrela-guia? Simples. É preciso tornar-se mais consciente de suas emoções e seus aprendizados internos para reconquistar naturalmente o seu propósito de vida. A última parte do livro relaciona os quatro estágios da busca de seu "eu essencial" e traz muitos testes e exercícios, vários deles concebidos para "tirar você da sua concha".

Martha Beck

Graduada pela Universidade de Harvard, com diplomas de barachel e mestre em Artes e Ph.D., Beck foi professora da cadeira Desenvolvimento Profissional em Harvard e na American Graduate School of International Management. Mais tarde tornou-se conselheira de "projetos de vida" e fundou a Life Designs Inc., empresa dedicada a ajudar os clientes a atingir seu potencial máximo. Beck mora em Phoenix, Arizona.

Seus outros livros de sucesso são: Expecting Adam: A True Story of Birth *(Esperando Adam: a verdadeira história do nascimento),* Transformation and Unconditional Love *(Tranformação e amor incondicional) e* Breaking Point: Why Women Fall Apart and How They Can Re-create Their Lives *(Tensão máxima: por que as mulheres entram em crise e como elas reinventam suas vidas).*

A psicologia da felicidade

1990

"Ser ou não feliz depende da harmonia interior, não dos controles que somos capazes de exercer sobre as grandes forças do universo. Com certeza, devemos continuar aprendendo a dominar o ambiente em que vivemos, pois disso pode depender nossa sobrevivência física. Mas esse domínio não acrescentará uma vírgula a como nos sentimos como pessoas nem reduzirá o caos do mundo em que vivemos. Para isso, temos de aprender a dominar nossa própria consciência."

"O fluxo ajuda a integrar o eu, porque nesse estado de concentração profunda a consciência é extraordinariamente bem ordenada. Nossos sentidos, pensamentos, intenções e sentimentos estão todos focados nos mesmos objetivos. A experiência está em harmonia. Quando o fluxo termina, sentimo-nos mais 'juntos' do que antes, não apenas internamente, mas em relação às outras pessoas e ao mundo em geral."

Em síntese

Fazer aquilo de que se gosta não é irrelevante, é o caminho para uma personalidade mais complexa e uma vida com mais significado e felicidade.

Na mesma linha

Dalai-Lama e Howard C. Cutler, *A arte da felicidade* (p. 76)
Daniel Goleman, *Inteligência emocional* (p. 136)
Richard Koch, *O princípio 80/20* (p. 100)

Capítulo 11

Mihaly Csikszentmihalyi

"Por que é tão difícil ser feliz?" "Qual é o significado da vida?" Por ociosidade ou frustração, nós todos nos fazemos essas duas perguntas fundamentais. Não são muitos os que se arriscam a dar respostas e menos ainda os qualificados para fazê-lo. Tendo dedicado toda a sua vida a responder à primeira questão, Mihaly Csikszentmihalyi (pronuncia-se "Me-hai Tchicsent-mi-haii") chegou à conclusão de que uma não existe sem a outra.

A conexão entre elas é a essência do livro *A psicologia da felicidade*. Fica claro que é difícil ser feliz pela simples razão de que o universo não foi feito para que sejamos felizes. Enquanto criamos religiões e mitologias para nos sentirmos mais seguros, ter acesso a esse conhecimento revela de forma cruel e repetida a verdade dos fatos.

Segundo o autor, é melhor pensarmos no universo em termos de ordem e caos (entropia). Que as pessoas saudáveis se sintam à vontade quando as coisas estão organizadas é uma boa pista de seu real valor e de seu papel na construção da felicidade. O "controle da mente" é, portanto, a chave da felicidade. Mas o que é que nos permite assumir o controle?

Felicidade e fluxo

Em vez de examinar a natureza da felicidade em si mesma, o autor decidiu aprofundar sua pesquisa com a seguinte pergunta: "Quando é que as pessoas se sentem mais felizes?" Ou seja, o que estamos fazendo quando sentimos contentamento e satisfação?

Para achar a resposta, o autor, dentre outras coisas, passou uma semana se comunicando, por meio de um pager, com pessoas em momentos aleatórios. Elas eram solicitadas a dizer exatamente o que estavam fazendo e quais eram os sentimentos proporcionados por tal atividade.

Foi constatado que os melhores momentos não aconteciam por acaso, segundo os caprichos de acontecimentos externos, mas podiam ser razoavelmente previstos em determinadas situações. As atividades descritas como as mais significativas, aquelas que quando executadas afastavam preocupações e outros pensamentos, foram chamadas de "experiências ideais" ou simplesmente "fluxo".

Pessoas em estado de fluxo sentem-se engajadas no desdobramento criativo de algo maior. É o que os artistas chamam de "transe", os místicos de "êxtase" e os amantes de "arrebatamento". Podemos reconhecer nossas experiências de fluxo como as que parecem fazer o tempo parar.

O erudito taoísta Chuang Tzu conta, numa parábola, como Ting, o respeitado açougueiro da corte de Lorde Wen-hui, descreve seu modo de trabalhar: "A percepção e o entendimento se detêm e o espírito vai aonde quer." Você pára de pensar e apenas faz. Isso é fluxo.

Uma das distinções cruciais feitas pelo autor em *A psicologia da felicidade* é entre desfrute e prazer. Enquanto tarefas desafiadoras que nos exigem atenção total são apreciadas, o mero prazer não requer nossa dedicação – ele é passivo. A televisão, as drogas e o sono podem ser prazerosos, mas exigem pouca força de vontade e por isso não ajudam de fato o nosso crescimento.

A lição que fica é a de que só somos realmente felizes quando estamos no controle. A experiência ideal é aquela que comandamos e que nos proporciona uma sensação de domínio. É por isso que a busca de objetivos é tão satisfatória: ela leva a uma "consciência organizada", independentemente do sentimento que se tenha ao ver um objetivo ser efetivamente alcançado. A mente organizada é por si mesma uma fonte de felicidade.

Fluxo: complexidade e significado

Para fugir à falta de significado, podemos dedicar nossa vida ao prazer – o que, geralmente, acaba em ruína e desordem mental – ou ligar o piloto automático e procurar não pensar em todas as nossas opções de vida. Essa última possibilidade equivale a nos render aos valores sociais efêmeros que nos levam a ser definidos mais como consumidores do que como pessoas.

Csikszentmihalyi considera Freud particularmente relevante aqui. O "id" freudiano é a representação dos impulsos instintivos do corpo, ao passo que o "superego" representa o mundo exterior ao qual o *self* deve se adaptar. O terceiro elemento da consciência é o "ego", aquela parte de nós mesmos que conseguiu atingir autonomia no que se refere à personalidade, a despeito do ambiente ao seu redor ou das necessidades corporais.

É desse modo, deixando para trás o animal e o robótico, que se há de encontrar a humanidade. Quem vive com essa consciência o faz por vontade própria. E uma vez que o universo nunca facilita as coisas para nós, precisamos nos tornar cada vez mais complexos (não em termos de caos, mas de ordem mais elevada).

O trabalho de Csikszentmihalyi estabeleceu uma visão fascinante sobre a experiência de fluxo: depois de cada episódio, uma pessoa é mais do que ela era antes, ou seja, ela "cresce". Cada parcela de conhecimento absorvido, cada nova habilidade aperfeiçoada, amplia o *self* e o torna superorganizado, formando, nas palavras do autor, "um indivíduo cada vez mais extraordinário".

É por isso que as experiências com o fluxo podem viciar – sem elas a vida parece estática, monótona e sem significado. Segundo o autor, a felicidade e o senso de significado podem ser aumentados pela dedicação ao que mais se gosta de fazer.

A pergunta sobre o "significado da vida" talvez não possa ser respondida no sentido mais esotérico ("Por que as coisas existem?"), mas num nível mais existencial: o significado da vida é tudo o que é significativo para mim.

A experiência do fluxo não precisa de explicação para quem a desfruta – basta a consciência de que ela nos proporciona as duas coisas vitais para a felicidade: senso de propósito e autoconhecimento.

Uma cultura focada no fluxo?

É fato que o fluxo faz você se sentir mais vivo, mas ele também causa um outro efeito, talvez surpreendente: a consciência da sua singularidade e um renovado entendimento de como você se encaixa no seu mundo e em seus relacionamentos com os outros. O aumento da complexidade faz com que o fluxo refaça sua ligação com o mundo e o torna especial.

Esse duplo efeito traz tremendas implicações para o rejuvenescimento de comunidades e nações. O autor prevê que os países e sociedades mais bem-sucedidos do século XXI serão aqueles que assegurarem aos seus cidadãos o máximo de oportunidades de se envolverem em atividades criadoras de fluxo. E faz menção à inclusão da "busca da felicidade" na Declaração de Independência norte-americana, aspiração previdente que, lamentavelmente, transformou-se em uma expectativa de que é papel do governo prover a felicidade do povo.

Enquanto a busca de objetivos (ou vivendo de olho no futuro) é fundamental no Ocidente contemporâneo, uma cultura focada no fluxo restauraria o imediatismo que caracterizava as sociedades que viviam da caça e da coleta, libertando-nos da tirania do relógio.

Numa situação de prosperidade crescente, se a maior parte da população se dedicasse a fazer apenas aquilo de que gosta, a atitude em relação ao tempo mudaria. Ele deixaria de ser estruturado pelos padrões da cultura industrial, com sua divisão entre "trabalho" e "lazer", e passaria a ser determinado pela atitude subjetiva das pessoas em face da atividade em que estão engajadas, isto é, se a atividade pode ou não vir a entrar no estado de fluxo.

Diz-se que a cultura ocidental contemporânea, a dos Estados Unidos em particular, é obcecada pela juventude, o que tem como uma de suas principais conseqüências o medo do envelhecimento. Mas a pressão da passagem do tempo é aliviada quando se está verdadeiramente vivendo e desfrutando cada momento em estado de fluxo. Como disse o filósofo alemão Friedrich Nietzsche, a maturidade é "a redescoberta da seriedade que tínhamos quando éramos crianças – e o assunto era brincar".

Comentários finais

A teoria do fluxo tem exercido uma enorme influência desde que surgiu em publicações acadêmicas 30 anos atrás, basicamente por ser uma teoria aplicável a quase todas as atividades humanas. Csikszentmihalyi a relaciona a sexo, trabalho, amizade, solidão e aprendizado de vida. Contudo, experiências de fluxo não podem ser impostas. Como sempre, os indivíduos capazes de gerar suas próprias experiências de fluxo serão os mais propensos à felicidade.

Se para Nietzsche "desejo de dominação" é a raiz das ações humanas, para a teoria do fluxo é a vontade de ordem que alimenta esta e outras motivações. Toda atividade que cria um sentido de *self* organizado nos proporciona significado e um certo grau de felicidade.

Como as possibilidades de como viver a vida se ampliaram de forma espetacular, surgiu uma necessidade que aparentemente nos leva na direção oposta: a de criar foco, ordem e disciplina na maneira como encaramos a vida e o que escolhemos fazer com ela. A conexão não é óbvia e, ao chamar atenção para este fato, *A psicologia da felicidade* se tornou, com razão, uma obra celebrada.

Mihaly Csikszentmihalyi

O professor Csikszentmihalyi, hoje na Drucker School of Management da Claremont Graduate University, Califórnia, foi diretor do Departamento de Psicologia da Universidade de Chicago. É membro da American Academy of Arts and Sciences e articulista de publicações como New York Times, Washington Post, Wired, Fast Company *e* Newsweek.

Outros de seus livros são: A descoberta do fluxo, Trabalho qualificado *e* Gestão qualificada. *Csikszentmihalyi escreveu também livros sobre a adolescência e sobre os efeitos da televisão na qualidade de vida, além de artigos sobre a relação da filosofia de Teilhard de Chardin com a evolução e o progresso humanos.*

A arte da felicidade: um manual para a vida

1998

O Dalai-Lama: "Todos temos estrutura física, intelectual e emocional. Todos nascemos da mesma forma e morremos. Todos queremos felicidade, não sofrimento."

"Eu acredito que o uso apropriado do tempo é este: se você puder, sirva outras pessoas, outros seres sensitivos. Se não, evite ao menos fazer-lhes mal. Eu penso que essa é a base de toda a minha filosofia."

Howard Cutler: "Com o passar do tempo, me dei conta de que o Dalai-Lama aprendeu a viver com um senso de satisfação e um grau de serenidade que nunca vi nas outras pessoas... Embora ele seja um monge budista... eu comecei a me perguntar se seria possível identificar um conjunto de crenças que pudessem ser usadas também por não-budistas – práticas que pudessem ser diretamente aplicadas em nossas vidas para nos ajudar a ser mais felizes, mais fortes e, talvez, menos temerosos."

Em síntese

A conquista da felicidade não deve depender dos acontecimentos. Por meio de exercícios mentais, podemos quase sempre criar a capacidade de ser felizes.

Na mesma linha

Dhammapada (p. 82)
Wayne Dyer, *A verdadeira magia* (p. 88)

Capítulo 12

Dalai-Lama e Howard C. Cutler

Você conhece aquela do psiquiatra que encontrou o monge budista? Normalmente, esse seria o começo de uma boa piada, talvez envolvendo um divã e uma tigela de esmolas, mas nesse caso ilustra a base do livro *A arte da felicidade.* Um *mix* de pensamentos, reflexões pessoais e verdades científicas reunidos pelo respeitado psiquiatra Howard Cutler com Sua Santidade, o Dalai-Lama.

Muitas pessoas criticaram o fato de o Dalai-Lama ser apresentado como "co-autor" quando ele, na verdade, não escreveu nada – apenas respondeu a perguntas que qualquer um de nós faria se pudesse passar algumas horas na sua companhia. Mas isso não tem importância quando se considera o resultado final: um manual para a felicidade incrivelmente potente.

A natureza e as fontes da felicidade

Cutler elaborou esse livro a partir de suas crenças, entre elas a de que a felicidade é um mistério e o máximo que podemos fazer é evitar a infelicidade. Ao longo de uma série de conversas, o Dalai-Lama o convenceu de que a felicidade não é um luxo, mas o propósito de nossa existência – e mais, de que existe um caminho definido que nos leva até ela.

A primeira coisa a fazer é identificar o que nos leva ao sofrimento e à felicidade. A partir daí, procuramos eliminar os fatores causadores da infelicidade e cultivar os da satisfação. O fato mais surpreendente a respeito da felicidade talvez seja o de que sua conquista é uma questão "científica", que requer apenas disciplina. Como diz Cutler:

> *"Desde o começo, percebi que nossas entrevistas assumiram um tom clínico, como se eu estivesse lhe perguntando sobre a anatomia humana; só que neste caso se tratava da anatomia da mente e do espírito humano."*

Destacamos alguns pontos do livro:

- A felicidade tem muitos níveis. No budismo são quatro os fatores – riqueza, satisfação material, espiritualidade e iluminação – responsáveis pela criação da "totalidade da busca individual da felicidade". Boa saúde e um círculo de amigos queridos são também importantes, mas a porta de entrada para todas essas coisas é o estado de espírito. Este não apenas trabalha para criar experiências de vida, mas é o filtro pelo qual você as vê. Sem uma mente disciplinada, você não estará efetivamente no controle do que está fazendo nem poderá ficar à margem dos acontecimentos, mesmo se desejar. A verdadeira fonte da felicidade é o controle da consciência. Uma mente calma ou engajada em um trabalho significativo equivale à felicidade.
- Um caminho simples para a felicidade é cultivar a afeição e a ligação com outros seres humanos. Mesmo que venha a perder tudo o que possui, você ainda as terá. O Dalai-Lama observa que, apesar de ter perdido seu país, de certa forma ele ganhou o mundo inteiro porque teve a capacidade de criar novos laços rapidamente. Atente sempre para o que você tem em comum com os outros e nunca se sentirá realmente só.
- Por mais poderosos que pareçam, as emoções e os estados de espírito negativos não têm base na realidade. São apenas distorções que nos impedem de ver as coisas como realmente são. A vergonha e o constrangimento que se seguem a uma única explosão de raiva bastam para demonstrá-lo. Quando, por outro lado, experimentamos estados positivos, nos aproximamos da verdadeira natureza do universo e da pessoa que poderíamos ser o tempo todo. Quando regularmente praticadas, todas as emoções crescem. O Dalai-Lama sugere que cultivemos o que é positivo – como todo bom hábito, você começa com pouco, mas no final os benefícios são grandes.
- Um estado de espírito positivo não é bom só para você: é saudável também para todas as pessoas com quem você entra em contato – ele literalmente modifica o mundo ao seu redor. Por mais difícil que possa parecer, procure reduzir sua negatividade e aumentar seus momentos positivos.
- Executar ações "saudáveis" por oposição a ações "nocivas" não é uma questão moral ou religiosa, mas a diferença prática entre a felicidade e a infelicidade. Com autotreinamento, você pode desenvolver um "bom coração", o que diminui a chance de você agir de maneira improdutiva.
- Não confunda felicidade com prazer. O prazer é a festa dos sentidos e pode

se parecer com a felicidade, mas carece de significado. A felicidade, em contraste, repousa sobre o significado e pode ser sentida com freqüência a despeito de condições externas negativas. Ela é estável e persistente, enquanto o prazer é um bônus da vida – a felicidade é fundamental.

- A felicidade é algo que se desenvolve com o tempo. Tome a decisão de aplicar ao estudo e à prática da felicidade o mesmo esforço e determinação que você aplica à conquista do sucesso material. Buscar sistematicamente as causas e os caminhos da felicidade pode ser uma das decisões mais importantes da sua vida, tanto quanto casar ou escolher uma profissão, diz Cutler. A alternativa é ficar à deriva, rodeando a felicidade, vulnerável a súbitos ataques de infelicidade. Mesmo experimentando altos e baixos, o estudioso da felicidade estará mais bem preparado para retornar rapidamente a um estado de espírito positivo ou para elevá-lo do "normal" a um nível significativamente mais alto.
- Com o tempo, você deve tentar eliminar as emoções negativas, em especial a raiva e o ódio, e substituí-las pela tolerância e pela paciência. A idéia do Dalai-Lama de contrapor pensamentos positivos aos negativos foi validada pela bem-sucedida trajetória da terapia cognitiva (ver *Feeling Good,* p. 130), que leva as pessoas a substituir pensamentos distorcidos ("Minha vida é um caos") por outros mais precisos ("Este aspecto da minha vida não está bom; o resto, sim").

Compaixão e conexão

- A natureza básica dos seres humanos é a bondade, diz o Dalai-Lama. A ciência e a filosofia gostam de retratar as pessoas como egoístas, mas vários estudos mostram que elas são altruístas sempre que têm oportunidade (por exemplo, ajudando vítimas de catástrofes). Podemos achar que o bebê é o perfeito exemplo de humanidade, já que ele vive somente para suas necessidades fisiológicas, mas outra maneira de ver isso é considerar a imensa alegria que ele proporciona às pessoas ao seu redor. Quando olhamos para o mundo com mais compaixão do que agressividade fica fácil enxergar a evidência.
- A compaixão é útil. Em vez de ser sentimental, ela é a base da boa comunicação entre as pessoas. Lembrando Dale Carnegie, o Dalai-Lama diz que somente vendo e sentindo as coisas do ponto de vista de outras pessoas você

será verdadeiramente capaz de criar vínculos com elas. Compaixão não é ter pena dos outros, mas reconhecer o que temos em comum – você poderá estar sentindo amanhã o que alguém está sentindo hoje.

- O Dalai-Lama "nunca está só". O antídoto para a solidão é estar preparado para criar laços, ligações, com qualquer um. A maior parte das pessoas que se consideram solitárias vive cercada de familiares e amigos, mas deposita todos os seus anseios na esperança de encontrar "aquela pessoa especial". Abra os olhos para a riqueza das pessoas, ele diz, e a solidão se tornará uma coisa do passado.
- Procure distinguir o amor baseado no apego do amor baseado na compaixão. Todos os seres humanos querem ser felizes e evitar o sofrimento. Em vez de amar uma pessoa o suficiente para que ela retribua, comece a perceber o que identifica a condição humana e o que você pode fazer para aumentar a felicidade dessa pessoa em particular.
- Se você não cultivar a compaixão, ou a capacidade de sentir o sofrimento alheio, perderá a noção de que pertence à raça humana, que é nossa fonte de simpatia e inspiração. É claro que sentir uma dor que nem lhe pertence não é muito atraente, mas sem isso nós estamos condenados ao isolamento. A pessoa cruel nunca consegue relaxar de verdade, mas a que demonstra compaixão desfruta a liberdade de espírito e uma rara sensação de paz.

Comentários finais

Uma das conseqüências de ler *A arte da felicidade* é você acabar se questionando: "Como é que o Dalai-Lama lidaria com essa situação?" Ele nos transmite a sensação de viver com leveza, apesar de todas as coisas negativas, inclusive o fato de ter perdido seu próprio país. É surpreendente a freqüência com que o Dalai-Lama diz "Eu não sei" em resposta às perguntas de Cutler, principalmente quando se trata de situações individuais.

As pessoas são complexas, ele diz, mas o costume ocidental é sempre procurar as causas das coisas. Isso pode nos levar a sentir aflição quando não encontramos a resposta. No decorrer da vida, não entenderemos necessariamente por que ela é do jeito que é.

Essa visão deve-se em parte à sua crença na reencarnação e na idéia de *karma*, mas pode ser considerada independentemente da doutrina budista. Precisamente porque não podemos compreender tudo o que diz respeito à nossa existência, é ainda mais importante agir corretamente e com bondade em relação aos outros seres humanos, tentar fazer do mundo um lugar um pouquinho melhor. Com esse simples mandamento em mente, sabemos que não podemos errar.

Dhammapada

"Há o perfume do sândalo, do rododendro, do lótus-azul e do jasmim; mas perfume muito superior ao de todas essas flores é o da virtude."

"Dê uma olhada neste mundo. Ele é como uma carruagem real decorada a que os tolos se agarram. Os sábios não estão presos à carruagem."

"Aquele que foi incapaz, mas depois encontrou a sabedoria, lança sobre o mundo uma luz como a da lua num céu sem nuvens."

"Melhor do que 100 anos sem ver o caminho supremo é um único dia se for possível vislumbrar o caminho supremo."

Em síntese

Apure e aprimore a qualidade de seus pensamentos e pouco você terá a temer no mundo.

Na mesma linha

Dalai-Lama e Howard C. Cutler, *A arte da felicidade* (p. 76)
Lao Tsé, *Tao Te Ching* (p. 208)

Capítulo 13

Os ensinamentos de Buda

Cansado de livros de auto-ajuda? O *Dhammapada* é uma fonte ancestral de sabedoria e uma das obras mais extraordinárias da literatura espiritual. É também a perfeita introdução ao pensamento budista, um inspirador compêndio de todos os principais temas do cânone sagrado do budismo teravada.

Seu título é uma combinação da palavra sânscrita *dharma* (*dhamma,* no idioma páli), que significa o caminho do universo, a lei que rege o seu ser, com o termo *pada*, que denota pé ou passo. É um livro sagrado que funciona como um guia para o caminho universal do amor e da verdade, podendo nos levar ao *nirvana* (ou libertação pessoal). O *Dhammapada* expressa a lei do universo e a maneira de viver de acordo com ela na Terra.

Quem foi Buda

Sidarta Gautama Buda viveu 500 anos antes de Jesus. Buda – que não é seu verdadeiro nome, mas um título honorífico – era filho do rei de um pequeno estado situado no que hoje é o Nepal. Quem assistiu ao filme *O pequeno buda*, com Keanu Reeves no papel de O Iluminado, tem uma idéia do luxo e da indolência reinantes na realeza indiana.

Aos 29 anos de idade, ao olhar para fora dos muros do palácio e ver como era miserável a vida da maioria das pessoas, Sidarta fugiu para a floresta e passou anos vivendo como um ermitão, com nada mais do que a roupa do corpo. Diz-se que foi sob a copa de uma *ficus religiosa* que lhe veio a "iluminação". Ao contrário de Jesus, Buda viveu até uma idade avançada, tendo passado os 45 anos seguintes vagando pelo norte da Índia como professor.

Por que Buda foi bem-sucedido

Dentre as centenas de crenças de sua época, a de Buda triunfou. Por quê? Porque Buda dirigiu-se a pessoas de todos os níveis sociais, desprezando o sistema de castas, as formalidades e os idiomas exclusivos do sacerdócio brâmane. Ciente de que o poder corrompe, ele construiu ao seu redor uma religião livre de dogmas: buscava a eliminação das barreiras entre os indivíduos e a iluminação. Buda não era um deus, uma reencarnação divina, tampouco um profeta. Ele usou sua própria dedicação para adquirir sabedoria e pureza mental e servir de exemplo para quem quisesse segui-lo.

A difusão do budismo foi também assegurada pela identificação do mestre com as práticas objetivas que prometiam acabar para sempre com o sofrimento. Uma idéia que era e ainda é revolucionária: a promessa de uma vida sem dor. O estudioso do budismo Thomas Cleary acredita que Buda foi bem-sucedido porque seus ensinamentos estavam muito além de seu tempo – eles apreenderam a natureza essencial da condição humana e do nosso relacionamento com o universo.

O que diz o *Dhammapada*

O livro simboliza o que há de eterno e acessível no budismo. Ele é dividido em capítulos, mas não tem nenhuma seqüência clara: pode-se abri-lo em qualquer página e encontrar um pensamento inspirador, uma comunicação sagrada. Enquanto o Novo Testamento tem a energia de um jovem que busca transformar o mundo, o *Dhammapada* contém a sabedoria, a serenidade e a paciência de um idoso.

Suas frases poéticas abordam temas como o prazer, a felicidade e o mal com um estilo, ao contrário de alguns escritos do budismo, simples e direto. Reinterpretado a cada época e por diferentes culturas, o livro não envelheceu. Vejamos alguns de seus temas.

Felicidade

É nosso dever nos libertarmos do ódio, da doença e da inquietude. Mas não devemos fazê-lo rejeitando o mundo, e sim nele cultivando o amor, a saúde e a calma. O estado ideal é o de "alimentar-se de alegria". Esse contentamento pode ser desenvolvido pelas pessoas, pois flui de uma fonte eternamente renovável. A verdade é que ninguém depende mais dos acontecimentos e dos estados de espírito do mundo para ser feliz. Auto-suficientes, nós podemos ver que a ambição e a conquista são caminhos inferiores para a felicidade.

Desapego

O sofrimento, como o medo, provém do que é amado. Para quem se libertou da afeição, o sofrimento não existe – de onde viria, pois, o medo?

Como podemos não ter amor e desamor? Talvez seja impossível, mas devemos saber que desejos intensos têm um preço. Faz sentido que o apego a alguma coisa se faça acompanhar do medo de perdê-la. É compreendendo a natureza transitória do mundo e aceitando o que nos couber que podemos reduzir o apego e, com ele, o medo e a infelicidade.

Autodomínio

Disciplina é essencial. Os seguintes versos falam por si mesmos:

"Com energia, vigilância, autocontrole e autodomínio, o homem sábio pode construir uma ilha capaz de resistir ao oceano."

"Aquele que consegue estar só e ficar só e nunca se farta de seu trabalho pode viver com júbilo, sendo senhor de si mesmo, à margem da floresta de desejos."

Iluminação

A idéia de deixar a vida normal para trás e se tornar um ermitão pode ser muito atraente em alguns momentos, mas o *Dhammapada* diz que refugiar-se na solidão é sinal de egocentrismo e medo. Estamos em melhor situação lidando dignamente com os desafios do trabalho e da vida em família – por meio deles podemos nos tornar iluminados. Cleary diz que o ensinamento-chave do *Dhammapada* é "ser no mundo, mas não do mundo".

A retribuição e como evitá-la

As duas afirmações seguintes são, talvez, as mais profundas do *Dhammapada,* com implicações em todos os aspectos da vida e dos relacionamentos humanos:

"Pois o ódio não é vencido pelo ódio, o ódio é vencido pelo amor. Esta é uma lei eterna."

"Superar a raiva pela não-raiva, o mal pelo bem. Superar o avarento doando, superar o mentiroso dizendo a verdade."

Repare que essas afirmações nada falam sobre não agir, elas apenas indicam que a opção deve ser consciente, não uma "reação emocional".

Aceitar a crítica como um fato da vida

"Menospreza-se quem fica em silêncio, menospreza-se quem fala demais e menospreza-se quem fala pouco. Não há ninguém no mundo que não seja menosprezado."

Não se pode agradar a todos. O fundamental é você se concentrar em seu trabalho, em sua integridade e ser independente da aprovação dos outros.

O caminho

O mito de que o budismo é pessimista provém do quinto verso do capítulo 20, "O caminho". Uma tradução convencional diria: "Tudo é transitório, tudo é sofrimento. Quando se chega a vê-lo, se está acima da infelicidade. Este é o caminho da verdade." A cultura ocidental interpretou tais afirmações no sentido de que a vida é sofrimento.

Na verdade, diz Cleary, o budismo é intrinsecamente otimista, pois acredita que o indivíduo e a humanidade como um todo são capazes de se elevar acima da insensatez, do medo e da agressão.

"Ao inspirar-se na certeza de que todos os estados condicionados são infelizes, o indivíduo se cansa da infelicidade; este é o caminho da pureza."

Quando temos independência de espírito e não admitimos nos tornar meros reflexos robotizados do nosso meio, a vida não equivale a sofrimento. O nirvana não é a obliteração do mundo dos sentidos, mas a capacidade de viver nele com total independência. No idioma páli, nirvana significa "extinção" – de aflições, cobiça, ódio, vaidade, ilusão, dúvida e opinião arbitrária.

As famosas "quatro afirmações" são capitais para o budismo porque representam a receita para o fim do sofrimento:

- A infelicidade ou o sofrimento são estados condicionados.

- A infelicidade tem uma causa.
- É possível acabar com a infelicidade.
- O meio de acabar com ela é a prática do caminho de oito passos para o nirvana.

O caminho de oito passos implica:
1 Percepção acurada
2 Pensamento preciso
3 Discurso sob medida
4 Ação apropriada
5 Modo adequado de ganhar a vida ("meio de vida correto")
6 Esforço necessário
7 Consciência
8 Meditação

Comentários finais

É surpreendente pensar que uma pessoa pode pegar um livro de 2.500 anos de idade e sentir-se imediatamente revigorada por suas sugestões. Os ensinamentos de Buda são mais do que relevantes e atuais. A ausência de dogmatismo e ritualismo faz do budismo a religião ideal para a vida contemporânea.

Embora desarraigados de tradições, nós ainda aspiramos a certo grau de disciplina espiritual. E isso o budismo nos proporciona com a menor quantidade de crenças dentre as grandes religiões do mundo, além de uma resistência intrínseca a todo fanatismo. Não se ouve falar de budistas fundamentalistas.

De alguma forma a expectativa geral é de que as verdades espirituais sejam complicadas, compreensíveis apenas por mentes teologicamente comprometidas. Os versos do *Dhammapada* não têm pretensões eruditas. O que soa como banalidade é, na verdade, uma instrução precisa para a melhor vida que se pode imaginar.

A verdadeira magia

1992

"Quando olho para trás para a rica tapeçaria da minha vida e a examino da perspectiva atual, percebo como todo aspecto foi necessário e perfeito. Apesar de vivenciado como um obstáculo ou uma experiência dolorosa, cada passo dado me levou a um ponto mais elevado."

"Saiba que, se alguém passou da doença à saúde, do excesso de peso à boa forma, do vício à livre escolha, da pobreza à riqueza, da falta de jeito à destreza, da tristeza à felicidade ou da insatisfação à realização, é porque essa capacidade faz parte da condição humana. E mesmo coisas que nunca aconteceram, como a cura da poliomielite antes de 1954 ou a ida à Lua em 1969, só o fato de um indivíduo ser capaz de concebê-las em sua mente é tudo aquilo de que a humanidade precisa para estar aberta a essa possibilidade."

Em síntese

Quando você está em sintonia com seu "eu superior" e seu propósito de vida, os milagres acontecem.

Na mesma linha

Bhagavad-Gita (p. 260)
Deepak Chopra, *As sete leis espirituais do sucesso* (p. 22)
Louise Hay, *Você pode curar sua vida* (p. 142)
Pierre Teilhard de Chardin, *O fenômeno humano* (p. 294)

Capítulo 14

Wayne Dyer

Além de conferencista incansável, Wayne Dyer é um escritor muito respeitado e popular. Ao lado de James Redfield (*A visão celestina*) e Deepak Chopra, Dyer fez da transformação pessoal um imenso fenômeno contemporâneo. Seu primeiro sucesso editorial, *Seus pontos fracos,* de 1976, é até hoje o mais divertido de seus livros, mas *A verdadeira magia* talvez seja o mais completo, até por seu caráter de guia para a auto-realização.

Dyer se inspirou nos melhores pensadores da história do Ocidente e do Oriente para escrever *A verdadeira magia*, cujo título é uma homenagem à expressão que o mágico Harry Houdini usava em suas apresentações. No final da carreira, Houdini admitiu que, embora a maioria de suas façanhas fosse puro ilusionismo, algumas ele não conseguia explicar nem para si mesmo: estas ele chamava de "verdadeira magia".

Para Dyer, "verdadeira magia" é a verdade paradoxal que permite que qualquer um se torne um mágico, um fazedor de milagres na vida cotidiana. Segundo o autor, tudo depende da maneira como você define a sua existência. E cita Teilhard de Chardin: "Não somos seres humanos fazendo uma experiência espiritual, somos seres espirituais fazendo uma experiência humana."

O livro aborda as "impossibilidades" da vida e, em vez de sugerir o mero estabelecimento de objetivos e a adoção de fortes crenças, ensina como desenvolver "conhecimentos" poderosos sobre si mesmo e sobre seu potencial. Nesse estado de consciência mais elevado, seu propósito na vida fica mais claro, seus relacionamentos mais espirituais, seus esforços profissionais começam a "fluir" e suas decisões são tomadas com naturalidade.

Para Dyer, nada na vida acontece por acaso. Cada experiência, por mais dolorosa que seja, nos traz sempre alguma coisa valiosa. Olhando para trás, percebemos que tudo tinha sentido e fazia parte de um plano em desenvolvimento.

O esclarecimento por meio do propósito

O fio condutor de *A verdadeira magia* é a necessidade de nos conscientizarmos do nosso propósito na vida. Existem três formas de as pessoas aprenderem ou se tornarem "esclarecidas" sobre a vida e sobre si mesmas:

- **Esclarecimento pelo sofrimento.** Também chamado de caminho do "Por que eu?". Aprendemos com os acontecimentos e com o sofrimento provocado, mas o perigo é deixar que a dor seja a nossa única mestra. Nesse caso, bloqueamos a possibilidade do milagre.
- **Esclarecimento pelo resultado.** Nesse caminho, os objetivos e ambições constituem o sentido da nossa vida. Embora superior ao esclarecimento pela dor, esse caminho exige que sejamos reativos e guerreiros, perdendo a consciência mais elevada que cria a magia.
- **Esclarecimento pelo propósito.** Tudo no universo tem um desígnio. É vivendo de acordo com nosso verdadeiro propósito que nos sintonizamos com o universo, magicamente criando as coisas que queremos em vez de lutar contra a vida.

Um bom sinal de que você está "vivendo o seu propósito" é quando perde a noção do tempo ao executar uma tarefa – ela lhe dá tanto prazer que você continuaria a executá-la mesmo que ganhasse 10 milhões de reais no dia seguinte. Dyer recorda a afirmação de Montaigne: "A suprema obra-prima do homem é viver com um propósito."

E você? Está apenas vivendo ou criando uma obra-prima?

Como criar um modo de pensar voltado para o milagre

Propósitos à parte, nós criamos uma mentalidade extraordinária, que se manifesta das seguintes formas:

- Evitando dar sua opinião ("você não define as pessoas com seus julgamentos, seus julgamentos é que definem você").
- Desenvolvendo a intuição.
- Tomando consciência de que as intenções definem a sua realidade.
- Deixando que o universo cuide das suas necessidades.

Particularmente importante é a necessidade de separar o que fazemos das recompensas que isso possa nos trazer. É difícil quando se vive numa cultura consumista, daí o ditado estranho, porém verdadeiro, que Dyer cita, dizendo que a ambição rói as unhas do sucesso. A idéia é que não podemos esperar que milagres aconteçam, mas devemos deixar que eles fluam através de nós quando estivermos totalmente concentrados na execução de uma tarefa, sem pensar em lucrar com ela. Mantenha uma postura tranqüila em relação ao futuro, mas não deixe que isso interfira nas tarefas do presente.

Propósito e relacionamentos

O propósito é importante também para a nossa vida amorosa. Segundo Dyer, todos os nossos relacionamentos fazem parte de uma necessidade divina; eles acontecem porque têm de acontecer. Portanto, cuide bem deles. Parceiros espirituais vão além do que possam ter em comum superficialmente, pois sua relação tem a ver com a evolução de suas almas. Tendo isso em mente, tratamos o outro como uma dádiva, não como se fosse um objeto pessoal. É preciso tentar ser gentil em vez de ser correto. E permitir que as pessoas tenham todo o espaço e o tempo de que precisam para renovar seus relacionamentos.

Por fim, como sabemos que cada pessoa é um mistério maravilhoso, não precisamos mais desvendá-la. Nós "respeitamos o incompreensível".

Propósito e prosperidade do *self*

Dyer é especialmente útil na questão da prosperidade. Enquanto nós estamos sempre preocupados com ter ou não ter dinheiro, sua concepção é que não devemos tentar "ter" nada: "Não há um caminho para a prosperidade, a prosperidade é o caminho." Não se trata de ter, mas de ser. A prosperidade, como a escassez, é fundamentalmente um estado de espírito. A consciência da prosperidade é saber o que já temos em abundância, como diz a frase bíblica: "Àquele que tem, mais será dado."

A consciência da pobreza, ao contrário, se baseia em sentimentos de carência que se manifestam nas circunstâncias. Dyer lembra James Allen ao dizer que as circunstâncias não nos fazem, elas nos revelam. Trata-se obviamente de uma área delicada, pois essa afirmação poderia ser interpretada como se os pobres merecessem a situação em que vivem. Mas o autor faz uma distinção crucial: enquanto a maioria de nós já passou pela experiência de estar "na pior", a pobreza é um conjunto de crenças que se reforçam cada vez que culpamos "as circunstâncias" por nossos percalços.

Realizar nosso propósito é uma maneira segura de entrar na corrente da prosperidade, pois ela exige doações constantes. Outra maneira é doar automaticamente pelo menos 10% do que ganhamos, mesmo que isso não represente muito.

Que tipo de pessoa eu nasci para ser?

A verdadeira magia trata também da identidade pessoal. O importante é perceber que, para ter uma vida plena de magia, é preciso saber que nossa personalidade não é imutável e que podemos nos reinventar. A intuição fraca e as críticas internas sobre suas possibilidades são reveladoras do que você está disposto a admitir – trate-as com carinho e deixe-as crescer. Em vez de focar no que nos falta, esse crescimento deve vir do conhecimento de que "já somos tudo isso". A reinvenção da nossa personalidade significa apenas externar uma parte maior de nosso eu verdadeiro e mais elevado.

Comentários finais

A verdadeira magia tem também excelentes capítulos sobre como cultivar a saúde física, como tornar-se uma pessoa espiritual e como preparar uma revolução espiritual. Dyer tem o dom de falar do imaterial sem soar demasiado grave ou místico. Sempre evitando o intelectualismo, ele recorre a várias fontes para demonstrar suas teses: sua experiência como psicoterapeuta, as grandes personalidades religiosas, a física quântica e a filosofia.

Sua maneira pessoal de se dirigir ao leitor fez sucesso porque conseguiu combinar o caminho espiritual com as exigências por vezes irritantes da vida familiar. Ele aborda alguns temas de modo bastante divertido, como no episódio em que sua filha adolescente entrou bufando pela porta e disse: "Falaram na escola que você escreveu um livro sobre como educar os filhos. Diga-me que isso não é verdade!"

O segredo de Dyer é a meditação – "Todas as infelicidades do homem derivam do fato de ele não ser capaz de ficar sozinho num quarto em silêncio", diz Pascal. Se você também não consegue ficar sozinho num quarto, ler este livro é uma boa alternativa.

Wayne Dyer

Nascido em Detroit, Michigan, em 1940, o mais jovem de três irmãos, Dyer passou a maior parte da infância em lares adotivos. Ao terminar o secundário, alistou-se na Marinha, onde serviu durante quatro anos, inclusive como criptógrafo na base militar de Guam.

De volta a Detroit, cursou a universidade, obteve um mestrado em Aconselhamento Escolar e trabalhou como professor. Interessado na carga horária mais amena dos professores universitários, fez um doutorado em Psicoterapia. Seis anos de ensino universitário se seguiram, incluindo um posto de professor-adjunto na Universidade St. John's, em Nova York, período em que escreveu três livros didáticos.

Dyer é conhecido por ter vendido mais de 50 milhões de livros, dentre os quais Pensamentos de sabedoria, Crer para ver, Realize seu destino, Os 10 segredos para o sucesso e a paz interior, O céu é o limite, Chega de tristeza, Muitos mestres, *que reúne ensaios sobre 60 grandes personagens espirituais dos últimos 2.500 anos, e, mais recentemente,* Para todo problema há uma solução.

Dyer mantém uma intensa programação de conferências e é um entusiasmado corredor. É casado, tem oito filhos e mora na Flórida.

Homens são de Marte, mulheres são de Vênus

1992

"Para se sentir melhor, as mulheres falam de problemas passados, problemas futuros, problemas potenciais e até de problemas que não têm solução. Quanto mais falam e analisam, melhor se sentem. É assim que funcionam as mulheres. Esperar outra coisa é negar sua identidade."

"Assim como um copo d'água pode ser visto como meio cheio ou meio vazio, quando a mulher está entusiasmada ela se sente plena de vida. Se está desanimada, ela se sente vazia. Qualquer que seja a frustração que ela deixa passar nos bons momentos ganha visibilidade quando ela desce ao fundo do poço."

"Na mente de Chuck, quanto maior seu salário, menor sua obrigação de fazer coisas em casa para agradar sua esposa. Ele achava que seu polpudo contracheque no fim do mês lhe valia pelo menos 30 pontos. Quando abriu a própria clínica e dobrou seus rendimentos, supôs que estava dobrando seu escore caseiro. Não fazia a menor idéia de que com Pamela seus rendimentos – por maiores que fossem – só lhe valiam um ponto por mês."

Em síntese

Para podermos respeitar a individualidade do outro, temos de levar em conta as diferenças comportamentais entre os sexos.

Capítulo 15

John Gray

Antes de *Homens são de Marte, mulheres são de Vênus,* John Gray escreveu *Homens, mulheres e relacionamentos.* O livro começa com a seguinte história: seu pai oferecera uma carona a um homem que o roubou e o trancou na mala do carro. A polícia recebeu duas denúncias de carro abandonado, mas só conseguiu encontrá-lo na terceira vez em que foi acionada, mas já era tarde demais. Ele morreu por asfixia na mala de seu próprio carro.

Na volta do funeral, Gray pediu que o trancassem na mala do carro para ver como se sentia. Na escuridão, passou os dedos pelas mossas causadas pelos socos do pai e enfiou a mão no espaço da lanterna traseira que o pai quebrara na esperança de encontrar ar. Seu irmão sugeriu que ele estendesse o braço para tentar apertar o botão do capô. Ele conseguiu, e o abriu.

Gray decidiu que a circunstância da morte do pai seria o principal objetivo de seu trabalho: libertar as pessoas mostrando-lhes os botões de desengate emocional ao seu alcance.

Gray sob o microscópio

Uma boa história, sem dúvida. Mas será que os livros de John Gray libertam mesmo? É fácil fazer uma crítica feminista de seus textos, como a do artigo "A Rebuttal from Uranus" (Uma réplica de Urano), de Susan Hamson, que apareceu na internet dizendo que *Homens são de Marte* institucionaliza o sexismo.

A teoria dos papéis sexuais, da qual Gray é um dos principais expoentes, diz que homens e mulheres são, por natureza, muito diferentes e que o gênero constitui o cerne da identidade do indivíduo. Os críticos, por sua vez, dizem que o autor é particularmente insidioso porque jamais apresenta seus pontos de vista como teóricos – para ele, "é assim que as coisas são" (fato biológico).

Com a visão ofuscada pelos holofotes do marketing, seus milhões de leitores estariam impedidos de enxergar hipóteses alternativas, como a de que os papéis de gênero são culturalmente condicionados. O objetivo máximo, consciente ou não, seria fazer com que a mulher se sinta melhor em seu papel subordinado na cultura masculina hegemônica.

Homens são de Marte em resumo

Antes de tomar partido, veja quais são os principais pontos defendidos por Gray:

- A chave para melhores relacionamentos é a aceitação das diferenças. Na época de nossos pais, todos aceitavam que homens e mulheres eram diferentes, mas a cultura mudou para o extremo oposto, de que não existem diferenças.
- O objetivo da mulher é melhorar o homem, mas o homem só quer ser aceito. O conselho da mulher, quando não solicitado, nunca é bem-vindo e é interpretado como crítica negativa. Em vez de apresentar um problema ao homem, que costuma interpretá-lo como sendo ele próprio o problema, a mulher deve abordá-lo como se ele fosse a solução. O homem é focado em suas competências e se não pode resolver as coisas se sente como se estivesse perdendo tempo. A mulher, por outro lado, gosta de conversar sobre os problemas, mesmo quando não há soluções à vista, porque isso lhe permite expressar seus sentimentos.
- A mulher é como a onda, que se eleva formando uma crista, se desfaz em pensamentos e depois se repete infinitamente. O homem precisa entender que é na depressão entre duas ondas que a mulher mais precisa dele. Se ele for solidário e não tentar tirá-la dali imediatamente, ela se sentirá legitimada. Para estar motivado, o homem deve se sentir necessário – e a mulher, afagada.
- Os homens alternam a necessidade de intimidade e a necessidade de distância. O hábito de se esconder na "caverna" não é uma decisão consciente, mas uma necessidade instintiva. Quando a mulher ignora essa necessidade de isolamento e busca intimidade constante, o relacionamento tende a sofrer turbulências. O homem é como um elástico – precisa esticar-se para depois voltar ao normal.
- As brigas costumam deixar mágoas, mais pela maneira como as questões são abordadas do que por seu conteúdo. Em geral, o que aborrece é o tom descuidado de certas observações. O homem foca "no problema" sem se dar conta de quanto seus comentários ferem ou provocam. A maioria das brigas começa porque a mulher expressa uma preocupação e o homem lhe diz que não vale a pena se preocupar. Desrespeitada, ela fica aborrecida. Ele, por sua

vez, fica irritado porque percebe que ela está ficando brava com ele. Como ele não pede desculpas por algo que não acredita ter feito, a briga se prolonga por muitas horas e até dias a fio.

- Os homens brigam por achar que as mulheres não confiam neles, por não se sentirem admirados ou encorajados e por não serem tratados com um tom de confiança e aceitação. As mulheres brigam por não serem ouvidas ou colocadas no alto da lista de prioridades masculinas.

A mensagem mais ampla

Gray sugere que é razoável esperarmos a máxima realização em nossa vida amorosa. No entanto, a evolução de nossos corpos e cérebros ao longo dos séculos impôs as diferenças de gênero para aumentar nossas chances de sobrevivência. Como diz Daniel Goleman em *Inteligência emocional*, somos seres do século XXI andando por aí com cérebros construídos para as planícies e florestas ancestrais.

Alimentar a expectativa de um relacionamento perfeito sem ter conhecimento das diferenças básicas entre os padrões masculino e feminino de pensamento, além de ingênuo, é um convite inadvertido para que um sabotador embarque no navio do amor. Gray não entra no debate sobre natureza ou educação, apenas diz que é assim que homens e mulheres tendem a agir e que, compreendendo esse processo, teremos menos problemas de relacionamento.

Em defesa de Gray

Como observamos no início, a crítica recorrente ao livro é a de que ele amplia a divisão entre os sexos. Será que não podemos nos ver como pessoas, simplesmente, sem distinção de sexo, de cor, de nacionalidade ou de qualquer outra coisa? Por que Gray nunca escreveu sobre o relacionamento homossexual? Ele reconhece que faz generalizações, que não lança teorias inovadoras, mas também não diz que o homem e a mulher estão atados cada um ao seu gênero. Seu pecadilho é escrever como se o que ele diz fosse fato.

Todos esses questionamentos são válidos, mas não conseguem apontar a intenção básica de *Homens são de Marte*, que é atender aos anseios de um público que não lê livros de genética ou sociologia – e quer melhores relacionamentos, já. Gray pode ser declarado culpado de idéias patriarcais por alguns tribunais, mas em nenhum de seus escritos ele chega a dizer que o gênero *determina* a pessoa. O público não teria sequer tocado o livro se ele fizesse isso. Mas se o objetivo de abordar as diferenças entre os sexos é, paradoxalmente, ultrapassá-las, então Gray é um libertador.

Comentários finais

O que então torna *Homens são de Marte* extraordinário entre os milhares de livros sobre relacionamentos já publicados?

Gray disse que escreveu o livro com a intenção deliberada de que as pessoas "não tivessem de pensar". Ele parece ter sido feito sob medida para uma matinê de cinema, pois seu estilo é popularesco, palavra que provavelmente melhor o define aos olhos da maioria. Quem busca algo um pouco mais sério sobre o tema da comunicação entre os sexos certamente vai preferir os livros da lingüista Deborah Tannen (*You Just Don't Understand, That's Not What I Meant*, por exemplo).

Uma página de Tannen pode ser mais interessante do que dez de Gray, mas a chave do sucesso de *Homens são de Marte* são as afirmações e analogias que se fixam na mente do leitor e os argumentos que usam distinções absolutamente sutis.

Sua influência no campo dos relacionamentos é similar à do Dr. Benjamin Spock na área da educação infantil. Ambos se tornaram autores obrigatórios na biblioteca doméstica. Spock foi acusado de produzir uma geração de pacifistas frouxos, mas milhões de pessoas ainda confiam cegamente em suas idéias. Qual será o veredicto de *Homens são de Marte*? Não se sabe, mas está claro que foi o livro certo para sua época. Talvez precisássemos ser lembrados de nossas diferenças para poder seguir em frente.

Como observou Emerson, os melhores indivíduos são aqueles capazes de combinar os dois gêneros numa só pessoa. Não devemos levar em conta diferenças (de gênero ou de outra espécie qualquer) que nos afastem do apreço e da admiração pelas pessoas como pessoas.

A atitude mais saudável a se tomar com relação a Gray é aceitar parte do que ele diz e deixar outra parte de lado. Aceitação cega ou rejeição total indicam uma mente fechada. Leia-o quando estiver chateado ou chateada por ter brigado com seu parceiro ou sua parceira e constate o seu valor. Se você encará-lo como um mero guia para os altos e baixos da vida ao lado de uma pessoa do sexo oposto, acabará percebendo que ele tem alguns toques de brilhantismo.

John Gray

Gray nasceu em Houston, Texas, em 1951. Quando concluiu o secundário, freqüentou as universidades de St. Thomas e do Texas. Depois foi para a Suíça, onde passou nove anos trabalhando como monge hinduísta na organização Transcendental Meditation, na qual obteve o grau de mestre em Filosofia Oriental e de cujo líder, o Maharishi Mahesh Yogi, foi assistente pessoal. De volta aos Estados Unidos, obteve um Ph.D. em Psicologia e Sexualidade Humana pela Columbia Pacific University, Califórnia, e tornou-se terapeuta familiar.

Homens são de Marte *vendeu 13 milhões de exemplares e, passados nove anos, permanece em muitas listas de mais vendidos. Outros de seus livros:* Marte e Vênus juntos para sempre, Marte e Vênus recomeçando, A dieta de Marte e Vênus, Como obter o que você quer e apreciar o que tem *e* Os filhos vêm do céu.

Gray vive com a esposa Bonnie e três filhas no norte da Califórnia.

O princípio 80/20

1998

"O princípio 80/20 ajudou a forjar o mundo moderno. Apesar disso, ele continua sendo um dos grandes segredos de nossa época – e mesmo o seleto grupo de entendidos que o conhecem e o utilizam só exploram uma ínfima parcela de seu poder."

"A sabedoria convencional recomenda não colocar todos os seus ovos numa cesta só. A sabedoria 80/20 é escolher cuidadosamente a cesta, colocar todos os seus ovos dentro dela e depois tomar conta deles como um gavião."

"Tal como a verdade, o princípio 80/20 tem o poder de libertá-lo. Você pode trabalhar menos e ao mesmo tempo ganhar e desfrutar mais."

Em síntese

Identificando aquilo em que você é bom e praticando-o com afinco, o sucesso virá naturalmente.

Na mesma linha

Martha Beck, *Finding Your Own North Star* [Descobrindo a sua estrela-guia] (p. 66)
Mihaly Csikszentmihalyi, *A psicologia da felicidade* (p. 70)

Capítulo 16

Richard Koch

Esse livro fascinante pode revolucionar a sua vida. Koch escreve sobre o bem documentado porém racional princípio criado pelo economista italiano Pareto de que 80% dos efeitos e resultados provêm de apenas 20% dos esforços. Embora as proporções variem caso a caso, a afirmação vale para todas as áreas – na vida pessoal, por exemplo, 80% da sua felicidade provém de 20% do seu tempo, assim como a maior parte das vendas está concentrada em 20% dos produtos da linha e 20% de um tapete recebe a maior parte de seu desgaste.

O princípio 80/20 deixa em evidência o modo desequilibrado como o mundo funciona. Ele é o primeiro livro exclusivamente dedicado a mostrar como aplicar a Lei de Pareto à vida pessoal. Como não se trata de uma teoria, mas apenas o resultado da observação da realidade, o princípio tem sido o esteio dos consultores de planejamento estratégico e o segredo das empresas mais bem-sucedidas.

Quem não o conhece acha seus resultados mágicos porque desafiam a teoria econômica convencional – daí também ser conhecido como a "lei do menor esforço". Ao contrário das leis espirituais e filosóficas que os clássicos de auto-ajuda em geral abordam, o princípio 80/20, diz Koch, funciona quer você acredite nele ou não.

50:50 versus 80:20

No plano intelectual, dividir as coisas proporcionalmente faz sentido como relação entre esforço investido e resultados obtidos. Se você investe um "bom" esforço, obterá um "bom" resultado. Se "trabalhar duro", poderá esperar uma remuneração à altura. Essa é a mentalidade que tem impulsionado a sociedade por sua coerência e estabilidade social – trata-se de uma clara equação trabalho-recompensa, pela qual a mediocridade é aceita e o conformismo recompensado. Infelizmente, porém, como Koch explica, esse não é mais o mundo em que vivemos.

O novo mundo diz que apenas "sustentar-se" não será mais suficiente, que a mera competência em alguma coisa não mais será recompensada. Você precisa fazer algo de que goste especialmente e que seja natural em você para ter uma vantagem significativa sobre os outros – só assim você conseguirá elevar-se ao topo de sua área.

Somente esse tipo de esforço, que para muitos nem parece "trabalho", pode trazer recompensas significativas. Ao contrário do que ocorria antes, quem aplica a lógica 80/20 pode esperar retornos exponencialmente maiores sobre o capital investido. Mas o investimento tem de ter um padrão particularmente alto e refletir a singularidade do investidor.

De acordo com o princípio 80/20, faz todo o sentido Michael Jordan ganhar mais do que meia dúzia de times de basquetebol somados, por força de suas supremas aptidões e da correspondente diversão proporcionada. As celebridades ganham relativamente muito mais hoje do que no passado. Mas essa é uma outra questão: Koch a aborda apenas para demonstrar que seu princípio é democrático e que "somente com auto-satisfação se criam coisas de valor extraordinário".

Tornando-se um revolucionário do tempo

Grande parte do que é considerado valioso vem de uma pequena fração da maneira como usamos o nosso tempo. Para aumentar significativamente nossa eficácia, nossa felicidade ou nossos ganhos, o ideal é aumentar essa proporção de 10% a 20% para algo muito maior. Para Koch, nossa sociedade dá muito pouco valor ao tempo: "Não é de administração do tempo que precisamos e sim de uma revolução."

A administração convencional do tempo tem a ver com o aumento de nossa eficiência e capacidade de definir prioridades. Koch acredita que o primeiro equívoco dos métodos de administração pessoal é supor que sabemos como ser mais produtivos. O segundo é supor que o tempo é curto, que temos muitas coisas importantes a fazer e que estamos constantemente sob pressão.

Para nos tornarmos mais eficientes, o princípio 80/20 recomenda a definição de nossas prioridades e a devida reflexão – será que elas correspondem ao melhor uso da nossa vida de modo geral? A resposta é quase sempre não. A maioria das pessoas corre atrás das coisas erradas.

Como o princípio reflete o desequilíbrio da natureza no modo como as coisas realmente funcionam, é inútil pensarmos racionalmente no tempo. Buscar ganhos de 15% a 25% no uso do nosso tempo (como prometem os teóricos) é "malhar em ferro frio". A realidade inesperada e irracional é que haverá abundância de tempo se o gastarmos com os 20% que realmente importam. A perigosa verdade é que geralmente temos tempo de sobra, mas somos "mestres em desperdiçá-lo".

Tudo bem ser preguiçoso, se for com inteligência

Se você batalha o tempo todo e não chega a lugar nenhum, prepare-se: Koch nos apresenta o princípio de Von Manstein, o general nazista que desenvolveu a teoria de que os melhores militares (leia-se os mais perspicazes e os mais espertos) eram, por inclinação natural, tão inteligentes quanto preguiçosos.

Quando aplicado à economia atual, esse princípio garante que a chave para o indivíduo se tornar uma celebridade é "simular, fabricar e empregar a inteligência preguiçosa". Em vez de escolher o objetivo mais difícil ou aquele genérico que acreditamos que nos fará respeitados, devemos nos concentrar no que é natural em nós.

Surpreendentemente, o capitalismo permite ao indivíduo ser rico e bem-sucedido sendo apenas ele mesmo: ao realizar sua expressão mais elevada, ele cria automaticamente um nicho pequeno, porém altamente valioso. Isso está totalmente de acordo com uma economia informacional que demanda mais e mais especialização, porque ninguém faz o que fazemos, do modo como fazemos. E se aplica até aos mercados em que parece haver oferta ilimitada e pouca demanda, como as artes cênicas e os esportes.

Existem centenas de tenistas profissionais, mas apenas um é Andre Agassi, cujas aparência e atitude singulares lhe garantem contratos de publicidade de valor muito maior que os de tenistas do mesmo nível. Em todos os campos, a chave da liderança é o entusiasmo, a curiosidade insaciável e o aprendizado contínuo. E nada disso é trabalho.

O princípio 80/20 é uma combinação de ambição com atitude descontraída e confiante. Ele envolve o pensamento reflexivo (deixar fluir as idéias em vez de entrar logo em ação), o uso não convencional do tempo e uma filosofia hedonística (o prazer como estilo de vida).

Koch acredita que numa cultura como a nossa, em que "trabalho equivale a sucesso", o hedonismo tem sido menosprezado e difamado apesar de não ser uma doutrina egoísta – ao contrário, ele prega o prazer como finalidade e fundamento da vida moral, mas não fornece os meios para obtê-lo. Mas nós sabemos que quanto mais gostamos de fazer uma coisa, melhores ficamos naquilo, aumentando a probabilidade de que isso beneficie os outros.

Comentários finais

O princípio 80/20 é, ao mesmo tempo, um livro de receitas, um manual de administração e um fascinante guia pessoal para você deixar a vida competitiva e viver de acordo com o seu potencial. Ele mostra que as pequenas coisas atrapalham a vida e que a desculpa de estar "muito ocupado" costuma apenas encobrir a falta de propósito.

Embora essas idéias não sejam novas, a forma como Koch aplica esse princípio, que é uma das "leis de poder" do universo, lhes confere um peso especial. Quem pode ignorar uma lógica de ação que se propõe a "trabalhar a favor do universo e não contra ele"? O livro nos ajuda a entender a química do sucesso no mundo econômico atual. Como disse Joseph Ford, "se Deus joga dados com o universo, eles estão viciados".

Ao nos mostrar como o universo é "previsivelmente desequilibrado", o princípio 80/20 nos permite direcionar naturalmente as chances para o nosso lado. Expressar e refinar nossos talentos individuais, em vez de perseguir a "excelência" em algo que não amamos, é a questão crucial. As grandes recompensas nunca vão para os que são apenas ótimos, mas para os extraordinários.

Richard Koch

Koch é um empresário bem-sucedido e autor de sucesso. Com experiência em consultoria administrativa (Bain & Co., Boston Consulting Group e co-fundador da LEK Partnership), Koch tem também participações em hotéis, restaurantes, uma empresa fabricante de gim e, mais recentemente, apostas, através da empresa Sporting Exchange.

Seus outros livros são As leis do poder: a ciência do sucesso lança mão de leis científicas para explicar o sucesso nos negócios *e* Gerenciar sem gerência: um manifesto pós-gerencial para simplificar os negócios. O princípio 80/20 *é um sucesso de vendas nos Estados Unidos, Ásia e Europa e foi traduzido para 18 idiomas.*

Koch mantém residências em Londres, Marbella e Cidade do Cabo.

Estratégias de vida: fazendo o que importa, fazendo o que dá certo

1999

"Os vencedores nesta vida conhecem as regras do jogo e têm um plano para que sua eficiência seja exponencialmente maior do que a das pessoas que não têm. Isso não é nenhum mistério, apenas fato."

"Torne-se um dos que chegaram lá. Decifre o código da natureza humana e entenda o comportamento das outras pessoas. Aprenda por que você, como todo mundo, faz o que faz e não faz o que não faz."

"Fato: a vida é uma competição. Defende-se o placar e há um relógio marcando o tempo."

Em síntese

Seja realista a respeito de si próprio e inteligente a respeito do mundo. Ninguém pode fazê-lo por você.

Na mesma linha

Steve Andreas e Charles Faulkner, *PNL* (p. 122)
Martha Beck, *Finding Your Own North Star* [Descobrindo a sua estrela-guia] (p. 66)
Anthony Robbins, *Desperte o gigante interior* (p. 60)
Florence Scovell Shinn, *O jogo da vida e como jogá-lo* (p. 164)

Capítulo 17

Philip C. McGraw

Imitando o provérbio chinês "O começo da sabedoria é chamar as coisas pelos seus nomes", Philip McGraw tem o hábito de "dizer as coisas tal como são". Suas observações francas costumam levar as pessoas às lágrimas, mas poucas se ressentem disso. Em meio ao tom simpático e caloroso da maioria dos autores de auto-ajuda, ele é uma lufada de ar fresco. No livro *Estratégias de vida*, McGraw se apresenta como um estrategista: "Todo mundo faz alguma coisa na vida. Alguns constroem casas. Eu construo estratégias de vida."

Dr. Phil e Oprah

Ao ser acusada em 1999 de fraude, calúnia e difamação pela indústria da carne, a apresentadora de TV Oprah Winfrey contratou McGraw para defendê-la. A acusação? Suas declarações na TV sobre os perigos do "mal da vaca louca" (encefalopatia espongiforme bovina) e sua relutância em comer hambúrgueres. A situação lhe parecia totalmente absurda, mas Oprah teria que responder ao processo em Amarillo, Texas, uma cidade branca e machista também conhecida como a "capital mundial da carne bovina". Estava em risco uma indenização de US$ 100 milhões, além de sua reputação, caso não vencesse.

Como relata em *Estratégias de vida*, McGraw achou que a apresentadora não estava encarando a situação com a devida seriedade. Decidiu então olhá-la nos olhos certa noite e dizer-lhe que era preciso entrar no jogo, "senão esses caras vão te ferrar". McGraw sabia que era uma coisa dura de dizer à mulher provavelmente mais influente dos Estados Unidos, mas o efeito foi o desejado. Desse momento em diante, Oprah resolveu vencer no tribunal. Sua estratégia funcionou.

A mensagem

Oprah creditou a McGraw um papel decisivo em sua vitória e o recompensou com tempo ilimitado em seu programa. O advogado aproveitou o espaço para demonstrar como o tribunal é um microcosmo da vida: as pessoas lhe tiram coisas se você não lutar pelo que é seu de direito. *Estratégias de vida* se dedica a mostrar que estamos sempre sendo "julgados" e que não há recesso. Como a vida se desenrola com vagar, poucas pessoas percebem que, sem uma estratégia clara, estão de certa forma abrindo mão de seus direitos.

Se pudesse ser resumida em 12 palavras, a mensagem do livro seria: A vida é pra valer e você é julgado por seus resultados.

As leis da vida

Antes de se tornar um hábil estrategista jurídico e escritor, McGraw se dedicava ao que ele chama de "leis da vida":

> *"Ninguém vai lhe perguntar se você acha justas essas leis ou se acha que elas devem existir. Tal como a lei da gravidade, elas simplesmente existem."*

Não temos espaço suficiente para tratar de todas as regras relacionadas por McGraw, mas o que se segue abaixo é uma pequena amostra.

Conheça a natureza humana

Se você não "entende" qual comportamento leva a tal resultado, se não tem um plano para a sua vida (por oposição a aspirações e esperanças), está fora da disputa com aqueles que têm essas aptidões e estratégias básicas. Parte desse plano é tornar-se uma pessoa que "conhece o sistema". Se você pretende chegar a algum lugar, tem de conhecer muito bem a natureza humana e o modo como as coisas são feitas.

McGraw lista as 10 características mais importantes do modo de pensar e agir das pessoas. Conhecendo-as profundamente, você consegue facilmente alcançar o que quer. As duas primeiras são: "O medo número um de todas as pessoas é a rejeição" e "A necessidade número um de todas as pessoas é aceitação".

Você cria a sua própria experiência

Você é responsável pela sua vida. Se você não gosta de seu emprego, se mantém um relacionamento ruim, se não confia no sexo oposto ou até mesmo se foi molestado quando criança, as razões são várias – ou é porque fez uma escolha errada ou porque não teve coragem de buscar uma alternativa ou até porque não confia nas pessoas. De qualquer forma, precisa parar de se fazer de vítima e começar a assumir a responsabilidade por todas as situações e todos os resultados da sua vida.

McGraw vai direto ao ponto:

> *"Você precisa ser tremendamente realista, ver as coisas como elas são e não como gostaria que fossem."*

Ser menos que isso o impedirá de diagnosticar adequadamente a sua situação e de fazer as mudanças necessárias na sua vida.

Descubra a relação causa-efeito

Por que acabamos fazendo justamente as coisas que havíamos dito a nós mesmos que não faríamos? Sempre há uma "recompensa" oculta por adotarmos comportamentos que parecem desafiar a racionalidade. Só quando descobrimos qual será o pagamento é que poderemos mudar o comportamento. Mas, mesmo quando o comportamento "funciona", isso não significa necessariamente que ele é saudável – ele dá certo na medida em que, ao adotá-lo, você evita alguma forma de risco ou rejeição.

Certa vez, uma moça obesa procurou McGraw. Ele descobriu que ela sofrera abuso sexual quando criança e que associava perder peso com chamar a atenção dos homens e isso a fazia lembrar-se do trauma do passado. Isso bastava para que ela começasse a comer outra vez. Ao identificar essa sutil relação de causa-efeito, ela encerrou o ciclo de auto-sabotagem.

A principal lição que fica é: identifique suas recompensas e você obterá o controle de seu comportamento e de sua vida.

Não se pode mudar o que não se admite

Os psicólogos usam a expressão "defesa perceptiva" para descrever coisas que a nossa mente não consegue encarar. Esse mecanismo de negação prejudica todos os aspectos da nossa vida. E a razão é simples: se você não identificar o problema, nunca se sentirá capaz de lidar com ele. Com o passar do tempo, o problema só aumenta.

Veja como os Alcoólicos Anônimos encaram a vida: você só melhora depois que admite ter um problema. "A maioria das pessoas não procura a verdade e sim a aceitação e o reconhecimento", diz McGraw.

Queremos desesperadamente estar certos, mesmo quando o que estamos fazendo não dá certo. Mas, para mudar, você deve agir de modo diferente.

A vida recompensa a ação

Devemos aprender que "o mundo não dá a mínima para o pensamento sem ação". Não faz a menor diferença você gostar ou não desse enfoque ou preferir viver de acordo com suas próprias regras – o mundo já tem as dele. Viver de acordo com os resultados obtidos requer mudança e risco, mas, em compensação, você tem a satisfação de assumir o controle.

"A diferença entre os vencedores e os fracassados é que os vencedores fazem coisas que os fracassados não querem fazer", observa McGraw. Não importa que seja um clichê – você precisa fazer o que for necessário para obter o que quer, do contrário continuará sendo um "passageiro". Isso se aplica tanto à vida familiar como à vida profissional. Ou seja: diga à pessoa que está ao seu lado o que ela significa para você, não presuma que ela já saiba. Aja de acordo com o amor que você sente ou acabará se lamentando por tão tê-lo feito.

Não existe realidade, apenas percepção

O mundo não é necessariamente como você o percebe. Todas as pessoas têm "filtros" e somente quando os reconhecemos podemos formar um quadro mais claro em nossa mente. Mesmo num relacionamento íntimo, um ato banal pode ser percebido de maneiras diferentes. O homem pode ver o ato de tirar o lixo como uma obrigação, enquanto a mulher o percebe como um pequeno ato de amor, já que, para ela, retirar o lixo é extremamente desagradável.

Procure cultivar uma atitude mais atenta, crie novas categorias e conexões, considere que suas "opiniões" podem ser apenas preconceitos. E o mais importante: assegure-se de que as percepções que você retém ou adota se baseiam em fatos verificáveis, que podem ser testados. Do contrário, suas ações crescerão sobre terreno instável.

As quatro últimas leis da vida são:

- A vida pode ser gerenciada, não "tratada".
- Nós ensinamos às pessoas como queremos que elas nos tratem.

- O perdão é um recurso poderoso.
- Você precisa conhecer o problema para poder reivindicar algo.

Comentários finais

O que torna o livro *Estratégias de vida* extraordinário não é apenas o fato de McGraw "dizer as coisas como elas são", mas também o de ele ser realmente divertido. Veja este "Teste da Rotina":

> *"Pergunta 9: Você só freqüenta restaurantes onde é mais interessante olhar para a decoração do que para o cardápio?*
> *Pergunta 20: Para você conhecer uma pessoa nova, ela precisa se atirar no capô do seu carro ou colocar uma cadeira na frente da TV?"*

McGraw se recusa a permitir que seu leitor se junte à turma que costuma fugir das decisões difíceis. E cita Mark Twain: "Nós não lidamos muito bem com fatos quando pensamos em nós mesmos." Contudo, nossa vida repousa claramente sobre fatos (com quem estamos e em que condições vivemos), e ainda que seja de bom-tom dizer "o mais importante é que eu tentei", o mundo só vai querer saber se você conseguiu bons resultados.

Philip C. McGraw

McGraw cresceu no Texas, numa família de origem pobre. As coisas melhoraram quando seu pai, com a ajuda de uma lei que beneficiava os veteranos da Segunda Guerra, conseguiu entrar para a universidade, tornando-se Ph.D. em Psicologia. A partir daí, ele clinicou durante 25 anos.

McGraw, por sua vez, conquistou uma bolsa universitária de jogador de futebol americano e também se formou em Psicologia. Presidente de uma empresa de consultoria jurídica, McGraw foi uma das estrelas da equipe do programa de TV Change Your Life, *de Oprah Winfrey.*

Depois de Estratégias de vida, *que ainda é um sucesso de vendas no mundo inteiro, o autor lançou:* Seja você mesmo, Estratégias de vida: guia prático *e* Resgate seu relacionamento.

McGraw é casado e tem dois filhos.

Um retorno ao amor

1994

"Certo desespero é em geral necessário para estarmos prontos para Deus. Em se tratando de rendição espiritual, eu não capitulei, não realmente, até estar totalmente de joelhos. A coisa ficou tão complicada que nem todos os cavalos e peões do rei reunidos conseguiram fazer Marianne funcionar novamente. A mulher histérica dentro de mim estava numa fúria maníaca e a criança inocente pregada na parede. Eu desmoronei."

"O amor levado a sério é uma perspectiva radical, um grande afastamento da orientação psicológica que governa o mundo. Ele é ameaçador não por ser uma idéia menor, mas por ser imenso."

"Relacionamentos são designações. São parte de um vasto plano para o nosso esclarecimento, modelos pelos quais o Espírito Santo conduz a alma de cada pessoa a elevar sua consciência e expandir seu amor."

Em síntese

Os milagres começam a acontecer quando decidimos depender totalmente de Deus e amar a nós mesmos.

Na mesma linha

Wayne Dyer, *A verdadeira magia* (p. 88)
M. Scott Peck, *A trilha menos percorrida* (p. 248)
Florence Scovell Shinn, *O jogo da vida e como jogá-lo* (p. 164)

Capítulo 18

Marianne Williamson

Marianne Williamson tinha 20 anos, um típico produto autodestrutivo da "geração eu", quando fez uma descoberta que mudou sua vida. O ano era 1965 e a professora de psicologia médica Helen Schucman, da Universidade de Colúmbia, havia começado a psicografar uma "voz". O resultado foi o volumoso *Um curso de milagres*, um auto-estudo de filosofia psicoespiritual baseado no amor e no perdão que desencadeou o surgimento de grupos de discussão em todo o mundo.

Williamson adotou a teoria e começou a dar palestras e conferências sobre o assunto, o que resultou na publicação de *Um retorno ao amor*, que merece ser lido como uma brilhante coroação do livro de Schucman. O apaixonado desnudar da alma e despertar espiritual da autora cativou até o entusiástico apreço de Oprah Winfrey, que ajudou a projetar o livro rumo ao topo da lista dos mais vendidos do *New York Times*, onde ficou por mais de seis meses.

Doce rendição

No primeiro capítulo, Williamson fala do colapso nervoso que a levou a reorientar totalmente sua vida. Ela, que sempre se considerara uma guerreira das causas sociais e contra as injustiças, encarou o processo de libertação de seus demônios pessoais como um verdadeiro "renascimento". Contudo, à medida que o colapso progredia e depois lentamente cessava, ela descobriu que a liberdade é como fundir-se à sua verdadeira natureza e personalidade.

Essa parte do relato é particularmente fascinante pelo seu ceticismo anterior e pela sua relutância em abrir mão do que quer que fosse de si mesma. Contudo, essa luta entre o ego e o *self* puro e verdadeiro é o que torna o livro fascinante. Foi preciso que Williamson chegasse ao fundo do poço para se dispor a tentar algo – no seu caso, a rendição espiritual.

O ego adora estar no auge, diz a autora, mas também fabrica calamidades, e nós somos ensinados a esperar que os acontecimentos e as circunstâncias possam criar ou destruir o nosso sentimento de bem-estar. A pessoa iluminada percebe, porém, que seu estado interior determina a sua visão do mundo. Os acontecimentos também a afetam, mas sem o medo e a gravidade comumente associados a eles.

Quando temos segurança interior, ficamos muito excitados por perceber o mundo claramente, sem nossa bagagem emocional. Dramas e crises continuam existindo, mas são encarados como contribuições para o crescimento pessoal: deixamos para trás o "drama barato" da vida não espiritual.

Relacionamentos

Boa parte de *Um retorno ao amor* é dedicada aos relacionamentos. Qualquer um se sente tocado pela brilhante distinção entre relacionamentos "especiais", ou do ego, e "sagrados".

O ego é caracterizado como "o grande descobridor de defeitos", embora a crítica só faça aumentar a insegurança do outro, tornando-o ainda menos propenso a mudar. O foco nos defeitos nos impede de ver o que o outro tem de excepcional. O amor incondicional pode ser difícil de cultivar, mas nos traz ricas recompensas e é a única forma de ficarmos em paz com nós mesmos.

De acordo com a filosofia psicoespiritual, relacionamentos nos proporcionam o máximo de oportunidades de crescimento. A idéia romântica de que temos uma alma gêmea é incorreta – nossa verdadeira alma gêmea é quem nos ajuda a crescer aprendendo a amar mais e a ser paciente e humilde.

As pessoas que nos irritam podem, às vezes, ser importantes professoras. O ego, por sua vez, nos conduz a quem nos traz menos problemas e mais prazeres imediatos, afastando-nos da possibilidade de relacionamentos profundos.

Williamson fala com alegria de seus próprios relacionamentos. É fácil se identificar com suas histórias de sofrimento e aflição, de ânsia por aquela pessoa especial. Parece que é da nossa vida que ela está falando, pois faz as mesmas perguntas que nós fazemos – as respostas, no entanto, nem sempre são aquelas que esperávamos.

Trabalho e realização

Um retorno ao amor é igualmente interessante ao tratar de trabalho. Nós sempre falamos de nossas carreiras, nossos empregos, nossos salários. Construímos, com esforço próprio, uma vida profissional de acordo com nossas aptidões ou expectativas financeiras.

O livro diz que essa não é a estrada para o verdadeiro sucesso. Se oferecermos nossa vida profissional a Deus, Ele nos revelará o que melhor se ajusta aos nossos talentos e temperamento e a melhor forma de podermos ajudar o mundo. O genial só acontece quando nos tornamos claros instrumentos da expressão divina. Não é tanto o fracasso que tememos, mas o talento que pode brilhar em nós se o permitirmos. Com essa mentalidade, deixamos de ser escravos do dinheiro.

Tudo bem se estabelecermos objetivos, mas esse é o melhor exemplo de como o ego tenta moldar o mundo a seu bel-prazer. Nossa mente é tão poderosa que geralmente conseguimos realizar qualquer objetivo a que nos propomos, sem saber se isso nos trará felicidade.

Com a ajuda divina, não apenas ficamos encantados em realizar os objetivos estabelecidos como nos sentimos felizes em desfrutar a jornada. Isso não se ensina em nenhum MBA, de maneira que você precisa ter coragem de testá-lo em si mesmo, mas a filosofia psicoespiritual é clara: "Disseminando o amor, nos elevamos naturalmente."

Williamson garante que não há como errar, porque confiar em Deus é como "confiar na gravidade".

Milagres

O desenvolvimento pessoal geralmente trata de melhorar nossa maneira de agir e pensar – o que exige muita responsabilidade. Mas se nos rendermos à benevolência do universo, ou de Deus, não será tão difícil. Williamson diz que antes colocava os milagres na categoria "lixo pseudomístico-religioso" e só mais tarde percebeu que é sensato recorrer a eles.

Milagre não significa necessariamente transformar água em vinho. É simplesmente a ocorrência de qualquer coisa que considerávamos impossível. Quando decidimos ficar mentalmente abertos e comprometidos com a mudança, qualquer coisa estranha a nós pode ser usada no processo de transformação. Se não for uma necessidade do ego, mas uma parte genuína dessa disposição mental transformadora, o milagre acontecerá.

Se ontem considerávamos nosso parceiro culpado de vários pecados, hoje vemos que ele é inocente e o tratamos adequadamente. Se tínhamos vícios alimentados pelo medo ou pelo ódio a nós mesmos, hoje esse vazio está preenchido. A contradição do mundano (um curso) com o divino (o milagre) é o que torna essa teoria atraente, pois promete uma parceria criadora.

Lembre-se do momento em que Jesus operou seus milagres e disse aos céticos que eles também podiam fazer o que ele fez – e até melhor. A Igreja define o milagre como um acontecimento físico que não pode ser explicado pelas vias normais, mas isso nos impede de saber que os milagres podem acontecer por nosso intermédio. Williamson lamenta termos aberto mão desse poder com tanta facilidade.

Comentários finais

Apesar da formação judaica de Williamson, a atitude cristã de *Um retorno ao amor* sobressai, embora ela seja uma obra espiritual baseada na filosofia psicoespiritual criada pela professora Schucman.

Williamson deixa claro que as pessoas não precisam ter um relacionamento pessoal com Deus para avançar em seu processo de autoconhecimento. Isso vai depender da maneira como se relacionam com os outros.

Embora à primeira vista possa parecer uma busca pessoal, *Um retorno ao amor* é um clássico de auto-ajuda de grande valor prático.

Marianne Williamson

Williamson cresceu em Houston, Texas, filha de um casal de advogados de esquerda. Aos 13 anos, seu pai levou-a ao Vietnã para ver o "complexo industrial militar" em ação. Especializou-se em filosofia e teatro no Pomona College, Califórnia, e em 1983 começou a dar aulas de psicoespiritualidade.

Cinco anos depois, Williamson fundou a ONG Center for Living em Los Angeles e, dois anos mais tarde, a filial em Nova York. O objetivo é dar aconselhamento e apoio a pessoas portadoras de doenças graves, incluindo a AIDS. É ainda parceira de Neale Donald Walsh, autor de Conversations with God *(Conversando com Deus), na Fundação Global Renaissance Alliance (www.renaissancealliance.org).*

Um retorno ao amor *foi seu primeiro sucesso de vendas, seguido por* Illuminata, *livro de orações e meditações,* Amor encantado: o poder místico dos relacionamentos íntimos, *uma mescla de cristianismo, mitologia e feminismo, e* Graça cotidiana: ter esperança, encontrar perdão e fazer milagres.

O homem é aquilo que ele pensa

1902

"De todas as belas verdades relativas à alma que foram restabelecidas e trazidas à luz em nossa época, nenhuma é mais jubilosa e fértil em promessas e confiança divina do que esta – que somos senhores de nossos pensamentos, escultores de nosso caráter, criadores e artífices de nossa posição, ambiente e destino."

"Bons pensamentos e ações jamais produzem maus resultados; maus pensamentos e ações jamais produzem bons resultados... Nós compreendemos essa lei do mundo natural e a aceitamos, mas poucos a entendem no mundo mental e moral – embora sua operação lá seja simples e direta – e, portanto, não se mostram cooperativos."

"A lei, não a confusão, é o princípio dominante do universo; a justiça, não a injustiça, é a alma e a substância da vida; a integridade, não a corrupção, é o molde e a força motora do governo espiritual do mundo. Sendo assim, só precisamos nos acertar para descobrir que o universo está certo."

Em síntese

Nós não atraímos o que queremos, mas o que somos. Somente mudando nossos pensamentos mudaremos nossa vida.

Na mesma linha

Joseph Murphy, *O poder do subconsciente* (p. 152)
Florence Scovell Shinn, *O jogo da vida e como jogá-lo* (p. 164)

Capítulo 19

James Allen

James Allen promove uma exploração minuciosa da idéia central da literatura de auto-ajuda ao lançar a tese de que a mente é o mestre responsável por nosso caráter interior e condições exteriores. A contribuição de *O homem é aquilo que ele pensa* foi usar uma premissa comum a todos nós – a de que, como não somos robôs, controlamos nossos pensamentos – e revelar sua falsidade.

Por acreditar que a mente é separada da matéria, a maioria de nós acha que os pensamentos podem ser ocultados e neutralizados, o que nos permite pensar de um jeito e agir de outro. Allen, porém, acreditava que o inconsciente gera tanta ação quanto o consciente e que, enquanto sustentarmos a ilusão de que apenas o consciente está no controle, seremos continuamente confrontados com a seguinte pergunta: "Por que não consigo me obrigar a fazer isto ou realizar aquilo?"

Percebendo que o desejo e a vontade são sabotados pela presença de pensamentos que não se harmonizam, Allen chegou a uma surpreendente conclusão: "Nós não atraímos o que queremos, mas o que somos." Ou seja: a conquista acontece porque você, como pessoa, personifica a realização exterior; você não "obtém" sucesso, você se torna um sucesso. Não há divergência entre mente e matéria.

Somos a soma de nossos pensamentos

A lógica do livro é incontestável: pensamentos nobres enobrecem as pessoas, enquanto pensamentos negativos as deixam infelizes. Seguindo a mesma lógica, um clima de negatividade torna o mundo mais confuso e aterrorizante, mas, por outro lado, quando eliminamos os pensamentos negativos e destrutivos, "o mundo inteiro se enternece e se dispõe prontamente a nos ajudar".

Para Allen, nós atraímos não somente o que amamos, mas também o que tememos. Sua explicação para isso é simples: os pensamentos que recebem nossa atenção, bons ou maus, penetram no inconsciente e se transformam em combustível para acontecimentos reais futuros. Como comentou Emerson: "Uma pessoa é aquilo em que pensa o dia inteiro."

Nossas circunstâncias somos nós

Parte da fama de *O homem é aquilo que ele pensa* se deve à defesa da seguinte tese: "As circunstâncias não fazem o indivíduo, apenas o revelam." Parece um comentário extremamente cruel, uma justificativa para o abandono dos necessitados, uma racionalização da exploração e do abuso, da superioridade dos que estão no alto da pirâmide social e da inferioridade dos que estão embaixo – mas não passa de uma reação automática a um argumento bastante sutil.

Cada conjunto de eventos, por pior que seja, oferece uma oportunidade única de crescimento. Se eles fossem realmente determinantes na vida e nas perspectivas das pessoas, a humanidade não teria progredido. Na verdade, as circunstâncias parecem feitas sob medida para revelar o que há de melhor em nós. Se optarmos por acreditar que fomos "enganados", é improvável que façamos um esforço consciente para sair da situação.

A lição que se tira do livro de Allen é a de que nossa condição atual é de nossa total e exclusiva responsabilidade. O lado positivo disso são as possibilidades que se abrem ao sabermos que tudo depende de nós. Se antes éramos especialistas em administrar limitações de todo tipo, agora somos profundos conhecedores da arte do possível.

Mude seu mundo mudando sua mente

Embora não negue que a pobreza é uma possibilidade na vida de uma pessoa, ou de um povo, o que o autor procurou deixar claro é que ações defensivas só fazem com que as rodas do carro afundem ainda mais na lama. De que vale culpar o causador do sofrimento? O que nos revela e dá nossa verdadeira dimensão é o modo como usamos as circunstâncias: como ponto de apoio ou como incentivo para progredir. Uma pessoa ou comunidade bem-sucedida é a que lida com o fracasso de forma eficiente.

Allen observou que "a maioria está ansiosa por melhorar sua situação, mas não está disposta a se autodesenvolver e isso é um fator limitante". A prosperidade e a felicidade não conseguem florescer se o *self* ficar prisioneiro de velhos hábitos. As pessoas são quase sempre responsáveis, ainda que inconscientemente, por seu declínio.

Tranqüilidade = sucesso

A influência do budismo no pensamento de Allen é óbvia na ênfase que ele dá ao "pensar certo" e também na sugestão de que o melhor caminho para o sucesso é a tranqüilidade da mente. Pessoas calmas, relaxadas e determinadas parecem estar à vontade, mas, em geral, esse comportamento é resultado de um poderoso mecanismo de autocontrole.

Anos de prática meditativa – literalmente "pensando sobre o pensamento" – levaram essas pessoas a desenvolver um avançado conhecimento de como funciona a mente, o que as torna especialmente atraentes, segundo Allen, porque não se deixam afetar por acontecimentos inesperados: "Nós as procuramos porque são seguras de si mesmas. Almas 'torturadas' lutam para conquistar o sucesso, mas o sucesso evita o que é instável."

Comentários finais

Passados quase 100 anos de sua publicação, *O homem é aquilo que ele pensa* segue entusiasmando seus leitores. Num gênero cheio de pretensões e promessas irrealizáveis, a prosa direta e não apelativa desse clássico é sem dúvida um grande trunfo. E o fato de sabermos tão pouco sobre o autor torna essa obra ainda mais interessante.

Com uma mensagem mais atraente e atualizada, duas versões procuram corrigir a extrema especificidade do original: *As You Think* (Como você pensa), de Marc Allen (não há nenhuma relação de parentesco), e *As a Woman Thinketh* (A mulher é aquilo que ela pensa), de Dorothy Hulst.

James Allen

Natural de Leicester, Inglaterra, 1864, Allen foi obrigado a abandonar a escola aos 15 anos para trabalhar. Seu pai, que emigrara para os Estados Unidos por causa do fracasso dos negócios da família, havia sido roubado e assassinado. Allen trabalhou em várias fábricas até 1902, quando se mudou para Ilfracombe, na costa sudoeste da Inglaterra, onde passou a se dedicar integralmente aos livros. Interessava-se também por jardinagem e meditação.

O homem é aquilo que ele pensa *foi o segundo dos 19 livros que Allen escreveu ao longo de 10 anos. Considerado seu melhor trabalho, só foi publicado por insistência de sua esposa. Allen faleceu em 1912. Para conhecer mais sua obra, leia* Da pobreza ao poder, Byways of Blessedness *(Caminhos abençoados),* The Life Triumphant *(A vida triunfante) e* Eight Pillars of Prosperity *(Os oito pilares da prosperidade).*

PNL
Programação neurolingüística: a nova tecnologia do sucesso

1994

"Este livro mudará a sua vida. Nós sabemos. O que você está prestes a ler já mudou as nossas."

"Você se surpreenderá com as imagens internas que as pessoas usam para se motivar: pequenos e escuros slides do seu dia-a-dia no trabalho, imprecisas fotos em preto-e-branco da recompensa por um projeto concluído. Não admira que não se motivem. Agora, você pode criar uma imagem rica e atraente do que deseja e valoriza. Quanto maior, mais rica, mais vívida, mais tridimensional e clara, melhor."

Em síntese

"As pessoas funcionam perfeitamente."
Programe-se para ter novos pensamentos, ações e sentimentos e você terá uma nova vida.

Na mesma linha

Richard Koch, *O princípio 80/20* (p. 100)
Philip C. McGraw, *Estratégias de vida* (p. 106)
Maxwell Maltz, *Psicocibernética* (p. 54)
Anthony Robbins, *Desperte o gigante interior* (p. 60)

Capítulo 20

Steve Andreas e Charles Faulkner
(Equipe PNL)

O escritor de ficção científica Arthur C. Clarke disse certa vez: "Toda tecnologia suficientemente avançada é indistinguível da magia." Essa frase, citada no início do livro *PNL – Programação neurolingüística*, é também a conclusão de muita gente que já participou de sessões de neurolingüística, a ciência da mente que faz com que as pessoas se livrem de antigas fobias e lembranças desagradáveis em poucos minutos.

Estamos tão acostumados a acreditar que as mudanças levam tempo e que nada se consegue sem sofrimento que quando surge uma prática oposta somos inclinados a duvidar dela. Os autores deste livro admitem: "A PNL parece algo tão extraordinário e improvável que algumas pessoas usarão isso como desculpa para não experimentar."

Trata-se de um salto de qualidade, especialmente quando se sabe que as teses de Freud, publicadas há mais de um século, ainda ditam as regras no mundo da psicologia – é como estar aprisionado em uma cápsula do tempo. Daí a pergunta de Andreas e Faulkner: quantas pessoas gostariam de ter um carro centenário?

Graças aos avanços da ciência cognitiva e ao desenvolvimento dos métodos de PNL, a mudança pessoal não é mais um mistério – pode ser rápida, confiável e até divertida.

PNL: o começo

No início da década de 1970, Richard Bandler era um estudante de matemática da Universidade da Califórnia com grande interesse em ciência da computação e psicologia. Ele e o professor de lingüística John Grinder começaram a coordenar grupos terapêuticos semanais onde aplicavam o estilo e as idéias do fundador do movimento Gestalt, Fritz Perls.

A tentativa de reproduzir o comportamento e o método de Perls (o sotaque alemão, o bigode e o hábito de fumar um cigarro após o outro foram, ao final, considerados desnecessários) acabou levando-os a desenvolver a disciplina "modelagem da excelência humana".

Pesquisas sobre fobias realizadas por Bandler e Grinder revelaram que as pessoas ficam "curadas" quando conseguem se distanciar de seus medos. Em suas mentes, elas se observam sofrendo da fobia, como se estivessem assistindo à cena de longe.

Uma parceria com o famoso hipnotizador Milton Erickson também rendeu uma série de novas técnicas terapêuticas que foram reunidas na tese de mestrado de Bandler, *A estrutura da magia*, e se tornaram os princípios fundamentais da PNL.

Uma nova tecnologia do sucesso

Essencialmente, a PNL propõe mudar a sua forma de pensar sobre o pensamento. "Neuro" se refere ao sistema nervoso e aos caminhos dos cinco sentidos. "Lingüística" se refere à linguagem e ao uso das palavras, expressões, linguagem corporal e hábitos que refletem nossos mundos mentais. Já a palavra "programação" é um empréstimo tomado à ciência da computação. Juntando tudo, surge um método que revela como os pensamentos, sentimentos e ações são passíveis de ser manipulados.

PNL – Programação neurolingüística: a nova tecnologia do sucesso é uma das melhores introduções ao método, escrita por profissionais ligados aos fundadores da PNL. Um trabalho de fôlego, sem dúvida, mas cujo principal valor está na imensa oferta de exercícios ("experiências de pensar") que permitem ao leitor promover mudanças instantâneas. Lendo o livro, você adquire um kit completo de ferramentas para mudar seu estado de espírito, seu comportamento e suas lembranças, além de moldar seus pensamentos e ações. E ainda aprende a viver de acordo com seus valores mais profundos.

Eis os temas abordados:

- Ficando motivado
- Descobrindo sua missão
- Conquistando seus objetivos
- Estabelecendo um entendimento e criando relacionamentos fortes
- Definindo estratégias de persuasão

- Eliminando medos e fobias
- Aumentando a autoconfiança
- Elevando a auto-estima
- Tendo uma atitude mental positiva
- Alcançando um alto desempenho

Princípios da PNL

1 **O mapa não é imutável.** Nós não reagimos ao mundo tal como ele é, mas de acordo com o mapa mental que temos dele. A chance de conseguir o que queremos aumenta substancialmente quando revisamos periodicamente os limites de nosso mapa para bem representar o território que ocupamos. Fazer isso é muito melhor do que tentar mudar o mundo para encaixá-lo no seu mapa.

2 **A experiência tem um padrão.** Todos nós temos estruturas e padrões de pensamento. Mudando esse arcabouço, podemos modificar nossa experiência, inclusive o modo como pensamos sobre fatos passados.

3 **Se uma pessoa faz uma coisa, qualquer um pode aprender a fazê-la.** Imitar o comportamento e o modo de pensar dos bem-sucedidos pode levar a resultados semelhantes.

4 **Mente e corpo são partes do mesmo sistema.** Nossos pensamentos afetam continuamente nossa respiração, nossos músculos, etc., o que, por tabela, afeta nosso pensamento. Ao controlar sua mente, você controla seu corpo.

5 **As pessoas possuem os recursos de que necessitam.** A partir de nosso estoque de memórias, pensamentos e sensações nós podemos construir novos padrões mentais capazes de produzir os resultados que desejarmos.

6 **A linguagem corporal é uma forma de comunicação.** Tudo em você, os movimentos dos olhos, do corpo, o tom de voz e os hábitos, são formas de comunicação. É fácil perceber se o que a pessoa está dizendo não combina com o que ela é.

7 **O significado da sua comunicação pode ser medido pela resposta que você recebe.** Todos nós recebemos informações filtradas pelos mapas mentais que temos do mundo. O modo como você se comunica deve ser constantemente ajustado para que a mensagem que você quer enviar seja a efetivamente recebida.

8 **Por trás de todo comportamento existe uma intenção positiva.** A violência

mascara o medo e a não-aceitação, assim como gritos e críticas expressam a necessidade de ser reconhecido. Procure saber o que está por trás do comportamento das pessoas para descobrir suas verdadeiras intenções.

9 **Dentro do possível, as pessoas sempre fazem as melhores escolhas.** Optamos baseados na experiência. Mais e melhores experiências proporcionam melhores opções.

10 **Se o que você está fazendo não está dando certo, mude.** Experimente fazer outra coisa. Você terá sempre os mesmos resultados se continuar repetindo as mesmas velhas fórmulas.

A programação neurolingüística desenvolve esses princípios abordando os seguintes pontos:

- Todo mundo tem uma "motivação orientadora", seja ela direcionada ao prazer e a objetivos ou à fuga do sofrimento. A equipe PNL descobriu que, embora a maioria seja motivada pela última, uma mudança de motivação permite a você focar nas possibilidades, em vez de ficar com medo. Isso não implica passar a ver o mundo cor-de-rosa, mas mudar a forma como você se comunica consigo mesmo. Por exemplo: depois de um comentário negativo, reafirme sua meta de maneira positiva – é simples mas eficaz, como elemento motivador.
- Entenda a diferença entre uma tarefa e uma missão: a tarefa geralmente é algo pontual, específico, enquanto a missão requer a vida inteira para se tornar realidade. Partindo do princípio de que "se uma pessoa faz uma coisa, qualquer um pode aprender a fazê-la", você pode copiar as atitudes, decisões e comportamentos bem-sucedidos e usá-los para cumprir sua própria missão. O diretor de cinema Steven Spielberg, o pintor Michelangelo e o magnata das comunicações Ted Turner são exemplos de pessoas que têm perfeita clareza de seus propósitos. Exercícios de PNL ajudam a revelar seus valores pessoais mais profundos, fontes básicas de sua missão.
- A mudança acontece rapidamente e deve ser tranqüila e natural. Assim como o computador precisa ter o programa adequado para realizar determinadas tarefas, o cérebro humano também necessita das ferramentas corretas para funcionar a contento. É claro que o cérebro é um mecanismo infinitamente mais sofisticado, mas a PNL usa a linguagem do próprio cérebro para criar novos caminhos neurais – uma espécie de manual de funcionamento do seu

software. Com a PNL, você não dependerá mais da força de vontade para mudar.

- A premissa básica da PNL é a de que podemos mudar nossas mentes não apenas tendo novos pensamentos, mas novas *maneiras* de pensar – isto é, escolhendo formas diferentes de processar a profusão de imagens, sentimentos e lembranças que habitam nossa mente, para que eles nos sejam úteis, em vez de nos sabotar. Dessa forma é possível minimizar uma má lembrança e atribuir-lhe novas associações (tocando mentalmente, por exemplo, uma canção alegre sempre que a má lembrança aparece e transformando-a num quadro colorido e bem emoldurado ou nos vendo sorridentes, em vez de tristes). O resultado é que seu sentimento mudará não apenas instantaneamente mas para sempre. Toda vez que você voltar àquela lembrança, a nova associação aparecerá. Experimente.
- A PNL rejeita o modo "ou/ou" de pensar: "Se você só conhece uma maneira de fazer algo, é porque é um robô. Se conhece duas maneiras, está num dilema, pois é preciso conhecer pelo menos três formas de fazer algo para começar a ter realmente flexibilidade." Com a PNL, você escolhe como quer mudar: existem poucas regras e somente experiências bem-sucedidas.
- Todo mundo tem vozes internas. Transforme-as de sabotadoras em grandes incentivadoras, cantando mentalmente, por exemplo, canções que levantem o seu astral sempre que precisar de uma dose extra de confiança. Esse método o coloca no controle de suas reações e o prepara para receber críticas e para usá-las de forma construtiva.
- O cérebro não sabe pensar negativamente. Se você repete sem parar, para si mesmo, a frase "Quero perder peso", seu cérebro fica marcado pela palavra "peso" muito mais do que pela palavra "perder". Os especialistas aconselham quem quer emagrecer a se concentrar em uma "meta de peso". O corpo precisa se acostumar à conquista desse resultado, não à perda de alguma coisa. A PNL ensina a usar sempre palavras positivas, com foco no objetivo.
- Você pode aprender a habilidade de se tornar instantaneamente confiante, de ser mais afetuoso ou de "tornar real" sua ambição antes de ela se concretizar. Muitos vencedores usam a PNL instintivamente – na maneira como vêem, ouvem, sentem, tocam e saboreiam mentalmente a vitória muito antes de ela efetivamente acontecer. O sentimento da vitória atrai a vitória, assim como imaginar um futuro promissor o atrai na direção das ações necessárias para realizá-lo. Os adeptos da visualização criativa apreciam a máxima da

PNL de que "nem todos os sonhadores são realizadores, mas todos os realizadores são sonhadores".

Comentários finais

Uma técnica que vê a mente e o corpo como máquinas passíveis de serem manipuladas é perfeita para a cultura tecnológica em que vivemos, embora o efeito geral da PNL seja elevar a intensidade e a qualidade de vida. A psicologia tradicional trata de descrever e analisar problemas e descobrir suas causas, enquanto a PNL enfoca o funcionamento da mente e suas possibilidades de modo a gerar resultados.

Se o método pudesse ser resumido em uma frase, ela seria: "As pessoas funcionam perfeitamente." Seus pensamentos, sentimentos e ações produziram o que você é hoje. Mudando as informações recebidas, você obterá resultados diferentes – um novo você.

Cada um de nós é um feixe de emoções, comportamentos e potencialidades que devemos aceitar e amar para realizar o que em PNL se chama de "congruência pessoal" – o perfeito alinhamento de nossos desejos e valores com nossas aptidões.

Steve Andreas e Charles Faulkner

Steve Andreas era químico industrial antes de se tornar orientador e criador de novos métodos em PNL. Fez mestrado em Psicologia na Brandeis University e fundou a Real People Press, uma editora dedicada à mudança pessoal. Em 1979, criou, com sua esposa Connirae, a NLP Comprehensive, a primeira instituição a formar especialistas em PNL. Juntos, publicaram dois livros, Transformando-se *(1987) e* A essência da mente *(1989), e escreveram numerosos artigos.*

Charles Faulkner foi criador de vários métodos de aprendizado acelerado de idiomas, mas é mais conhecido por seus métodos de PNL aplicados a tomadas de decisões financeiras e modelagem de corretoras de títulos e valores. Dentre os vídeos que produziu destacam-se Metaphors of Identity *(Metáforas da identidade) e* Success Mastery with NLP *(Mestre do sucesso com a PNL).*

Feeling Good: The New Mood Therapy
(Sentir-se bem: a nova terapia do estado de espírito)

1980

"Você não precisa estar extremamente deprimido para extrair grandes benefícios desses novos métodos. Todos nós podemos nos beneficiar de uma 'afinação' mental de vez em quando. Este livro mostra exatamente o que fazer quando você estiver na fossa."

"Qual é a chave para você se libertar da sua prisão emocional? Simples. Seus pensamentos criam suas emoções; conseqüentemente, suas emoções não podem provar que seus pensamentos são precisos. Sentimentos desagradáveis apenas indicam que você está pensando em algo negativo e acreditando naquilo. Suas emoções acompanham seus pensamentos tão infalivelmente quanto os patinhos seguem a mamãe pata."

Em síntese

Sentimentos não são fatos.
Questione-se sempre se suas emoções refletem a realidade com precisão.

Na mesma linha

Daniel Goleman, *Inteligência emocional* (p. 136)
Martin Seligman, *Aprenda a ser otimista* (p. 170)

Capítulo 21

David D. Burns

Feeling Good: The New Mood Therapy (Sentir-se bem: a nova terapia do estado de espírito) surgiu da insatisfação com o tratamento freudiano tradicional para a depressão. Aaron T. Beck, mentor de David Burns, descobriu que não havia evidência prática do sucesso da psicanálise no tratamento de pessoas deprimidas. Na verdade, o paciente é geralmente levado a se sentir como um fracassado. Freud acreditava que, se um paciente admitia falhas graves, ele provavelmente estava correto.

A experiência de Beck com pessoas deprimidas mostrou uma contradição entre a opinião que expressavam e a opinião que realmente tinham de si mesmas. Seus protestos ("Eu sou um inútil") não faziam sentido e isso o levou à conclusão de que a depressão tinha origem em pensamentos incorretos ou negativos e a identificar um conjunto de sintomas depressivos que, combinados, acabavam por caracterizar o estado de saúde.

Essa descoberta lançou as bases da terapia cognitiva, que estimula os pacientes a sair da depressão por meio da negação de seus próprios pensamentos. Trata-se de uma estratégia de convencimento, que deve ser repetida até que eles se libertem de suas auto-avaliações distorcidas.

A onda de interesse criada pela pesquisa transformou o enfoque cognitivo num pilar do moderno tratamento da depressão, ao lado das drogas e de outras formas de psicoterapia.

Como surgiu o livro

David Burns era membro da equipe de Aaron Beck no Centro de Terapia Cognitiva da Universidade da Pensilvânia e escreveu o livro para divulgar os resultados dos tratamentos e pesquisas clínicas realizados por seu grupo. Apesar de ter sido lançado há 26 anos, *Feeling Good: The New Mood Therapy* continua sendo uma excelente introdução ao método da terapia cognitiva para o combate à depressão, e por isso é, até hoje, um sucesso de vendas.

Se o que você busca não é exatamente um manual de auto-ajuda, mas uma abordagem clínica dos problemas de desenvolvimento pessoal e domínio do estado de espírito, não ficará decepcionado. Profissionais da área de saúde mental dos Estados Unidos classificaram-no em primeiro lugar numa lista de mil livros de auto-ajuda para o tratamento da depressão. Os gráficos, tabelas e diálogos imaginários entre paciente e médico podem ser um pouco monótonos para alguns leitores, mas não atrapalharão a leitura se você decidir pular essa parte.

O livro já vendeu 3 milhões de exemplares porque nos ensina a navegar pelos mares mundanos dos estados de espírito e emoções cotidianos. Da mesma forma que o clássico *Aprenda a ser otimista,* de Seligman, originou-se da pesquisa sobre a "incapacidade adquirida" (estado em que a pessoa tenta estabelecer e manter contato com o outro adotando uma postura indefesa e impotente), a pesquisa dos psiquiatras Beck e Burns sobre a "bílis negra" da depressão resultou numa obra que mostra como cultivar o oposto dela: a alegria e o autocontrole responsável por essa sensação.

Desmistificando a depressão

- Na história da psiquiatria, a depressão foi tradicionalmente tratada como uma desordem emocional. A visão cognitiva considera que um erro intelectual cria e agrava o estado depressivo.
- Pensamentos negativos têm o efeito de uma bola de neve. Basta um para produzir uma depressão leve, que se expande até formar uma percepção distorcida na qual tudo parece ruim ou carente de significado. Quando uma pessoa está deprimida, seu sentimento de incapacidade, expresso nos quatro "dês" (derrotado, deficiente, desamparado e destituído), lhe aparece como verdade absoluta. Pacientes depressivos perdem a capacidade de pensar claramente. Quanto pior a depressão, maior a distorção. Com clareza e senso de perspectiva, é impossível não se ter um nível saudável de auto-estima e confiança.
- Burns faz uma distinção entre tristeza genuína e depressão. A primeira faz parte do ser humano, amplia nossa experiência de vida e traz autoconhecimento. A segunda nos sufoca, bloqueando nossa visão para as possibilidades da vida.

Sentimentos não são fatos

- Temos tendência a acreditar que nossas emoções refletem verdades irrefutáveis e indiscutíveis. Se acharmos equivocadamente que esses sentimentos estão "certos", a má avaliação que fazemos a respeito de nós mesmos e de nossos méritos será incontestável. Somos ensinados a "confiar no que estamos sentindo", mas, se os pensamentos que nos alimentam são irracionais, ou baseados em concepções incorretas e preconceituosas, acreditar em nossas emoções pode ser um procedimento bastante arriscado.
- Burns emprega a seguinte analogia: "Suas emoções seguem seus pensamentos tão infalivelmente quanto os patinhos seguem a mamãe pata. Ora, isso não prova que a mamãe pata sabe para onde está indo." Nossas emoções não são confiáveis, na medida em que "sentimentos não são fatos".
- Será que "sentir-se ótimo" prova que você é uma pessoa particularmente merecedora? Se a resposta é não, sentir-se mal também não revela nada sobre seu verdadeiro mérito. "Seus sentimentos não determinam seu valor, apenas até que ponto você está ou não confortável", diz Burns, que aconselha nunca se auto-rotular de "inútil" ou "desprezível". Não somos objetos pré-programados para sermos julgados dessa maneira – cada pessoa é um fenômeno em desenvolvimento que desafia julgamentos precipitados. É até possível que algum aspecto de nosso comportamento não seja bom, mas não tem sentido transformar nossa opinião num julgamento amplo e definitivo sobre o nosso eu essencial.

Como desenvolver um baixo QI ("Quociente de Irritabilidade")

- Há duas maneiras típicas de lidar com a raiva e a irritabilidade: "engolindo" o que nos corrói as entranhas e leva à depressão e à apatia ou "colocando para fora".
- Expressar a raiva pode ser eficiente, porém trata-se de um método simplista que pode lhe causar problemas. O enfoque cognitivo transcende essas duas abordagens ao eliminar a necessidade de lidar com a raiva – sobretudo porque quase nada restará dela. Primeiro você precisa entender que é a sua "cabeça quente", não os acontecimentos, a responsável por sua raiva. Mesmo quando acontece algo que pelos padrões normais é considerado ruim, você deve escolher sua resposta, em vez de se deixar levar por reações automáticas incontroláveis. Se você ficar com raiva, é porque escolheu sentir-se assim.

- Você gostaria de vencer o medo da crítica? E mais, de ser capaz de reagir de maneira calma e não defensiva quando criticado? Essa habilidade teria um impacto extraordinário em sua percepção de si mesmo. Uma forma de saber claramente se a crítica é justa, mais ou menos ou completamente injusta é fazer perguntas à pessoa que está criticando. Seja específico, mesmo quando a crítica é agressiva e pessoal. Isso revelará a verdade sobre o que foi dito, lhe dará a oportunidade de corrigir seu comportamento ou mostrará que a pessoa fala por puro despeito – e, nesse caso, você saberá que a crítica não é real, apenas uma expressão da frustração do crítico. De qualquer forma isso elimina a necessidade de uma reação emocional negativa de sua parte. Além de colocá-lo em uma posição em que você tanto pode considerar a crítica quanto rejeitá-la e seguir em frente. Agindo assim, você frustra o ódio do seu crítico.
- Boa parte da raiva é pura reação defensiva contra a perda da auto-estima. Mas se você aprender a controlar seus sentimentos de raiva, recusando-se a dar às situações um conteúdo emocional, sua auto-estima permanecerá equilibrada. Como diz Burns: "Raramente você precisa da sua raiva para mostrar sua humanidade." Controlar seus sentimentos não o transforma em um robô – na verdade, lhe proporciona muito mais energia para viver e curtir a vida.

O restante do livro

- Há excelentes capítulos sobre culpa (superando os "vícios da aprovação e do amor"), trabalho (acredite: você não vale pelo que faz), o valor das baixas expectativas ("ouse ser comum" e supere o perfeccionismo) e ainda ensina "como vencer o 'hábito-de-não-fazer-nada'".
- Surpreendentemente, o último capítulo do livro passa em revista os tratamentos químicos contra a depressão (Prozac & Cia.). Usadas simultaneamente à terapia cognitiva, as drogas em geral são eficazes porque permitem à pessoa pensar mais racionalmente, o que aumenta as chances de sucesso da técnica de cognição.

Comentários finais

Talvez você pense que as oscilações do estado de espírito e a auto-sabotagem são componentes naturais do ser humano. O mais interessante no livro *Feeling Good: The New Mood Therapy* é que ele não apenas destrói esse mito como mostra que atitudes nesse sentido podem ser facilmente evitadas com o emprego de princípios e técnicas simples porém eficazes.

A maior parte dos casos de depressão resulta simplesmente de uma quebra de rotina e o conseqüente esquecimento do gatilho que deu início ao processo. Se antes você talvez pensasse "Tenho de aprender a lidar com esses sentimentos porque eles são importantes para mim", agora pode vê-los como realmente são, ou seja, uma perda de tempo.

Ter controle sobre suas emoções não significa transformar-se em um robô, e sim aumentar sua humanidade. A importância desse livro é ter aberto o caminho para títulos de sucesso como *Inteligência emocional* e *Aprenda a ser otimista*, que procuram restabelecer a razão como fator dominante, responsável por unificar e governar os territórios da emoção.

David D. Burns

Burns cursou o Amherst College e recebeu o título de doutor em Medicina da Universidade de Stanford. Completou sua especialização em Psiquiatria na Universidade da Pensilvânia e, mais tarde, dirigiu o Setor de Psiquiatria do Medical Center local. Foi professor visitante da Escola de Medicina de Harvard e professor-adjunto de Psiquiatria da Escola de Medicina de Stanford, onde em 1998 recebeu dos residentes o prêmio de Professor do Ano.

Além de vários outros livros, como Feeling Good Handbook *(O manual do bem-estar),* Love Is Never Enough *(O amor nunca é demais) e* Ten Days to Self-Esteem *(Dez dias de auto-estima), Burns mantém uma concorrida carreira como palestrante em todo o mundo.*

Inteligência emocional

1995

"Tanto quanto a matemática e a leitura, pode-se lidar com a vida emocional com mais ou menos habilidade, dependendo de seu próprio conjunto de competências. A aptidão nessa área é decisiva para se entender por que uma pessoa progride na vida enquanto outra, de intelecto equivalente, fica marcando passo: a aptidão emocional determina nossa perícia em todas as outras aptidões, incluindo o intelecto."

"Precisei esperar até que a safra científica estivesse suficientemente madura para escrever este livro. Hoje, finalmente, a ciência é capaz de falar com autoridade das urgentes e desconcertantes questões da psique no máximo da sua irracionalidade, mapear com precisão o coração humano."

Em síntese

Toda pessoa verdadeiramente bem-sucedida há de ter adquirido o autodomínio emocional.

Na mesma linha

David D. Burns, *Feeling Good* [Sentir-se bem] (p. 130)
Ellen J. Langer, *Mindfulness* [Atenção] (p. 146)
Martin Seligman, *Aprenda a ser otimista* (p. 170)

Capítulo 22

Daniel Goleman

A força instigadora de *Inteligência emocional,* um livro de quase 300 páginas com uma grande quantidade de estudos de caso e notas de rodapé, pode ser resumida em três aspectos:

- Aplicando inteligência à emoção, podemos melhorar imensamente nossas vidas.
- Emoções são hábitos que podem sabotar nossas melhores intenções.
- Desaprendendo certas emoções e desenvolvendo outras, adquirimos controle sobre nossas vidas.

Um dos mais bem-sucedidos livros da última década, *Inteligência emocional* foi muito além do que se costuma considerar o tradicional público leitor de auto-ajuda. Embora os pesquisadores já se dedicassem há algum tempo a aprofundar os estudos sobre a inteligência, foi preciso que o livro de Goleman fizesse sucesso para que o conceito de inteligência emocional se tornasse o centro das atenções.

A aversão da maioria das pessoas aos testes de QI deve ter algo a ver com o sucesso do livro, que foi traduzido para 33 idiomas. Sirva ou não para medir alguma coisa, o efeito desses testes tem sido o de restringir escolhas e minar a auto-estima das pessoas. Goleman defende a tese de que o QI não é um indicador particularmente eficaz de potencial de realização, uma vez que ele só afere uma das muitas "inteligências", e que as aptidões emocionais são estatisticamente mais importantes para o êxito pessoal.

Vejamos uma breve análise de alguns dos pontos-chave do livro.

Civilizando o cérebro

Ao examinar o modo como funciona o cérebro, a primeira parte do livro elimina alguns mistérios a respeito de nossos sentimentos, em especial os compulsivos. A fisiologia do nosso cérebro é remanescente dos tempos em que a sobrevivência física era tudo – ela foi projetada para "agir antes de pensar", reação muito útil quando se estava na trajetória de uma lança ou na frente de um mamute enfurecido. O fato é que vivemos no século XXI com cérebros de homens das cavernas. Goleman cita casos de "seqüestros emocionais" (inundações do cérebro com emoções intensas e aparentemente incontroláveis) que podem provocar impulsos assassinos até mesmo em cônjuges de longa data.

Usando a inteligência emocional

A segunda e a terceira partes do livro abordam os elementos da inteligência emocional e sua aplicação à vida real (aos relacionamentos íntimos, ao trabalho e à saúde). Citando Aristóteles, Goleman observa que o problema não está nas emoções em si mesmas, mas em seu uso apropriado em determinadas situações:

> *"Qualquer um pode ficar irado – isso é fácil.*
> *Mas ficar irado com a pessoa certa, no grau certo, na hora certa,*
> *pelo motivo certo e da maneira certa não é nada fácil."*

O desafio de Aristóteles é particularmente importante num mundo tecnologicamente avançado porque faz com que o termo "civilização" volte automaticamente a se referir à natureza do homem e à busca do autocontrole.

O capítulo sobre relacionamentos descreve detalhadamente a neurociência por trás dos mundos feminino e masculino – vale por livros inteiros sobre o tema.

Emoção e moral

Ao estabelecer o vínculo entre vida emocional e ética, Goleman observa que, quando o indivíduo não consegue controlar sua impulsividade, o maior prejudicado é ele mesmo. O controle dos impulsos é a base da vontade e do caráter, diz o autor. Já a compaixão, esse outro marco do caráter, é possibilitada pela capacidade de avaliar o que os outros pensam e sentem. Esses dois elementos são fundamentais para a inteligência emocional e, portanto, atributos básicos da personalidade moral.

A inteligência emocional faz vencedores

Outras grandes qualidades da inteligência emocional são a persistência e a capacidade de motivar-se. Embora não sejam emoções em si mesmas, esses atributos exigem autocontrole e capacidade de colocar as emoções e experiências negativas em seu contexto.

Goleman apresenta o "poder do pensamento positivo" como dado cientificamente comprovado da conquista do sucesso e recorre à pesquisa de Martin Seligman (ver *Aprenda a ser otimista*) para afirmar que uma perspectiva otimista é um indicador clínico decisivo para avaliar o desempenho.

A obsessão pelo QI é um produto do modelo mecanicista de realização do século XX, enquanto a inteligência emocional, com seu foco nas aptidões e nos relacionamentos pessoais empáticos, representa a economia mais fluida e criativa do século XXI.

O mundo do trabalho

O livro de Goleman vem mostrando ter uma significativa influência nos ambientes de trabalho e no mundo dos negócios. Embora dedique um único capítulo à administração, o conceito de inteligência emocional toca num ponto sensível – os trabalhadores irritados ou feridos pelas pobres aptidões emocionais de seus chefes e também de muitos gerentes e supervisores, que começaram a se perguntar o que fazer para melhorar radicalmente o baixo desempenho de seus funcionários. Se você descobre de repente que metade da empresa é emocionalmente idiota, seus padrões inevitavelmente se elevam.

O capítulo intitulado "Quando a inteligência é burra" coloca o QI em seu devido lugar. Como bem sabem as pessoas que já trabalharam em grandes empresas, o ambiente de trabalho pode se transformar num lugar horrível quando vira uma arena de choques de egos, por mais fascinante que seja o produto com que você está envolvido.

Negócios bem-sucedidos são decorrentes da paixão por uma visão ou por um produto. Ainda que o tamanho do ego seja muitas vezes proporcional ao sucesso, as melhores empresas se destacam por sua capacidade de harmonizar a emoção ao manter o foco num produto ou numa visão, não na organização. Essas idéias são mais bem explicadas em seu livro *Inteligência emocional no trabalho.*

Ensinando inteligência emocional

Na parte final do livro, Goleman fala da necessidade de levar as aptidões da inteligência emocional para o currículo escolar – é o conceito de "alfabetização emocional". Munido de fatos e números, ele não tem dificuldade em nos convencer dos altos custos – financeiros e de bem-estar social – de não ensinar às crianças como lidar construtivamente com suas emoções e resolver conflitos.

Comentários finais

Parte da motivação de Goleman para escrever *Inteligência emocional* foi saber que milhões de leitores recorrem a livros de auto-ajuda sem nenhuma base científica. Ele fez questão de mostrar a linha acadêmica de sua tese e as pesquisas impecáveis que a sustentam. Goleman parece conhecer todas as pessoas-chave da área: o especialista em inteligência Howard Gardbner, de Harvard, Joseph LeDoux, da Universidade de Nova York, e Peter Salovey, da Universidade de Yale, pioneiro no uso do conceito de inteligência emocional.

Apesar desses cuidados, *Inteligência emocional* é um livro de auto-ajuda nos moldes clássicos. Destacando a estrutura extraordinariamente maleável do cérebro e nossa capacidade de moldar nossa própria experiência emocional, Goleman defende a tese de que "temperamento não é destino". Segundo ele, não somos prisioneiros de nossos atos mentais e emocionais, ainda que eles pareçam ser partes imutáveis de nossa personalidade.

A mais fascinante implicação de *Inteligência emocional* é o que o aumento em grande escala da consciência e do controle das emoções pode representar em termos de evolução da espécie. Embora acreditemos que o ódio, a raiva, a inveja e sentimentos afins são "apenas humanos", basta pensar nas melhores "cabeças" do século XX – Gandhi, Martin Luther King e Madre Teresa de Calcutá, entre outros – para constatar que neles essas emoções negativas estiveram ausentes. Eles conseguiram expressar sua raiva conforme sugeriu Aristóteles: usando as emoções em vez de ser usado por elas. Que melhor definição de civilidade ou humanidade poderia haver?

Daniel Goleman

Goleman cresceu em Stockton, Califórnia. Seu doutorado em Psicologia em Harvard foi supervisionado por David McClelland, autor de um artigo pioneiro que dizia que os testes de seleção tradicionais (histórico escolar e QI) eram imprecisos para avaliar o desempenho das pessoas e que os candidatos deviam ser testados em um pequeno conjunto de aptidões emocionais e sociais – a inteligência emocional de Goleman.

Durante 12 anos, Goleman escreveu uma coluna sobre ciências cerebrais e comportamentais no New York Times. *Foi também editor da revista* Psychology Today. *Outros de seus livros:* O poder da inteligência emocional, A arte da meditação, Mentiras essenciais, verdades simples, O espírito criativo *(co-autoria),* Equilíbrio mente corpo *e* Trabalhando com a inteligência emocional.

Goleman é atualmente diretor executivo da consultoria Emotional Intelligence Services, que presta serviços a empresas, dentre os quais um "inventário de competência emocional".

Você pode curar sua vida

1984

"Se você quer entender melhor os seus pais, faça-os falar sobre a própria infância; escutando-os com devoção, você saberá de onde vêm seus padrões rígidos e seus temores."

"Muitos me dizem que não se amam porque são gordos ou, como disse uma jovem, 'cheia demais nas laterais'. Eu lhes explico que são gordos porque não se amam. Quando começamos a nos amar e nos aprovar, o peso simplesmente desaparece do nosso corpo."

"Sinta-se grato pelo que tem e você verá como tudo cresce. Eu gosto de abençoar com amor tudo o que há em minha vida no presente momento: minha casa, o aquecimento, a água, o telefone, a mobília, os encanamentos, os eletrodomésticos, as roupas, o transporte, o trabalho, meu dinheiro, meus amigos, minha capacidade de ver e sentir, provar e tocar e caminhar e curtir este planeta incrível."

Em síntese

Você só começará a mudar sua vida quando aprender a se amar de verdade.

Na mesma linha

James Allen, *O homem é aquilo que ele pensa* (p. 118)

Martha Beck, *Finding Your Own North Star* [Descobrindo a sua estrela-guia] (p. 66)

Florence Scovell Shinn, *O jogo da vida e como jogá-lo* (p. 164)

Capítulo 23

Louise Hay

Apesar de sua capa quase infantil – um coração com as cores do arco-íris –, *Você pode curar sua vida* contém uma mensagem de apoio e amor incondicional que conquista a estima de todos. A autora, hoje uma celebridade da literatura de auto-ajuda e dos movimentos de cura holística, atribui o sucesso do livro, que vendeu 3 milhões de exemplares, à sua capacidade de "ajudar as pessoas a mudar sem sentir culpa" e ao fato de transmitir a serenidade de quem passou pelo pior e sobreviveu. O verdadeiro sentido do título só se revela quando lemos, no último capítulo, o relato sem reservas da história pessoal da autora.

A história de Hay

Estuprada por um vizinho aos cinco anos de idade, a mãe de Hay tentou desde cedo dá-la em adoção, mas não conseguiu. Ela continuou a sofrer abusos sexuais até os 15 anos, idade em que fugiu de casa para se tornar garçonete. Um ano depois deu à luz uma menina, que foi adotada.

Hay mudou-se então para Chicago, depois para Nova York, onde se tornou manequim e conheceu um "educado cavalheiro inglês", com quem ficou casada por 14 anos. Depois desse raro período estável, ela conheceu outra pessoa e se divorciou. Ao comparecer a uma reunião da Igreja da Ciência Religiosa, Hay decidiu virar conselheira religiosa: fez um treinamento na Maharishi's International University, em Iowa, e começou a trabalhar como guia de meditação transcendental.

Mais tarde tornou-se ministra e desenvolveu seu próprio serviço de aconselhamento. Escreveu seu primeiro livro, *Cure o seu corpo,* em que analisa as causas metafísicas de doenças corporais. Foi nessa época que descobriu que tinha câncer, do qual se curou com uma combinação de alimentação especial e técnicas mentais.

Depois de muitos anos na costa leste, Hay retornou a Los Angeles e se reuniu à mãe, que morreu em seguida. Hoje com 70 anos, ela é uma das escritoras e conferencistas motivacionais mais conhecidas do mundo, participando de turnês ao lado de autores como Deepak Chopra, Wayne Dyer e James Redfield.

O livro

Você pode curar sua vida é a mensagem de quem lutou para sair da posição de vítima, daí o imenso apelo que exerce particularmente a mulheres com histórias semelhantes. A essência do ensinamento de Hay é o amor que cada um deve ter por si mesmo e a dissipação da culpa, processo que, segundo ela, nos torna mentalmente livres e fisicamente saudáveis.

Todas as mensagens tradicionais da auto-ajuda recebem a devida atenção, dentre elas a ruptura com os pensamentos limitantes, a substituição do medo pela fé, a capacidade de perdoar e o entendimento de que os pensamentos têm o poder de criar experiências. Eis alguns dos principais pontos abordados pela autora:

- As doenças são produtos do nosso estado de espírito. Hay acredita que a incapacidade de perdoar está na origem de todas as doenças.
- A cura exige que se abandone o padrão de pensamento que levou à doença. Raramente o "problema" é a verdadeira questão. As coisas superficiais de que não gostamos em nós mesmos mascaram uma crença profunda que insiste em nos fazer acreditar que não somos "merecedores". Amar autenticamente a si mesmo (não de uma forma narcisística) é a base da cura. O capítulo 15 relaciona quase todas as doenças e seus prováveis "bloqueios" mentais correspondentes. Até os céticos, se abrirem um pouco a mente, acharão a lista notavelmente precisa.
- A estratégia das afirmações positivas diz respeito a recordar e utilizar o poder do verdadeiro eu. Confie, pois, no poder declaratório e manifeste sua vontade, que deve sempre ser positiva e conjugada no presente. Por exemplo: "Estou totalmente saudável" ou "Estou recebendo maravilhosas oportunidades de trabalho". O livro contém um bom número de afirmações para o leitor escolher.
- Seu poder de concentração faz as coisas florescerem, portanto não se concentre nas contas a pagar. Assim, você só arranjará mais contas. Sentir-se grato pelo que você tem torna tudo ainda mais abundante. Conscientize-se da oferta ilimitada do universo – observe a natureza. Seu salário é apenas o caminho da prosperidade, não a fonte.
- Sua segurança não está em seu emprego, em sua conta bancária, em seus investimentos, em seu cônjuge, em seus pais. Sua segurança está em sua ca-

pacidade de se conectar ao poder cósmico que cria todas as coisas. Se você conseguir serenar sua mente e invocar sentimentos de paz ao perceber que não está só, não se sentirá mais inseguro.

- Uma das primeiras coisas que Hay diz às pessoas que a procuram é: "Pare de se criticar!" O verdadeiro amor por você mesmo é um dos principais componentes da cura, mas ele só começa a agir quando você se permite e abre espaço para que isso aconteça.

Comentários finais

Para quem já leu um bom número de livros de desenvolvimento pessoal, *Você pode curar sua vida* talvez não apresente nada de novo, podendo soar até um pouco simplista. Mas sua força está na franqueza, no entusiasmo e na facilidade com que as idéias são compreendidas intuitivamente pelo leitor.

De inspiração holística e forte tom espiritualista, o livro pode ser encaixado no estilo "jornada para a totalidade" do qual Hay foi pioneira. Ela não propõe que se identifiquem os problemas, na verdade nega-lhes qualquer autoridade. Essa perspectiva, que à primeira vista parece ingênua, é, na realidade, filosoficamente rigorosa: insista em seus problemas e eles lhe parecerão insuperáveis; pense em novas possibilidades e elas lhes trarão esperança e motivação.

Milhões de pessoas tiveram vidas tão difíceis quanto Hay, mas nem todas possuem a vontade de deixar seus problemas para trás e o conhecimento de que podem fazê-lo – a privação cria a ilusão de que "isso é tudo o que existe". Sua perseverança não deixou que a dor e os reveses da vida a definissem; na verdade, sua atitude confiante a tirou de vários buracos negros psicológicos. Seu livro tem a credibilidade do fugitivo bem-sucedido.

Louise Hay

Hay trabalhou durante muito tempo com portadores de AIDS, no Hayride Support Group. Em 1988, escreveu A vida em perigo. *Seu primeiro livro foi* Cure seu corpo *e dentre suas obras posteriores estão* Gratidão: um estilo de vida, O poder das afirmações positivas, Aprendendo a gostar de si mesmo *e* O despertar da nova mulher, *além de muitas fitas de áudio e vídeo.*

Dona de uma pequena fazenda que produz alimentos orgânicos, Hay participa de turnês como palestrante e mantém a coluna "Dear Louise" em mais de 30 revistas nos Estados Unidos e em outros países.

Mindfulness: Choice and Control in Everyday Life
(Atenção: escolha e controle na vida cotidiana)

1989

"Ao contrário dos exóticos 'estados alterados de consciência' sobre os quais tanto lemos, a atenção e a desatenção são tão comuns que poucos avaliam sua importância ou fazem uso de seu poder para mudar suas vidas. Este livro trata do preço que pagamos pela desatenção: seus custos físicos e psicológicos. E, mais importante, trata dos benefícios da atenção: mais controle sobre nossas vidas, mais escolhas e capacidade de tornar possível o aparentemente impossível."

"Quando nos comportamos de modo desatento, isto é, quando confiamos em categorias herdadas do passado, os pontos extremos do desenvolvimento parecem fixos. Somos, então, como projéteis movendo-se ao longo de uma trajetória predeterminada. Atentos, vemos todo tipo de escolhas e geramos novos pontos extremos."

Em síntese

Os hábitos mentais embotam a vida.
Recuperando o controle sobre o pensamento, você pode desfrutar uma nova experiência de vida.

Na mesma linha

Dalai-Lama e Howard C. Cutler, *A arte da felicidade* (p. 76)
Dhammapada (p. 82)
Daniel Goleman, *Inteligência emocional* (p. 136)
Martin Seligman, *Aprenda a ser otimista* (p. 170)

Capítulo 24

Ellen J. Langer

Você alguma vez já disse "com licença" para um manequim numa loja ou preencheu um cheque em janeiro com data do ano anterior? Para a maioria, a resposta é provavelmente "sim", mas para a professora de psicologia em Harvard Ellen Langer esses pequenos equívocos representam a ponta do iceberg da desatenção, alvo de sua pesquisa sobre a rigidez mental.

Um dos grandes temas da literatura de auto-ajuda é a necessidade de nos libertarmos de normas e hábitos inconscientemente aceitos – e *Mindfulness: Choice and Control in Everyday Life* (Atenção: escolha e controle na vida cotidiana) mostra exatamente como podemos fazer isso.

Recheado de relatos de experiências fascinantes, o livro atrai especialmente o interesse dos leitores fiéis de clássicos como *Inteligência emocional* e *Aprenda a ser otimista.* Quem ou o que é uma pessoa atenta? Langer sugere as qualidades fundamentais:

- Capacidade de criar novas categorias.
- Mente aberta para novas informações.
- Percepção da existência de mais de uma perspectiva.
- Atenção ao processo (fazer) mais do que ao produto (resultados).
- Confiar na intuição.

Novas categorias

Langer diz que vivemos e experimentamos a realidade de uma forma conceitual. Não vemos as coisas como novidades toda vez que as examinamos; ao contrário, criamos categorias e enquadramos tudo nelas, o que é uma maneira mais conveniente de lidar com o mundo.

As categorizações vão das mais simples – o estilo do móvel (japonês ou manuelino?), o tipo de flor (orquídea ou crisântemo?) ou até mesmo se aquela pessoa era o patrão ou o empregado – às mais complexas, envolvendo religiões, ideologias e sistemas de governo. Cada uma delas nos proporciona um nível de certeza psicológica e nos poupa o esforço de desafiar constantemente nossas próprias crenças.

Dividimos os animais em "de estimação" e "para consumo" de maneira a nos sentirmos bem amando uns e ingerindo outros, por exemplo. A desatenção surge quando não sabemos que as categorias que adotamos são categorias e as aceitamos como nossas sem pensar. Criar novas categorias e reavaliar as antigas exige atenção. Ou, como diz William James:

"Talento... significa pouco mais que a faculdade de perceber de um modo não habitual."

Nova informação

Para Langer, os "compromissos cognitivos prematuros" são como fotografias onde o significado, mais que o movimento, se mantém inalterado. Ao evocar o perigo das imagens falsas, congeladas, a autora nos lembra Miss Havisham, personagem de *Grandes esperanças*, de Dickens, que ainda usava o vestido de casamento com que fora abandonada no altar há muitos anos e que agora caía como uma cortina desbotada sobre o seu corpo envelhecido.

Num plano mais prosaico, a criança que conhece um velho resmungão pode adotar a imagem de que "velhos são resmungões" e levá-la para a vida adulta. Se essa imagem nunca for substituída, o indivíduo ficará prisioneiro de uma falsa percepção que tende a se refletir em sua própria experiência. Ele também se tornará um velho resmungão.

Isso se aplica em vários outros aspectos da nossa vida. Se ficarmos atentos, estaremos menos propensos a usar os "genes" como desculpa para nosso comportamento ou falta de iniciativa. Se nossos pais ou mães nunca ultrapassaram o escalão médio em suas carreiras, isso não significa que não chegaremos à presidência na nossa.

Perspectiva e contexto

A desatenção ocorre quando as pessoas aceitam informações de um modo descontextualizado. A capacidade de transcender, diz Langer, é o traço distintivo da atenção e da criatividade. A própria dor depende muitas vezes do contexto: contundir-se no campo de futebol, por exemplo, dói muito menos do que machucar-se em casa.

A imaginação é a chave que explica a diferença de percepção. Um prisioneiro da famosa prisão da ilha de Alcatraz, que lá ficou por mais de 40 anos, conseguiu enriquecer sua vida cuidando de pássaros feridos. Ficou conhecido como homem-pássaro.

A implicação no nosso desenvolvimento pessoal é clara: podemos suportar qualquer coisa, desde que dentro de um ambiente positivo. Sem uma visão pessoal definida, a vida seria uma seqüência de preocupações e aborrecimentos; com ela, tudo é colocado em perspectiva. Como disse Nietzsche, se você sabe o "porquê", pode suportar qualquer "como".

Processo de orientação

Outra característica-chave das pessoas atenciosas é o foco no processo mais do que no resultado, ou no "fazer em vez de realizar". Olhamos para a descoberta de um cientista e dizemos "É um gênio", como se ele a tivesse realizado da noite para o dia. Com raras exceções, como o grande ano de descobertas de Einstein, a maior parte do sucesso científico resulta de anos de trabalho, que podem ser decompostos em etapas.

Um estudante universitário olha com admiração para o livro do professor e pensa: "Eu nunca vou conseguir escrever algo tão bom", na ilusão de que foi uma inteligência superior e não o resultado de anos de estudo e trabalho que deu à luz o pesado volume. Esse tipo de comparação é um grande equívoco. O recomendável é perguntar "Como posso fazê-lo?", em vez de "Será que eu consigo?". Desse modo não só aguçamos nosso julgamento como nos sentimos muito melhor a respeito de nós mesmos.

Intuição

A intuição é um importante caminho para a atenção, porque seu uso exige que rejeitemos velhos hábitos e expectativas para experimentar coisas que talvez contrariem a razão. Os melhores cientistas trabalham de forma intuitiva e passam anos validando metodicamente a verdade que lhes aparece num lampejo.

O que mais impressiona na concentração e na intuição é que elas quase não exigem nenhum esforço: "Ambas são alcançadas fugindo-se do esforço pesado e rotineiro da maior parte da vida." A intuição nos traz informações valiosas sobre nossa sobrevivência e o sucesso, não sabemos explicar de onde ela vem e pagamos caro se a ignorarmos. A pessoa atenta segue o que dá certo, mesmo que não faça sentido.

Comentários finais

Na essência, ter atenção é uma questão de preservar nossa individualidade. Escolhendo uma mentalidade de recursos limitados, optando por focar nos resultados em lugar do processo e nos comparando a outras pessoas, acabamos virando quase robôs – afinal, as marcas do verdadeiro indivíduo são estar aberto para o novo, reavaliar continuamente o significado do conhecimento e da experiência e saber colocar suas ações diárias numa perspectiva mais ampla e conscientemente escolhida.

Langer reconhece que há paralelos com o orientalismo religioso em sua obra, como o entendimento budista da meditação como busca de um estado de atenção que leve à "ação correta". Ela supõe que a atenção pode causar o mesmo efeito, com importantes implicações para a saúde não apenas do indivíduo como da sociedade.

A beleza desse sentimento é que ele não é trabalhoso; na verdade, por levar a um maior controle sobre o pensamento. Ele é "estimulante", ou seja, cria uma emoção silenciosa a partir do que é possível.

Embora suas idéias pareçam difíceis, *Mindfulness: Choice and Control in Everyday Life* foi escrito visando ao público geral. Apesar de menos direto que a maioria dos livros de auto-ajuda, suas idéias tendem a se fixar com facilidade em nossa mente.

Ellen Langer

Langer é bacharel em Psicologia pela Universidade de Nova York (1970), com mestrado pela Universidade de Yale (1974). Como professora de Psicologia de Harvard, produziu vários trabalhos acadêmicos, artigos e capítulos em coletâneas publicadas.

Mindfulness: Choice and Control in Everyday Life *(Atenção: escolha e controle na vida cotidiana) é o resultado de mais de 50 experiências, a maioria com pessoas idosas. Essas pesquisas levaram Langer a acreditar que a proteção das residências para idosos leva a uma menor autonomia e responsabilidade, o que acelera o envelhecimento. Seu livro foi traduzido para 13 idiomas e teve 10 edições.*

Outras obras populares de Langer são: On Becoming an Artist *(Transformando-se em artista),* The Psychology of Control *(A psicologia do controle) e* The Power of Mindful Learning *(O poder do aprendizado da atenção). Ela redigiu o verbete Consciência/Inconsciência da* Enciclopédia de psicologia.

Langer mora em Massachusetts.

O poder do subconsciente

1963

"O resultado do processo afirmativo da oração depende de você se amoldar aos princípios da vida, independentemente das aparências. Pense por um momento que existe um princípio da matemática, mas não do erro; um princípio da verdade, mas não da desonestidade; um princípio da inteligência, mas não da ignorância; um princípio da harmonia, mas não da discórdia; um princípio da saúde, mas não da doença; e um princípio da abundância, mas não da pobreza."

"Tudo o que está gravado em seu subconsciente se expressa no cenário espacial. Essa verdade foi proclamada por Moisés, Buda, Zoroastro, Lao Tsé e pelos videntes iluminados de todas as épocas. O que quer que você sinta como verdade se expressa em condições, experiências e acontecimentos. Assim no céu (sua própria mente) como na terra (seu corpo ou ambiente). Essa é a grande lei da vida."

Em síntese

Entendendo o funcionamento do subconsciente, pode-se aprender a transformar os sonhos em realidade.

Na mesma linha

Shakti Gawain, *Visualização criativa* (p. 44)
Florence Scovell Shinn, *O jogo da vida e como jogá-lo* (p. 164)

Capítulo 25

Joseph Murphy

O Dr. Joseph Murphy passou boa parte da vida estudando religiões orientais e era especialista em *I-Ching,* o livro chinês das adivinhações cuja origem se perde na história. Durante 28 anos foi pastor na seção de Los Angeles da Igreja da Divina Ciência, que promove uma espiritualidade livre dos credos e dogmas religiosos comuns. Ele acreditava ter descoberto segredos a respeito do subconsciente que estavam muito além do tempo e da cultura.

Como funciona o subconsciente

Murphy via o subconsciente como uma sala escura dentro da qual desenvolvemos as imagens que devem ser vividas na vida real. O consciente vê um acontecimento, o fotografa e o recorda, ao passo que o subconsciente funciona por antecipação, isto é, vê uma coisa antes de ela acontecer (razão pela qual a intuição é infalível).

O subconsciente responde ao hábito e ao pensamento rotineiro. Totalmente neutro no sentido moral, ele tem flexibilidade para aceitar qualquer hábito – bom ou mau – como "normal". Nós permitimos a entrada de pensamentos negativos em nosso subconsciente, mas não deixamos de nos surpreender com o fato de eles encontrarem expressão nas experiências e nos relacionamentos do dia-a-dia.

Raramente nos acontecem coisas que escapam ao nosso controle. A maior parte do mal já está em nós, esperando apenas uma oportunidade para vir à tona. Apesar dessa dura realidade, o conhecimento do subconsciente também promove uma quebra de paradigma: significa que podemos nos reinventar simplesmente controlando os pensamentos e as imagens que os alimentam. Isso faz do livro de Murphy um instrumento de libertação.

Entender o subconsciente como um mecanismo fotográfico faz com que as mudanças na sua vida deixem de depender da emoção e do esforço e passem a ser feitas com naturalidade, bastando para isso substituir as imagens mentais existentes por outras.

Fé tranqüila = resultados

O subconsciente funciona de forma muito diferente. Ele não pode ser coagido e responde melhor quando seu trabalho de transformação é feito com facilidade. O esforço funciona bem com as tarefas dadas ao consciente, mas pode fazer fracassar sua cara-metade subterrânea: ele sugere ao subconsciente que há muita oposição ao que se deseja que seja feito.

A eficácia com que o subconsciente consegue as coisas aumenta de acordo com a emoção. Se para excitar a mente racional, consciente, basta uma idéia ou um pensamento, o subconsciente gosta de "dramatizar" as coisas. Quando o pensamento se transforma em sentimento e a imaginação em desejo, o subconsciente lhe dá o que você deseja com rapidez e abundância.

Murphy considera, no entanto, menos importante saber como funciona o subconsciente do que desenvolver a fé que está ao seu alcance. William James, o pai da psicologia norte-americana, acreditava que a maior descoberta do século XIX fora o poder combinado de subconsciente e fé.

A idéia de que se pode mudar a vida mudando a paisagem da própria mente podia não aparecer nos livros de história junto com a descoberta dos novos continentes, da eletricidade e da máquina a vapor, mas todas as mentes excepcionais já o sabiam.

Acreditando que é assim

"A lei da nossa mente é a lei da crença", observou Murphy. Aquilo em que acreditamos nos torna aquilo que somos. William James observou que tudo o que as pessoas querem que seja verdade será, independentemente do objeto de sua crença existir ou não.

No Ocidente fizemos da "verdade" o nosso mais elevado valor. Embora importante, trata-se de uma motivação frágil se comparada ao poder real da fé na construção de nossas vidas. Tudo o que o seu subconsciente apreender – falso ou verdadeiro, bom ou mau – será registrado. Por isso, não brinque com a infelicidade, porque o subconsciente não tem nenhum senso de humor.

Uma pessoa mentalmente perturbada e uma saudável compartilham o mesmo poder de crença – a sã difere da insana apenas por conservar a objetividade de sua crença. Quando um interno de um sanatório diz que é Elvis Presley, não está "inventando", ele sabe que é Elvis. Devemos usar esse poder para fins construtivos – o segredo é escolher "saber" algo que parece impossível, mas que pode ser uma representação de nossos desejos mais sinceros (como ser um cônjuge perfeito ou um gênio nos negócios, por exemplo).

Saúde e prosperidade

Nos rituais antigos, com suas estranhas poções e sortilégios, era o poder subconsciente da sugestão e da aceitação que curava. Mesmo hoje os médicos relatam como os placebos produzem curas milagrosas quando acompanhados de instruções indiscutíveis de que "vai dar certo".

Os milagres curativos acontecem, diz Murphy, porque, quando a natureza inquisitiva do consciente é silenciada, o corpo acompanha o saber do subconsciente a respeito da "saúde perfeita". Outro aspecto da cura mental é a premissa de que nossas mentes fazem parte de algo maior (como supunha Emerson), uma espécie de "inteligência infinita".

É isso que permite a cura de pessoas que sequer estão fisicamente próximas. A mera visualização delas recebendo toda a saúde, energia e amor do universo aumenta a força vital das células, limpando-as e revigorando-as.

Assim como existe um princípio de saúde e harmonia, existe também um princípio de abundância no universo. As pessoas que o conhecem não sofrerão nenhum colapso nervoso se sua conta bancária entrar no vermelho ou seu negócio for para o buraco. Elas entenderão que se trata de uma mensagem para que entrem em sintonia com o fato de que o universo é próspero.

O "sentimento de riqueza" produz a realidade da riqueza. O subconsciente entende e segue a idéia de que pequenos depósitos de pensamentos feitos regularmente ao longo do tempo produzem uma ampla abundância mental.

Murphy mostra ao leitor exatamente como enviar ao subconsciente os sinais corretos para garantir que imagens de abundância se manifestem no mundo real.

Nossas orações quase sempre são vãs

Vivemos num universo de lei e ordem, escreve Murphy, portanto não há nada de "místico" em obter respostas às nossas orações. Será? Na opinião do autor, ter as preces respondidas é um processo não mais misterioso do que a construção de um edifício. A pessoa que conhece o funcionamento do subconsciente há de saber rezar "cientificamente".

As orações geralmente consistem em declarações e apelos sinceros a Deus, seguidas da atitude de "esperar pelo melhor". Como estão marcadas pela dúvida, é lógico que terão pouca força. A grande ironia da oração convencional (aquela que implora, deseja, espera) é que ela não envolve nenhuma fé. A verdadeira fé é simples: basta saber que algo *está* acontecendo e *está* sendo providenciado no tempo presente.

Quando feita em agradecimento por algum auxílio recebido (ou ainda por se materializar), a oração deixa de ser um ritual místico que esperamos que Deus perceba para se tornar um processo de co-criação com fins definidos.

Comentários finais

O poder do subconsciente procura se manter livre de envolvimentos com cultura ou religião. É ligeiramente repetitivo, o que já se mostra na recomendação do autor de que para se obter um melhor resultado deve-se lê-lo pelo menos duas vezes.

A primeira metade, que explica o funcionamento do subconsciente, é a melhor. A segunda trata de seu papel e poder de transformação em áreas como o casamento, relações humanas, descobertas científicas, sono, medo, perdão e "juventude eterna".

Ainda que isso possa parecer um tanto "peculiar" para algumas pessoas, muitos dizem que suas vidas nunca mais foram as mesmas depois de ler esse livro. O que Murphy nos faz perceber é que, se nos recusarmos a entender quão poderosa é a parte irracional da nossa mente, nossos desejos e planos racionais serão eternamente sabotados.

Joseph Murphy

Murphy sempre recusou pedidos de entrevistas para biografias e perfis alegando que sua vida está em seus livros. Dentre os mais de 30 que escreveu estão: A força do poder cósmico do universo, O milagre da dinâmica da mente, Segredos do I-Ching, O poder curativo do amor *e* Sua força interior.

Murphy foi influenciado por Ernest Holmes e Emmet Fox, conhecidos autores que tratam dos princípios do "Novo Pensamento", mas a base de sua formação acadêmica são as religiões orientais. Passou muitos anos na Índia, chegando a trabalhar como pesquisador associado da Universidade da Índia.

O poder do pensamento positivo

1952

"A fé é a única força contra a qual o medo nada pode. Dia a dia, à medida que você enche de fé a sua mente, não restará nela espaço para o medo. Este é o grande fato que ninguém deve esquecer. Domine a fé e você dominará automaticamente o medo."

"Houve um tempo em que eu concordei com a idéia tola de que não existe relação entre fé e prosperidade; de que quem falava de religião não devia associá-la a realizações, pois ela só tem a ver com a ética, a moral e os valores sociais. Hoje, porém, eu percebo que esse ponto de vista limita o poder de Deus e o desenvolvimento do indivíduo. A religião ensina que existe um tremendo poder no universo e que esse poder pode habitar a personalidade. É um poder capaz de implodir qualquer revés e elevar a pessoa acima de todas as situações difíceis."

Em síntese

Tendo fé, você pode realizar qualquer coisa.

Na mesma linha

Florence Scovell Shinn, *O jogo da vida e como jogá-lo* (p. 164)

Capítulo 26

Norman Vincent Peale

Não fosse a insistência da esposa de Peale, *O poder do pensamento positivo,* um dos maiores sucessos de vendas de todos os tempos, talvez nunca tivesse sido publicado. Ele tinha mais de 50 anos de idade quando o escreveu e só conseguiu reunir um monte de bilhetes de recusa quando tentou achar um editor. Desalentado, atirara o manuscrito no lixo e proibira a esposa de resgatá-lo. Ela o interpretou ao pé da letra, levando a própria lixeira para aquele que veio a ser o seu bem-sucedido editor. Desde então o livro vendeu cerca de 20 milhões de exemplares em 42 idiomas e se tornou, ao lado de *Como fazer amigos e influenciar pessoas,* um dos clássicos da auto-ajuda do século XX.

A percepção

Se o associássemos a um personagem da TV, o livro de Peale seria Ned Flanders, de *Os Simpsons*, o pai cristão que sempre tem uma palavra de ânimo para seu vizinho Homer Simpson. Através de Homer, nós vemos o mundo como ele "realmente" é – através de Ned Flanders, o vemos tal como ele é percebido por aqueles que estão sempre querendo fazer o bem.

O ponto de vista do livro foi associado à figura de Poliana, que não vê nem ouve nenhum mal e acredita que um sorriso feliz pode superar todos os obstáculos. Como o famoso mantra do pensamento positivo de Emile Coué: "Todos os dias, de todas as formas, estou cada vez melhor."

Stephen Covey, autor de *Os 7 hábitos das pessoas altamente eficazes,* no entanto, critica o pensamento positivo dizendo que antes de adotarmos justificadamente uma disposição de espírito favorável, temos de admitir que as coisas não estão o.k. e assumir a responsabilidade. Do contrário, estaremos camuflando a realidade.

A realidade

Ao abrirmos o livro de Peale, lemos:

"Este livro foi escrito com uma profunda preocupação pela dor, pela dificuldade e pela luta da existência humana."

O autor prossegue dizendo:

"Ele ensina o pensamento positivo não como um meio de alcançar fama, riqueza e poder, mas como aplicação prática da fé para superar a derrota e realizar valores criativos meritórios na vida."

Não são idéias de alguém que tem uma visão pouco realista da vida. Em seu trabalho como pastor, Peale via muita infelicidade na cidade de Nova York, mas não se contentava com seu sermão semanal; queria provocar mudanças reais na vida das pessoas. Ao longo dos anos, ele criou um "sistema simples de técnicas práticas e eficazes para uma vida bem-sucedida". E tal como Carnegie e *Como fazer amigos e influenciar pessoas*, Peale transformou essas idéias num curso muito antes de sintetizá-las num livro.

A fonte do pensamento positivo

Para Peale não existe fonte maior de poder e orientação pessoal do que a *Bíblia*. As citações bíblicas são a espinha dorsal do livro (há também frases de Emerson, William James e Marco Aurélio), cujo poder talvez resida em sua sabedoria atemporal. Quando o autor destaca frases como as que se seguem, é difícil discordar de sua convicção:

"Se Deus está por nós, quem pode estar contra nós?" (Romanos 8:31)
"Tudo é possível para aquele que acredita." (Marcos 9:23)
"Que seja feito de acordo com sua fé." (Mateus 9:29)

Seu tema é: não precisamos depender de nós mesmos. São fantásticas as fontes de poder que possuímos, basta acreditar em sua existência. Nós tornamos a vida dura, mas se fôssemos capazes de apreciar tudo o que o universo tem a nos oferecer e todo o bem que ele nos proporcionar, acharíamos a vida tranqüila e abundante. Ela nos parece difícil porque só acreditamos em nós mesmos.

Esse é, aliás, o grande segredo da auto-ajuda expresso pelo livro, que traz algumas histórias incrivelmente tocantes que mostram que nossas dificuldades não são permanentes. Para obter paz e poder, temos de estar dispostos a ir além dos interesses pessoais até alcançar algo maior do que nós mesmos.

Veja o resumo de alguns capítulos, com exemplos de seu conteúdo.

"Como ter energia constante"

Peale revela a fonte secreta de onde brota o vigor de todas as pessoas extraordinárias que conheceu: a sintonia com o infinito. Saber que o que se faz é apoiado por algo maior e serve a um fim divino constitui uma fonte de energia sempre renovável. Trabalhar apenas em benefício próprio conduz à exaustão.

"Experimente o poder da oração"

A prece é algo diferente do que você talvez pense que é – um momento para dizer o que se passa na sua mente, na linguagem que quiser. Em vez de fazer pedidos, agradeça de antemão o que deseja, deixe a graça nas mãos de Deus e visualize o resultado favorável. A fórmula de Peale é: "Reze, imagine, realize." E surpreenda-se com a sua eficácia.

"Espere o melhor e obtenha-o"

Criaturas amedrontadas que somos, temos a tendência de esperar sempre o pior. Mas a expectativa do melhor tem a capacidade de reunir forças a nosso favor. Ficamos menos propensos a nos resguardar. O subconsciente, que regula muitas de nossas ações, apenas reflete nossas crenças. Basta alterar sua crença sobre determinado resultado e suas ações parecerão feitas sob medida para realizá-lo. A frase de Peale é: "A dúvida bloqueia o fluxo de energia. A fé o libera."

"Novos pensamentos podem fazer uma nova pessoa"

Use somente linguagem positiva por um período de 24 horas e volte a ser "realista" no dia seguinte. Repita o procedimento durante uma semana e você verá que o que até então considerava realista agora parece pessimista. Descubra que "a dificuldade é só mental". Com certeza seu novo entendimento do que é realista passará a um nível mais elevado e permanentemente positivo.

Comentários finais

Para apreciar verdadeiramente *O poder do pensamento positivo*, você precisa entender o contexto em que o livro foi lançado. Peale veio de uma família modesta do Meio-Oeste americano e acreditava estar escrevendo "para as pessoas comuns deste mundo".

Seus princípios podem ser facilmente transportados dos anos 1950 e aplicados hoje. Embora contenha coisas como "orações para vendedores", o livro não tem truques de marketing pessoal. Muito pelo contrário. Ele é uma boa caixa de ferramentas para desbaratar o cinismo e a impotência e vai além da miscelânea moral entre o capitalismo e o cristianismo.

Peale acredita que a moral elevada simboliza a realização do potencial individual: "desistir" é negar a si próprio todas as recompensas espirituais e materiais que são suas de pleno direito.

Se você está se sentindo "pra baixo", o livro de Peale tem uma lógica incontestável para acabar com suas dúvidas e levantar o seu astral.

Norman Vincent Peale

Peale nasceu em Bowersville, Ohio, em 1898. Depois de se formar pela Universidade Wesleyana de Ohio e de trabalhar no Detroit Journal, *resolveu estudar teologia na Universidade de Boston. Ordenado pastor, em pouco tempo se tornou um pregador popular, capaz de multiplicar por 10 o tamanho das congregações. Durante sua passagem pela University Methodist Church, em Syracuse, Nova York, conheceu e casou com Ruth Stafford, sua companheira de toda a vida.*

Aos 34 anos, Peale se transferiu para a Marble Collegiate Church, na cidade de Nova York, onde permaneceu durante a grande depressão e a Segunda Guerra Mundial, até o início da década de 1980. Seus sermões eram tão famosos que chegavam a atrair turistas. Na década de 1930, começou a fazer o programa de rádio A arte de viver, *que foi ao ar durante 54 anos, e abriu uma clínica de psicoterapia cristã com o psiquiatra Smiley Blanton. Em 1945 fundou a revista* Guideposts, *que é popular até hoje. Politicamente conservador, viajou ao Vietnã a pedido do presidente Nixon e recebeu de Ronald Reagan a Medalha Presidencial da Liberdade.*

Aos 90 anos, Peale ainda dava cerca de 100 palestras por ano. Morreu na noite de Natal de 1993, com 95 anos. O Peale Center, em Nova York, dá continuidade ao seu trabalho. A vida de Peale foi narrada por Carol V. R. George em God's Salesman: Norman Vincent Peale and the Power of Positive Thinking *(O vendedor de Deus: Norman Vincent Peale e o poder do pensamento positivo).*

O jogo da vida e como jogá-lo

1925

"A maioria das pessoas vê a vida como uma batalha,
mas ela não é uma batalha, é um jogo."

"A mente superconsciente é a mente de Deus dentro de cada homem, o reino das idéias perfeitas. Nela está o 'padrão perfeito' de que falava Platão, o desígnio divino para cada pessoa."

"A pessoa que conhece o poder da palavra se torna muito cuidadosa em seus diálogos. Basta observar as reações às suas palavras para saber que elas não 'caíram no vazio'. Por meio da palavra, o homem está sempre fazendo suas próprias leis."

"O plano de Deus para cada homem transcende a limitação da mente racional e é sempre o quadrado da vida, que consiste em saúde, riqueza, amor e poder. Muitos homens constroem cabanas imaginárias para eles mesmos quando deveriam construir palácios."

Em síntese

Quando pensamos na vida como um jogo, nos motivamos a aprender e a aplicar as regras da nossa felicidade.

Na mesma linha

Deepak Chopra, *As sete leis espirituais do sucesso* (p. 22)
Shakti Gawain, *Visualização criativa* (p. 44)
Joseph Murphy, *O poder do subconsciente* (p. 152)

Capítulo 27

Florence Scovell Shinn

Talvez você considere a vida uma batalha: sua força e sua vontade contra o resto do mundo ou, alternativamente, o esforço e a luta incessantes para vencer. Mas, se você pudesse vê-la como um jogo, se preocuparia menos com os resultados e mais com as regras e leis que podem levá-lo ao sucesso. Esse é o caminho menos complicado e que lhe proporciona mais tempo para se surpreender com o mundo. Adotando-o, você opta pela fé, não pelo medo. Essas regras podem ser encontradas no Velho e no Novo Testamento.

No entanto, boa parte do que Florence Scovell Shinn apresenta em *O jogo da vida e como jogá-lo*, como as leis da não-resistência, o *karma* e o perdão, provém dos livros sagrados orientais. De fato, o objetivo explícito de seu livro é universal: todo indivíduo pode alcançar o "quadrado da vida" – saúde, riqueza, amor e poder de expressão –, bastando para isso sintonizar-se com os princípios imutáveis que levam ao completo bem-estar, nosso "direito divino". Vejamos alguns de seus princípios:

O propósito divino

Alguma vez já passou pela sua mente uma noção do que você poderia atingir ou da pessoa que poderia ser? É como receber do universo um flash de seu "propósito divino" mostrando que essa imagem já está dentro do seu coração. Platão chamava esse projeto de "padrão perfeito", o lugar que cabe a você e a ninguém mais preencher.

Não seja como a maioria das pessoas. Concentre-se em buscar coisas que realmente têm ligação com o seu verdadeiro eu e que só o deixarão insatisfeito se não conseguir alcançá-las. Peça uma mensagem ou um sinal que lhe aponte o seu "propósito divino" e ele lhe será revelado. Não tema se não acontecer exatamente da forma que você imaginou – ele com toda a certeza atenderá aos seus mais profundos anseios.

Direito divino e seleção

Só devemos pedir alguma coisa se for por "direito divino". Uma mulher estava perdidamente apaixonada por um homem que aparentemente não a tratava muito bem. Scovell Shinn a fez repetir para si mesma: "Se ele tiver sido selecionado por Deus para mim, será meu. Se não, não hei de querê-lo de forma alguma." Resultado: ela se apaixonou por um outro homem, mais afinado com seus ideais, e logo esqueceu o primeiro.

Outra mulher ambicionava morar na casa de um conhecido. Assim que ele morreu, ela se mudou para a tal casa, mas seu marido faleceu logo depois e a casa se transformou num elefante branco. Foi o efeito cármico de uma necessidade não colocada primeiramente ante Deus. É bom ter sonhos, mas melhor ainda que procuremos o que é nosso por "direito divino", pois quando o recebermos não haverá dúvida de que nos pertence.

Não-resistência

Ter habilidade para jogar o jogo da vida com sucesso depende de aprender a fazer o que funciona, em vez de lutar por coisas de que não gostamos. No livro *O jogo da vida e como jogá-lo* há comentários sobre o tipo de discernimento que todos reconhecemos intuitivamente.

"Quanto mais o homem resiste a uma situação, mais a terá com ele.
E, se fugir, ela irá atrás."

Uma simples mudança de perspectiva – ter fé em resultados positivos em vez do esforço e da luta incessantes para vencer – muda tudo: você consegue tudo o que quer e provavelmente muito depressa, se não duvidar disso. E pode "desejar sem se preocupar", isto é, com a certeza de que seus desejos serão satisfeitos.

Ter medo é "pecar", vai contra a natureza, ao passo que a fé é verdadeira e consistente, aquilo que a infinita inteligência de Deus exige de nós em troca de atender aos nossos desejos. A crença promove uma conexão entre você e o universo, expande suas pegadas cósmicas, enquanto o medo pode apenas fazê-lo encolher-se.

Envie continuamente mensagens de bênção e boa vontade aos seus entes queridos, aos seus colegas de trabalho, ao seu país. Isso lhe proporciona um profundo sentimento de paz e o "protege" do mal e da ira.

A fé vence o medo

"Entregue os seus problemas ao Senhor." A *Bíblia* diz reiteradamente que a batalha não é da humanidade, mas de Deus. Tudo o que precisamos é aprender a deixar que Deus ou a mente hiperconsciente trabalhe internamente. Essa determinação guarda uma espantosa semelhança com o provérbio do *Tao Te Ching* segundo o qual, se estamos sintonizados com o *tao* (ou Deus, ou inteligência universal), não precisamos nos preocupar nem temer. A tranqüilidade permite ver o que precisa ser feito, se é que há algo a ser feito.

No mundo de Scovell Shinn, "o homem que carrega um fardo infringe a lei". É de fato errado afligir-se e deixar-se abater, porque viver dessa forma significa viver uma falsa realidade que pode atrair desgraças e doenças. Uma vez livres do fardo, somos novamente capazes de enxergar com clareza e lembrar que devemos viver com fé, não com medo.

Amor verdadeiro

Certa vez, uma mulher desesperada procurou a autora para contar que o homem que amava a deixara por outra dizendo que casar nunca fora a sua intenção. Ela não gostou do conselho que recebeu: "Você não está amando esse homem, você o está odiando. Dê a ele o que você tem de melhor, ame-o de forma incondicional e o abençoe onde quer que ele esteja."

No início nada mudou, mas um dia ela começou a pensar nele de forma mais amorosa. Ele era capitão de um navio e ela sempre o chamava de "Cap". Então ela começou a dizer: "Deus abençoe Cap, onde quer que ele esteja."

Tempos depois, uma carta chegou à mesa de Scovell: no momento em que a mulher parou de sofrer, o homem voltou e os dois se casaram. Moral da história: o maior aprendizado foi sobre os benefícios do amor altruísta, uma característica que devemos adquirir para vencer no jogo da vida.

O poder das palavras

Quem não conhece o poder das palavras "está por fora". Todos nós temos um diálogo interno permanente e nunca percebemos como ele afeta, para o bem ou para o mal, nossa maneira de viver. Tudo o que dizemos cai na página em branco do nosso subconsciente como "fato". Portanto, precisamos ter o máximo cuidado com nossos discursos interno e externo.

Sempre que a procuram pedindo ajuda, Scovell recomenda repetir determinadas afirmações relacionadas à situação em questão até que o "desejo" da pessoa se manifeste. E faz citações bíblicas, como o versículo 18:21: "A vida e a morte estão no poder da palavra."

Mesmo quando se trata de um "desejo" prático – a necessidade de arranjar US$ 3 mil para pagar uma dívida ou uma hipoteca para não ter de dormir na rua –, ela usa o ditado "Deus é meu provedor" e aconselha as pessoas a pararem de se afligir e de se preocupar, sempre repetindo a seguinte frase: "O espírito nunca está atrasado. Dou graças por ter recebido o dinheiro no plano invisível e por saber que ele se manifestará no devido tempo."

Uma mulher que estava devendo uma alta quantia recebeu a visita de um parente que, ao se despedir, lhe perguntou: "A propósito, como você anda de dinheiro?" Ela respondeu que tinha uma dívida que vencia no dia seguinte e que não tinha meios de pagá-la. O pagamento foi feito no outro dia.

Scovell salienta que não basta dizer as palavras certas e ter fé: é preciso demonstrar ao nosso subconsciente que estamos seriamente empenhados em receber. "A pessoa deve se preparar para receber aquilo que pediu quando não há nenhum sinal à vista." Abra uma conta bancária, compre a mobília, desengavete a capa de chuva mesmo que não haja nenhuma nuvem no céu – ou seja, aja "como se" estivesse abrindo caminho para o momento do ganho. Saber que "o sentimento da opulência deve preceder sua manifestação" reforçará a idéia de que Deus é seu provedor.

Comentários finais

Para usar uma frase da autora, *O jogo da vida e como jogá-lo* "louva a divindade" que há em cada um de nós e tem o dom de nos devolver o senso de direção e confiança. Embora cheio de referências religiosas, esse pequeno livro escrito em Nova York na década de 1920 desfruta hoje um status especial no âmbito da auto-ajuda.

Os casos descritos podem ser datados, mas sua sabedoria é atemporal: eles exercem um efeito calmante que nos trazem à memória os princípios corretos. Mantenha a mente aberta durante a leitura. Isso vai ampliar suas percepções e as afirmações que você fizer podem vir a ter um efeito extraordinário.

Florence Scovell Shinn

Artista plástica e ilustradora de livros, Scovell Shinn também ensinou metafísica em Nova York durante muitos anos. Seu estilo e seu humor mundanos eram admirados por muitas pessoas que de outra forma não se disporiam a ouvir seus conselhos espirituais. Scovell escreveu vários livros, mas O jogo da vida e como jogá-lo *é a sua obra-prima.*

Aprenda a ser otimista

1991

"Precisamos examinar melhor a visão tradicional da realização, assim como da depressão. Nossas empresas e escolas funcionam com base na suposição convencional de que o sucesso resulta de uma combinação de talento e desejo. Os fracassos ocorrem por falta talento ou de desejo. Mas o fracasso também pode ocorrer quando o talento e o desejo estão abundantemente presentes, mas falta otimismo."

"O fato de ser comum nos deixarmos derrubar pelos problemas não significa que isso seja aceitável ou que a vida tenha de ser assim. Usando um outro estilo explanatório você estará mais bem equipado para lidar com os momentos difíceis e evitar que eles o levem à depressão."

"O que queremos não é otimismo cego, mas otimismo flexível e de olhos abertos. Temos de ser capazes de usar, quando necessário, o agudo senso de realidade do pessimismo, mas sem sermos obrigados a nos perder em suas sombras."

Em síntese

Cultivar um estado de espírito otimista aumenta significativamente suas chances de obter saúde, riqueza e felicidade.

Na mesma linha

David D. Burns, *Feeling Good* [Sentir-se bem] (p. 130)
Mihaly Csikszentmihalyi, *A psicologia da felicidade* (p. 70)
Daniel Goleman, *Inteligência emocional* (p. 136)

Capítulo 28

Martin Seligman

Martin Seligman é um especialista em psicologia cognitiva que passou muitos anos testando clinicamente a idéia da "vitimização adquirida". Suas experiências com eletrochoques suaves em cães provaram que os animais desistiam de tentar fugir ao acreditar que, não importa o que fizessem, continuariam levando choques.

Outro pesquisador testou o mesmo princípio em pessoas, usando ruídos em lugar de choques, e descobriu que o sentimento de vitimização pode ser construído na mente humana com igual facilidade. Havia, contudo, uma anomalia nessas experiências: assim como os cães, um entre três voluntários humanos não "desistia" e ficava tentando apertar botões num painel na tentativa de fazer cessar o ruído. O que tornava esses voluntários diferentes dos outros?

Seligman aplicou essa pergunta a outras situações do dia-a-dia: o que faz uma pessoa manter a atitude positiva depois de ser rejeitada pelo amante e outra seguir em frente quando o trabalho de toda a sua vida deu em nada? Ele descobriu que algumas pessoas têm a capacidade de dar a volta por cima depois de uma derrota aparente e que isso não é, como gostamos de dizer sentimentalmente, um "triunfo da vontade humana".

Longe de possuir uma característica inata de grandeza, esse grupo desenvolveu um modo de explicar as coisas que não vê a derrota como algo permanente ou capaz de afetar seus valores básicos. Tampouco essa capacidade é algo que "ou temos ou não temos" – o otimismo envolve um conjunto de aptidões que podem ser adquiridas.

O estilo positivo de explicação

Pessoas pessimistas tendem a achar que todo e qualquer infortúnio é culpa sua. Para elas, a causa de um fato desfavorável específico ou de uma infelicidade generalizada é permanente – coisas como idiotice, falta de talento, feiúra, etc. – e por isso elas nem tentam mudar.

Poucos são os totalmente pessimistas, mas a maioria das pessoas já teve reações negativas em acontecimentos passados. Nos livros de psicologia, essas reações aparecem como "normais", mas Seligman diz que as coisas não têm de ser assim; que há uma outra forma de explicar os próprios reveses (o "estilo explanatório") e com isso impedir que as crises acabem gerando episódios de depressão.

Mesmo sendo um pessimista moderado, você não conseguirá ter sucesso em qualquer área – no trabalho, nos relacionamentos, na saúde, etc. É o que mostra o trabalho pioneiro realizado por Seligman para a MetLife, uma companhia de seguros de vida – um dos segmentos mais difíceis do ramo de vendas, um verdadeiro demolidor de ânimo.

Seligman sugeriu que, em vez gastar milhões de dólares para treinar seus vendedores, a empresa usasse o procedimento usual (currículo profissional, etc.) na contratação de sua equipe. O objetivo era diminuir a rotatividade de pessoal. Valorizando os candidatos que demonstrassem um bom desempenho nos quesitos otimismo e estilo explanatório, a empresa conseguiu em um ano um desempenho 20% melhor, aumentando para 57% a redução da rotatividade em dois anos. Os vendedores demonstraram claramente que tinham mais capacidade de lidar com a enorme rejeição que caracteriza a área de seguros e que levava os outros a desistirem.

Otimismo e sucesso

O pensamento convencional é que o sucesso leva ao otimismo, mas a evidência estabelecida por Seligman mostra exatamente o contrário. Quando aplicado repetidamente, o otimismo tende a gerar sucesso, como demonstrou a experiência com os vendedores de seguros de vida. No exato ponto em que o pessimista desanimaria, o otimista persevera e supera a barreira invisível.

Não ultrapassar essa barreira é muitas vezes interpretado como preguiça ou falta de talento. Mas o autor descobriu que as pessoas que desistem com facilidade nunca contestam sua própria visão de fracasso ou desmerecimento. Aqueles que regularmente "pulam o muro" escutam seu diálogo interno e debatem com seus próprios pensamentos limitantes, logo encontrando motivos positivos para a rejeição.

O valor do pessimismo

Aprenda a ser otimista admite, contudo, que há uma área em que os pessimistas são insuperáveis: a capacidade de ver uma situação com precisão. Algumas profissões (controle contábil e engenharia de segurança, por exemplo) e empresas em geral podem se beneficiar com a presença de pessimistas crônicos.

No livro *Business @ the Speed of Thought* (A empresa na velocidade do pensamento), Bill Gates discute exatamente essa característica, elogiando os empregados da Microsoft que conseguem lhe dar rapidamente um feedback sobre o que está errado. Não devemos esquecer, porém, que Gates é um sonhador por excelência, pois desde muito jovem imaginou um mundo em que toda casa e todo escritório usariam o Windows.

Seligman deixa claro que o sucesso, tanto no trabalho como na vida, acontece quando conseguimos perceber com precisão a realidade presente e, ao mesmo tempo, visualizar um futuro interessante. Muitas pessoas têm uma boa capacidade de análise do presente, mas não conseguem desenvolver uma visão de longo prazo.

Quem quiser aprender a ser otimista tem de conservar tanto a capacidade de perceber a realidade quanto a de sonhar com eficiência. Essa combinação é imbatível.

Quase toda depressão resulta de pensar errado

É um tanto irônico que *Aprenda a ser otimista* recolha boa parte de seu material dos estudos da depressão. Antes da terapia cognitiva, pensava-se que a depressão era sempre decorrente de uma "raiva que se volta contra a própria pessoa" (Freud) ou de uma disfunção química do cérebro. Mas os pioneiros Albert Ellis e Aaron T. Beck (ver *Feeling Good*) provaram que pensamentos negativos não são sintoma e sim a causa da depressão. Embora a maioria de nós saiba disso no plano do senso comum, a psicoterapia nos leva a acreditar que estamos lidando com algo que está além do nosso controle.

Seligman é um especialista em investigar como a depressão afeta diferentemente o homem e a mulher. Ele diz que as mulheres têm duas vezes mais chances de desenvolver estados depressivos porque, embora a taxa de depressão branda seja igual em homens e mulheres, o modo como elas pensam nos problemas tende a ampliá-los. Está provado que ruminar um problema ligando-o a algum aspecto "imutável" de nós mesmos é uma receita de melancolia.

Milhões de dólares já foram gastos pelo Instituto Nacional de Saúde Mental dos Estados Unidos para pôr à prova a idéia de que a depressão tradicional (não a bipolar nem a maníaca) resulta de hábitos de pensamento. Seligman concorda totalmente com o resultado dessas pesquisas. Segundo ele, desenvolvendo os músculos mentais de otimismo é possível reduzir significativamente a probabilidade de que venhamos a ter depressão.

Otimismo habitual

Isso nos leva a uma questão maior: por que existe tanta depressão? Seligman diz que nossa recente preocupação com o individualismo cria a sua própria forma de prisão mental. Dado que somos convidados a acreditar em nossas infinitas possibilidades, toda forma de fracasso se torna arrasadora. Combinando isso com o desmoronamento de suportes psicológicos tradicionalmente sólidos – a nação, Deus, a família –, teremos uma epidemia de depressão.

No entanto, mesmo que drogas como Prozac sejam eficazes no combate à depressão, existe um hiato entre a depressão tratada com êxito e o otimismo habitual. No estilo explanatório positivo recomendado por Seligman, os problemas são vistos como temporários, específicos e exteriores, em vez de expressões inevitáveis de nosso fracasso como pessoas. A terapia cognitiva muda a maneira como vemos o mundo, e essa percepção tende a se tornar permanente.

Comentários finais

Aprenda a ser otimista é resultado de uma profunda transformação ocorrida na psicologia em meados da década de 1960. Até então o comportamento pessoal era considerado ou "pressionado" pelas necessidades internas (freudismo) ou "puxado" pelas recompensas e punições da sociedade (behaviorismo).

A terapia cognitiva, em contraste, mostrou que as pessoas podiam de fato mudar seu modo de pensar a despeito de propensões inconscientes e condicionamentos sociais. Como observa Seligman, os grandes acontecimentos da época moderna, como as migrações em massa, tornaram necessária a mudança pessoal rápida; hoje ela é desejável.

Contudo, somos uma cultura que valoriza o desenvolvimento pessoal porque sabemos que o auto-aperfeiçoamento é possível – não só a experiência como também a ciência psicológica o provam.

Aprenda a ser otimista é uma obra importante porque fornece uma base científica para muitas afirmações. O livro atraiu leitores que normalmente consideravam as idéias de desenvolvimento pessoal como "intensificadoras metafísicas", para usar uma expressão do autor. Ele não trata apenas do otimismo, mas da própria validade da mudança pessoal e da natureza dinâmica da condição humana. Recomendo vivamente sua leitura.

Martin Seligman

Seligman cresceu em Albany, estado de Nova York. Especializou-se em filosofia moderna e depois em psicologia, na Universidade de Princeton. Dirigiu, durante 14 anos, o programa de treinamento clínico do Departamento de Psicologia da Universidade da Pensilvânia.

Seligman é ex-presidente da American Psychological Association, da qual recebeu dois prêmios por notável contribuição científica. É atualmente professor de psicologia da Universidade da Pensilvânia e está à frente de um movimento conhecido como "psicologia positiva".

A bibliografia de Seligman inclui 14 livros e 140 artigos. Além de Aprenda a ser otimista, *suas obras mais populares são* O que você pode e não pode mudar *e* Felicidade autêntica.

Meditações

Século II

"Comece cada dia dizendo a si mesmo: hoje me aguardam a interferência, a ingratidão, a insolência, a deslealdade, a má vontade e o egoísmo – tudo porque meus agressores não sabem distinguir o bem do mal. De minha parte, há muito que conheço a natureza do bem e sua nobreza, a natureza do mal e sua vileza e a natureza do próprio culpado, que é meu irmão (não no sentido físico, mas de semelhante igualmente dotado de razão e uma cota de divindade); de modo que nada disso pode me atingir, pois ninguém poderá me implicar em nada degradante."

"Não ame nada que não esteja entrelaçado ao padrão do seu destino. Afinal, o que se ajustaria mais adequadamente às suas necessidades?"

"Tudo – um cavalo, um vinhedo – é criado com um propósito. Não admira, pois o próprio deus-sol lhe dirá: 'Este é um trabalho para o qual fui destinado.' O mesmo repetirão os outros deuses. Para qual tarefa, então, foste criado? Para o prazer? Pode-se admitir tal pensamento?"

Em síntese

Não se deixe levar por ninharias e trivialidades.
Valorize sua vida vendo-a num contexto mais amplo.

Na mesma linha

Boécio, *A consolação da filosofia* (p. 180)
Richard Carlson, *Não faça tempestade em copo d'água* (p. 196)

Capítulo 29

Marco Aurélio

Marco Aurélio Antonino foi imperador de Roma de 161 d.C. até sua morte, 19 anos depois. Nesse período, Roma estava sob ameaça: constantes guerras contra os "bárbaros", doenças trazidas pelos soldados, epidemias e até terremotos. Tente imaginar o presidente dos Estados Unidos comportando-se filosoficamente em meio a tantas crises. Pois Marco Aurélio, apesar das circunstâncias, conseguiu deixar como legado a imagem de imperador-filósofo. Os romanos o idolatravam, pois ele conseguiu dar ao ato de governar a última chama de dignidade antes que a selvageria de seu filho Cômodo e a anarquia do século III tomassem conta do império.

Adepto da filosofia estóica, o imperador não se deixava abater pelas dificuldades da vida. Escola de pensamento surgida na Grécia por volta do ano 300 a.C., o estoicismo ensinava que os seres humanos deveriam se submeter às leis do universo e enfatizava o dever, a abstenção do prazer, a razão e o destemor da morte. Os estóicos assumiam plena responsabilidade por suas ações, professavam a independência do espírito e buscavam o bem maior.

Como se não bastasse, os estóicos tinham uma perspectiva internacional e acreditavam na fraternidade universal. Ou seja, se vivesse nos dias de hoje, Marco Aurélio estaria bastante à vontade como membro das Nações Unidas e outras instituições internacionais em prol do esforço cooperativo.

O pensamento estóico transpunha as fronteiras não só do mundo mas também do tempo, como demonstra esta passagem das *Meditações*:

"Todas as coisas desvanecem como lendas e em pouco tempo
se ocultam no esquecimento. Isso se passa até com os homens cujas vidas
são como chamas gloriosas; quanto aos demais, dificilmente
expiram antes que, como diz Homero, 'se percam de vista e de ouvir falar'.
O que é, afinal, a fama imortal? Algo oco e vazio. Ao que, então,

devemos aspirar? A isto, somente isto: pensamento justo, ação altruísta, língua que não pronuncia falsidades, índole que saúda cada acontecimento como algo predestinado, esperado e emanado da fonte e origem única."

Os serenos pensamentos escritos à luz de tochas durante campanhas militares que ocorreram há 19 séculos se tornam ainda mais relevantes pela consciência que temos de sua antiguidade. Pouca gente hoje tem motivos para se lembrar do talento de Marco Aurélio para a liderança, mas suas *Meditações* ainda inspiram corações e mentes.

Carregadas de percepções acerca da unidade básica de todas as coisas do universo, incluindo as pessoas, as *Meditações* se mostram incrivelmente atuais. Elas falam sobre o esforço de enxergar pelos olhos de outros e como isso nos leva a ampliar o mundo ao nosso redor – e a unificá-lo. Desprezar, julgar ou evitar as pessoas é, basicamente, uma obstrução às leis da natureza. A percepção de que para elevar o nível das relações humanas devemos fazer o contrário disso estava na base do pensamento do imperador Marco Aurélio.

Em *Meditações,* o grande lema é que devemos "aceitar as coisas e as pessoas como elas são, não como gostaríamos que fossem". Há um quê de tristeza nesse ponto de vista, como sugere este breve comentário: "Ainda que isso parta seu coração, os homens continuarão a ser o que sempre foram." Tem-se a impressão de estar lendo os pensamentos de um solitário, mas então surge a capacidade de Marco Aurélio de encarar a vida objetivamente, o que o poupava de reais desilusões:

"Seja como o promontório contra o qual as ondas se quebram sem cessar: ele resiste ao mar agitado que o cerca até sua fúria se amainar. 'Que desafortunado sou por isto ter me acontecido!' Diga, em vez disso, 'Que afortunado sou por isto não ter me legado nenhum rancor, mas firmeza no presente e destemor do futuro'."

O grande valor da filosofia estóica é sua capacidade de ajudar a pôr as coisas em perspectiva para nos fazer lembrar do que realmente importa. As *Meditações* são, por assim dizer, uma versão ancestral e nobre do livro *Não faça tempestade em copo d'água.* Quem consegue ver o mundo como ele realmente é consegue enxergar além dele. O fato é que estamos aqui e temos uma tarefa a cumprir, mas há o sentimento de que viemos de um outro lugar, para o qual acabaremos retornando. A vida pode ser triste e solitária, aparentemente nada mais que um dia após o outro, mas nem por isso devemos deixar que essa sensação nos embote o assombro essencial com nossa existência no universo:

> *"Observe com atenção a trajetória das estrelas no céu, como se estivesse viajando com elas. Imagine a freqüência do vaivém dos elementos. Visões desse tipo eliminam os fragmentos de nossa vida terrena."*

Comentários finais

O que pensar do fato de Marco Aurélio ter sido pai de Cômodo, cuja brutalidade rompeu a tradição de sucessão não hereditária? Como explicar que um extraordinário imperador-filósofo tenha criado uma pessoa tão irracional?

Não existem respostas fáceis para essas perguntas, mas a principal lição de *Meditações* é que os acontecimentos e as vidas têm um significado mais amplo que nos escapa – saber disso já é um conforto. Esse é um livro sobre imperfeições. Nele, aprendemos que, mesmo sem entender por que as coisas acontecem e por que as pessoas agem de determinada maneira, não nos cabe julgar.

A prosa elegante desse pequeno livro se destaca entre os modernos escritos filosóficos e de auto-ajuda. Seus ensinamentos são verdadeiras fontes de paz e de tranqüilidade em um mundo enlouquecido. Compre um exemplar, você irá usá-lo sempre.

Marco Aurélio

Quando Adriano, um dos mais bem-sucedidos imperadores de Roma, morreu em 138 d.C., deixou Antonino Pio indicado como seu sucessor. Este, por sua vez, adotou o jovem Marco Aurélio, de 17 anos, para ser seu herdeiro. Ao casar-se com Faustina, filha de Antonino Pio, Marco Aurélio confirmou seu destino. Assumiu o poder aos 40 anos de idade e, além das obrigações da corte, dedicou-se aos estudos das leis e da filosofia. Voluntariamente, dividiu o poder com seu irmão Lúcio Vero, que morreria oito anos depois.

Embora pacífico por natureza, Marco Aurélio foi obrigado a defender continuamente o território de Roma contra as tribos germânicas, especialmente os Marcomani e os Quadi. Seu único manuscrito, hoje desaparecido, é a fonte de Meditações. *A primeira edição é de 1509, quase 14 séculos depois de sua morte, em 180 d.C. O filme* Gladiador, *de Ridley Scott, mostra o imperador sendo assassinado por seu filho Cômodo, mas nenhuma evidência histórica confirma o fato.*

A consolação da filosofia

Século VI

"Contemple a vastidão e a estabilidade dos céus
e então pare de admirar coisas sem valor."

"... falta de autoconhecimento é natural em outras criaturas vivas,
mas nos humanos é um defeito moral."

"Embora o quadro geral possa parecer – a vocês mortais incapazes de visualizar essa ordem de coisas – de confusão e turbulência, todos têm não obstante seu padrão, que os ordena e dirige na direção do bem."

"'É por isso', disse ela, 'que o homem sábio não deve se aborrecer sempre que se vê em conflito com a sorte, da mesma forma que é inadequado ao corajoso ressentir-se quando soa o alarido da batalha. Para ambos, dificuldade significa oportunidade; para o corajoso é a chance de aumentar sua fama; para o sábio, a de dar substância à própria sabedoria'."

Em síntese

Independentemente do que lhe aconteça,
tenha sempre em mente a liberdade.

Na mesma linha

Marco Aurélio, *Meditações* (p. 176)
Viktor Frankl, *Em busca de sentido* (p. 202)

Capítulo 30

Boécio

É difícil situar *A consolação da filosofia* no âmbito da auto-ajuda. Boécio não é um nome familiar atualmente, mas durante mais de um milênio sua obra só perdeu em popularidade para a *Bíblia* no Ocidente cristão. Nascido Ancius Manlius Severinus Boethius numa família aristocrática, no final do Império Romano, viveu uma vida incrivelmente privilegiada.

Adotado pelo estadista Símaco, com cuja filha se casou, Boécio foi preparado para exercer o poder: recebeu a melhor educação e foi feito cônsul antes de completar 30 anos de idade. Mais tarde tornou-se um pilar do Senado e da sociedade romana, sendo estimado como erudito e tradutor. Mas sua meta de traduzir toda a obra de Platão e Aristóteles e harmonizar as idéias de ambos em uma única obra nunca seria alcançada.

Eram tempos interessantes. Dividido em oriental (Constantinopla) e ocidental (Ravena), o Império Romano se metamorfoseara em "cristão" e, embora conservasse a maior parte das instituições romanas, o governante da Itália não era mais um romano, mas um "bárbaro", o ostrogodo Teodorico.

Boécio foi designado mestre de ofícios na corte de Teodorico, uma espécie de chefe-de-gabinete, cuja principal função era facilitar as relações entre o Senado e o novo regime. No entanto, uma intriga palaciana levou Teodorico a acusar Boécio de traição. Mesmo alegando inocência, ele foi condenado à morte por tortura.

A vida de conforto e bens materiais estava agora em ruínas. Como poderia a sua amada filosofia ajudá-lo? Não por acaso foi no corredor da morte que ele escreveu *A consolação da filosofia*.

A roda da fortuna

O livro começa com um desalentado prisioneiro (que supomos ser o próprio Boécio) tendo uma visão. Depois de ouvi-lo vituperar contra a injustiça da situação, "Dona Filosofia" começa a apresentar argumentos racionais para mostrar por que ele não deveria culpar o destino.

Como a sorte vem e vai conforme seu próprio arbítrio, nunca se deve depender dela. O prisioneiro associara sua felicidade à elevada posição social, estima pública e riqueza, mas "Dona Filosofia" diz que tais coisas não são as verdadeiras fontes de felicidade se o levaram até onde se encontra agora.

Quem aposta na sorte deve esperar sua partida tanto quanto sua chegada, da mesma forma que as estações vêm e vão. Em sua fúria, Boécio esquecera como o mundo funciona. "Dona Filosofia" leva o prisioneiro a concordar que o maior bem que podemos almejar é Deus e que nossa busca de coisas externas, como a fama, a riqueza e o poder, expressa a ânsia de encontrar a verdadeira fonte da felicidade. Ao contrário da sorte, Deus é imutável e só pode ser acessado por meio de uma reflexão interior. Quem procura conhecê-lo acaba fazendo uma viagem em busca de si mesmo.

Ainda um tanto desalentado, o prisioneiro se queixa de que os maus muitas vezes vencem os bons. "Dona Filosofia" o questiona, observando que os maus, quando atingem seus objetivos, se tornam bestiais, ao passo que os bons, quando vencem, elevam-se ao nível dos deuses. Portanto, o mal nunca vence realmente, dado que seu "sucesso" não nos leva a lugar algum, ao passo que os esforços positivos nos elevam.

Destino e providência

O livro aborda ainda questões sobre a providência divina e o livre-arbítrio. Ao ouvir que não há acaso no universo, que a providência comanda tudo, o prisioneiro exige prontamente: "Como fica, então, o livre-arbítrio dos homens?" A resposta é simples. "Dona Filosofia" explica que "Deus vê no presente os acontecimentos futuros que resultam da livre escolha". Ele sabe o desfecho das escolhas que fazemos, mas não interfere, a menos que lhe peçam orientação.

O prisioneiro aprende que, embora a providência organize o universo, quem está mais perto de Deus vive mais de acordo com o que lhe foi destinado e pode, portanto, apoiar-se nisso para obter ajuda. Quem acredita estar por sua própria conta encontra-se inteiramente atado ao destino e tem, paradoxalmente, menos controle sobre ele. Quem aprecia a imobilidade conhece a mente da providência; quem vive na turbulência e no caos só vê a severidade do destino.

O significado da desgraça

"Dona Filosofia" tenta mostrar a Boécio que ninguém melhor do que ele, que teve todas as vantagens de um berço ilustre, pode refletir sobre o valor das coisas materiais. Afinal, nada disso o protegeu do que lhe sucedeu – parece, ao contrário, ter ajudado a programar seu trágico destino.

Ao longo do ano que passou na prisão, Boécio consegue substituir a fixação adolescente/adulto que o dominava pela apreciação da unidade e da unicidade do universo – transforma-se, enfim, de político ambicioso em sábio. Confortado por "Dona Filosofia", mesmo uma morte horrível como a sua é colocada em perspectiva.

Nos últimos dias como "prisioneiro", ele passa sua vida em revista. Percebe que todas as realizações das quais tanto se orgulhava não são tão importantes quanto o autoconhecimento que está obtendo agora. Enfim se dá conta de que toda a sua vida até então dissera respeito basicamente à supremacia do poder.

O impacto de *A consolação*

A consolação da filosofia foi escrito como uma sátira menipéia, estilo literário que mistura prosa e poesia e teve origem na obra de Menipo de Gadara, filósofo e poeta grego da escola cínica. Boécio pretendia convencer o leitor a aceitar seus argumentos por meio do prazer e do consolo e foi bem-sucedido nisso, pois seu livro ajudou a cultivar a piedade e a introspecção, valores que costumamos associar à Idade Média.

A obra inspirou Dante, Chaucer e São Tomás de Aquino, sendo traduzido para o inglês pelos reis Alfred (século IX) e Elizabeth I (século XVI).

Comentários finais

Embora Boécio tenha sido um dos grandes intelectuais de seu tempo, seu livro é, acima de tudo, um desabafo pessoal que emociona o leitor de qualquer época, oferecendo conselho instantâneo, conforto e inspiração.

A questão do livre-arbítrio, que a princípio pode parecer excessivamente erudita, é na verdade o eixo ético que permeia a literatura de auto-ajuda, pois ter a mente livre mesmo quando não se está fisicamente livre é a essência da maturidade.

A consolação da filosofia é, provavelmente, uma das mais profundas discussões sobre a natureza da felicidade que você terá a oportunidade de ler.

Como Proust pode mudar sua vida

1997

"Embora não agradasse ao próprio Proust, que se referia ao livro como lamentável (1914), enganoso (1915) e horrível (1917), Em busca do tempo perdido *tinha a qualidade de apontar diretamente para uma questão central do romance: a busca das causas por trás da dissipação e da perda do tempo. Muito mais do que uma narrativa que registra a passagem de uma época mais lírica, o romance é uma história prática e universalmente aplicável sobre como parar de desperdiçar e começar a valorizar a própria vida."*

"Embora a felicidade tradicionalmente seja uma preocupação dos filósofos, sabedoria muito maior parece residir na busca de uma infelicidade adequada e produtiva. A obstinada recorrência da tristeza significa que o desenvolvimento de um modo prático de enfocá-la deve superar o valor de qualquer procura utópica da felicidade."

Em síntese

Valorize a rica experiência da vida, independentemente das circunstâncias. Expectativas modestas contribuem para surpresas agradáveis.

Na mesma linha

Thomas Moore, *Cuide de sua alma* (p. 236)

Capítulo 31

Alain de Botton

O pai de Proust, um conceituado médico sanitarista, escreveu incontáveis artigos científicos e fez muitas viagens. Teve um filho médico, financeiramente bem-sucedido e fisicamente tão forte que sobreviveu ao atropelamento de uma carroça. Seu outro filho era um esteta sempre adoentado que vivia às suas custas e não conseguia manter nem mesmo o emprego de bibliotecário. Em seus momentos mais saudáveis, ele costumava ser visto na Ópera de Paris ou em festas, mas foi só depois da morte dos pais que se sentiu pronto para fazer algo de sua vida. Tinha mais de 30 anos quando resolveu começar a escrever, mas alguns anos mais se passariam até que recebesse algum reconhecimento.

Como relata Alain de Botton, Proust expressou à sua empregada o que devia ser sua última esperança: "Ah, Celeste, quisera ter a certeza de poder fazer pelos meus livros o que meu pai fez por seus doentes." Considerando a fama que mais tarde lhe seria conferida, soa estranho imaginar Proust tendo esperanças tão modestas. Contudo, essa observação contém, aos olhos do autor, o significado de sua obra: o escritor buscava sinceramente rivalizar o sucesso do pai, inclusive como médico.

O livro de Alain de Botton vai além dos méritos literários de uma obra de arte como *Em busca do tempo perdido* e revela seu poder terapêutico, fazendo-nos ver que era assim que Proust queria, em última instância, ser julgado.

Os propósitos da dor

Proust queria tirar o melhor do sofrimento; para ele, esse era o verdadeiro significado da "arte de viver". Observando que a busca da felicidade era um tradicional objetivo dos filósofos, Alain de Botton encontra em Proust uma forma de orientação de vida substancialmente mais útil: em vez de querer transformar a vida numa espécie de Disneylândia, é melhor encontrarmos formas de ser "produtivamente infelizes".

O sofrimento sempre parece nos surpreender, mas não deveria. Vários personagens da obra de Proust são maus sofredores, pois empregam mecanismos de defesa que os protegem de seus "problemas", o que os torna pessoas insuportáveis. O bom sofredor enxerga a lógica amarga do que está sentindo, sabendo que as coisas inevitavelmente perdem sua intensidade emocional e deixam resíduos de sabedoria.

A "arte de viver", tal como Proust a entendia, não é uma questão de estilo de vida grandioso, mas de apreciar o valor e o significado a despeito de suas circunstâncias, e não por meio delas. Vista dessa forma, a infelicidade produtiva parece uma forma bastante boa de viver.

Como fazer amigos... e conservar seu lugar na história

Proust tinha muitos amigos que o amavam sinceramente, vários dos quais escreveram apaixonadas memórias dos momentos que passaram juntos. Alain de Botton nos mostra como o escritor se tornou alvo de tamanha veneração. Antes de tudo, ele não acreditava que a amizade fosse uma oportunidade de abrir o coração com outra pessoa, mesmo que ela estivesse interessada em ouvir o que você tem a dizer.

Na verdade, para conservar um amigo e extrair o máximo de sua personalidade, Proust acreditava que era preciso deixá-lo falar. Ele era querido talvez porque fosse um grande ouvinte e também porque achava que as amizades deviam ser despreocupadas e não intelectuais. Conversar era uma oportunidade de divertir o outro e de fazê-lo sentir-se especial.

Tudo isso poderia ter saído do livro de Dale Carnegie sobre as relações interpessoais. Mas Alain de Botton vai além e mostra, com grande argúcia, como Proust eliminou deliberadamente a "verdade" e o intelecto de sua equação para a amizade. Reservou para seus escritos a altíssima precisão de seu poder de análise, assim conservando os amigos, que retribuíram inventando o verbo "proustificar".

A mensagem que podemos recolher desse mestre da amizade é ter poucas expectativas e, de modo geral, evitar que nossa felicidade dependa de outras pessoas. Agarre-se à sua paixão mais profunda (que geralmente não é uma pessoa, mas um objeto que implora por satisfação ou atividade – no caso de Proust, a escrita) e viva em função dela. A gratificação que isso proporciona colocará a amizade e demais relacionamentos em sua perspectiva adequada.

Como cuidar da própria vida (que não é como a de ninguém mais)

Se o médico lhe dissesse que você só tem uma semana de vida, o mundo pareceria maravilhoso, um verdadeiro milagre. Como podemos, então, ficar tão facilmente deprimidos, entediados e enfastiados? Proust acreditava que esses sentimentos, embora absolutamente normais, resultavam de um erro de percepção.

No livro, o narrador vai para o litoral esperando encontrar um ambiente tempestuoso e sombrio, com aves marinhas guinchando por todo lado, mas se depara com uma cidade balneária comum. Não obstante, o pintor Elstir, seu amigo, ao observar coisas simples, como a brancura do vestido de algodão de uma mulher tomando sol, consegue fazer o narrador resgatar a apreciação da beleza.

Para muitos, o nome Proust evoca imagens de apurada intelectualidade e refinamento capazes de nos levar de volta a uma época de ouro em que a vida em Paris era mais rica e grandiosa. Alain de Botton nos revela como essa visão é equivocada. A ironia dessa homenagem a Proust é que ela contém uma advertência para não amarmos demais o escritor francês nem nos darmos ao trabalho de visitar a cidade de Combray, onde ele passou alguns verões de sua infância tentando ver o que ele viu. O propósito de lê-lo é adquirir uma percepção mais elevada. Desejar ter vivido na época de Proust, com suas carruagens puxadas a cavalo e seus banquetes, é um crime contra as possibilidades do presente.

O tempo

Por um lado, a obra de Proust trata da apreciação do instante, dos pequenos detalhes da vida. Ele queria que sentíssemos o fausto do tempo, que nos deleitássemos com ele, e seu estilo reflete claramente essa obsessão. Se uma frase pudesse ser compreendida como um momento em palavras, ele procuraria prolongar esses instantes. Se existisse algo que valesse a pena ser descrito, era preciso fazê-lo exaustivamente.

Por outro lado, Proust vivia numa tranqüila despreocupação em relação ao tempo. Como todos os grandes romancistas, ele lançou mão do passado para descrever seu entendimento. A visão proustiana das pessoas, do amor e da vida não está vinculada ao tempo. Foi esse caráter atemporal de Proust que inspirou o autor a escrever seu livro.

Comentários finais

Terão os sete volumes de *Em busca do tempo perdido*, considerado por muitos o maior livro do século XX, algo a ver realmente com auto-ajuda? A sugestão enfurece alguns fãs de Proust, para quem sua arte não deve ser aviltada por sugestões de que pode ser usada como prática terapêutica. Mas foi ele mesmo que disse certa vez que os leitores que buscava eram "aquelas pessoas que compram um volume mal impresso antes de pegar um trem".

Proust não escreveu para ser reconhecido como um mestre da literatura, mas para sua própria redenção. Se isso o ajudou, talvez possa ajudar os outros também. *Como Proust pode mudar sua vida* não é apenas uma homenagem, mas um tributo – mesmo entendido ironicamente – à ética da auto-ajuda. Seu mais relevante serviço foi permitir que pessoas que talvez nunca venham a ler o gênio francês tenham acesso à essência de sua filosofia em toda a sua sutileza e complexidade.

É uma opção para leitores que nunca se deram ao trabalho de ir além das respostas nítidas e róseas de um Stephen Covey ou um Anthony Robbins. Alain de Botton, e por meio dele Proust, terá sido bem-sucedido se as pessoas que costumam ler livros sobre "administração do tempo" puderem ser movidas a considerar a natureza do próprio tempo.

Alain de Botton

Criado na Suíça, Alain de Botton foi estudar na Inglaterra, primeiro na Harrow School e depois na Universidade de Cambridge. Suas obras já foram traduzidas para 16 idiomas. Entre elas estão Ensaios de amor *(1993),* O movimento romântico *(1994),* Nos mínimos detalhes *(1995) e* A arte de viajar *(2002).*

O livro As consolações da filosofia, *em que o autor aplica os pensamentos de Sócrates, Epicuro, Sêneca, Montaigne, Schopenhauer e Nietzsche aos problemas cotidianos, foi adaptado para uma série do Canal 4 da televisão britânica.*

Alain de Botton mora em Londres, onde é pesquisador associado do Programa de Filosofia da Escola de Estudos Avançados da Universidade de Londres.

Transições: entendendo as mudanças da vida

1980

"Em toda a natureza, o crescimento envolve acelerações e transformações periódicas: as coisas fluem lentamente durante um tempo, nada parece acontecer até que de repente a casca se rompe, o galho germina, a cauda do girino desaparece, a folha cai, o pássaro muda as penas, a hibernação começa. Conosco acontece o mesmo. Embora os sinais sejam menos claros do que no mundo das folhas e plumagens, a função dos períodos de transição é a mesma."

"Quer escolha ou não a sua mudança, dentro de você há potencialidades adormecidas, interesses e talentos que ainda não explorou. As transições limpam o terreno para novos crescimentos. Fazem descer a cortina para que o palco seja arrumado para uma nova cena. O que é que, a essa altura de sua vida, aguarda silenciosamente nos bastidores a deixa para entrar em cena?"

Em síntese

Todas as transições da vida têm um padrão que, uma vez reconhecido, tornará os tempos difíceis mais compreensíveis.

Na mesma linha

Martha Beck, *Finding Your Own North Star* [Descobrindo a sua estrela-guia] (p. 66)
Robert Bly, *João de Ferro* (p. 212)
Joseph Campbell com Bill Moyers, *O poder do mito* (p. 218)
Clarissa Pinkola Estés, *Mulheres que correm com os lobos* (p. 224)
Thomas Moore, *Cuide de sua alma* (p. 236)

Capítulo 32

William Bridges

William Bridges só começou a escrever o seu livro quando ele próprio passava por um período de mudança e descobriu que não havia guias para auxiliá-lo nesse processo. Para sua surpresa, *Transições: entendendo as mudanças da vida* encontrou rapidamente um nicho de mercado e vendeu mais de 250 mil exemplares, silenciosamente passados de mão em mão.

O que há de mais profundo nesse livro é o fato de ele não apenas ensinar "como lidar com as mudanças", mas esclarecer como a desorganização, a morte e a renovação são fundamentais para a natureza e cruciais para a mitologia. Em vez da própria estabilidade, esse ciclo faz parte do estado natural das coisas. Intuitivamente, todos nós sabemos disso, mas Bridges garante que quando examinamos mais atentamente o processo, fica mais fácil lidar com os períodos de mudança.

O caminho da transição

Uma das coisas mais interessantes da transição é a forma como ela acontece, em geral sem aviso prévio. Muitas mulheres e casais, por exemplo, passam por dificuldades para se adaptar à perda de tempo e da liberdade que se segue à chegada de um bebê em suas vidas. Antes de poder curtir a maravilha de ter um filho, eles têm de lidar com o fim de sua vida anterior, menos restrita.

Um homem que acabara de ser promovido a uma importante posição apareceu num workshop de Bridges. Sua família tinha tudo o que sempre quisera, mas para ele era psicologicamente difícil encarar a mudança. Por quê? Porque, independentemente de estarmos ou não felizes com nosso padrão de vida, quando algo muda, sentimos uma perda. Imagine um músico que passou anos trabalhando em boates de segunda categoria. Se ele, de repente, se tornar um astro, vai precisar de um tempo para se ajustar.

Moral da história: preocupe-se menos em julgar se um acontecimento é bom ou ruim. O importante é saber se ele significa uma mudança de vida positiva para você. E não se preocupe se o fato lhe parecer irrelevante: ele pode ser apenas o sinal mais evidente de mudança, quando existem repercussões mais profundas e subliminares no terreno psicológico.

A única constante é a mudança

Pode ser útil ver as transições dentro do contexto da vida como um todo. Muitos cientistas sociais consideram a idade de 30 anos como um momento decisivo: a passagem da adolescência para a idade adulta que, no passado, acontecia aos 21 anos. Segundo Bridges, muitas pessoas o procuram assustadas: "Parece que mal saí da adolescência e já estou começando a ficar velho!" O importante é perceber que as transições acontecem ao longo de toda a nossa vida e não necessariamente correspondem a uma idade preestabelecida.

Bridges discute o mito de Ulisses e sua longa jornada de volta para casa em meio a muitas provações e adversidades. Embora seja um grande líder, Ulisses descobriu que precisava desaprender o modo como lidara com a vida no passado. Uma das lições da transição é que não podemos ser a mesma pessoa fazendo a mesma coisa a vida inteira.

Quando jovens, imaginamos que dos 30 anos em diante a vida é uma planície de estabilidade. No entanto, isso raramente acontece. Se a vida parece demasiado estável, ou você decide mudar ou é obrigado a promover mudanças.

A seguir, um breve esboço dos três estágios da transição, segundo Bridges, que seguem os "ritos de passagem" identificados por antropólogos na maioria dos rituais tribais.

Conclusões

Para se ter um novo começo, é preciso identificar como será o final da história. É comum, nas culturas mais tradicionais, que o membro da comunidade que está para passar por uma transição interna seja afastado de sua vida cotidiana normal. Trata-se de um desejo natural em períodos de mudança – todos nós podemos sentir essa necessidade de *recolhimento*.

Também é normal termos a sensação de estar *perdendo a própria identidade*, de não saber direito quem somos. As antigas motivações se foram. O estágio seguinte é o do *desencanto*, o momento em que precebemos que nossa maneira de ver o mundo não era, afinal de contas, um reflexo assim tão exato da realidade. Esse pode ser tanto o primeiro quanto o último estágio da transição, uma vez que prepara o terreno para um recomeço e uma nova forma de ver o mundo.

Existem diferentes modos de lidar com o término de alguma coisa, mas cada final pode reabrir velhas feridas. Se, quando criança, você foi levado a se sentir não merecedor, cada aparente fracasso na vida adulta trará de volta a dor aguda de ser lembrado de velhos sentimentos de vergonha. Nas culturas tribais, os finais são ritualizados para que a pessoa veja o encerramento de algo como um estágio necessário para que a vida se renove.

A zona neutra

Em geral, queremos esquecer o mais rapidamente possível esse desconfortável período que se segue ao choque de terminar alguma coisa. Entretanto, é possível transformá-lo numa das épocas mais valiosas da vida, especialmente quando o final muda sua maneira de ver a vida, abrindo seus olhos para outras formas de ser e fazer. Bridges tem algumas sugestões para esses momentos de indecisão:

1 Certifique-se de encontrar tempo para estar só. Acolha o vazio. Vá a lugares tranqüilos, onde seja possível não fazer literalmente nada, mas não espere nenhuma grande revelação. O importante é prestar atenção aos seus sonhos e pensamentos.

2 Mantenha um diário com o registro de suas experiências na zona neutra ou escreva sua autobiografia. Dê a você mesmo a chance de "reescrever" a história da sua vida.

3 Procure descobrir o que você realmente deseja, o que poderia ser seu propósito na vida. Se sua vida acabasse hoje, o que você sente que deveria ter feito até o momento?

Muitos dos grandes personagens da história (São Paulo, Maomé, Dante, Buda) sentiram vontade de se embrenhar nas florestas ou de vagar pelos desertos. Talvez não pretendessem salvar o mundo – quem sabe não quisessem apenas confirmar a necessidade milenar que os seres humanos têm de buscar o recolhimento e a paz de espírito.

Novos começos

Como sabemos que é hora de deixar para trás a zona neutra? Quando iniciamos nosso grande recomeço? Começos só podem ser vistos em retrospecto, pois não nos parecem marcantes quando acontecem – no momento em que encontramos o amor numa festa à qual não queríamos ir ou que folheamos, na casa de um amigo, um livro que nos modifica para sempre.

Quando estamos prontos para seguir adiante, as oportunidades aparecem, o que permite o surgimento de um período de excitação. Mas vá com calma, mantenha pelo menos alguma ligação com sua vida pregressa. Confiante em suas idéias da época da indecisão/incerteza, não desanime se as coisas não andarem tão depressa quanto você gostaria. Bridges lembra o ditado zen: "Depois da iluminação, a roupa suja."

Comentários finais

Se você já passou por uma transição significativa, seja um divórcio, um retorno à universidade ou o início de uma nova carreira, é comum se sentir "voltando ao começo" e achar que todos os anos anteriores foram uma perda de tempo. Você fica propenso a pensar: "Talvez eu devesse ter continuado a fazer o que estava fazendo, afinal não era assim tão ruim."

Esperamos que o livro de Bridges lhe sirva de apoio e motivação, pois ele mostra que a transição não é o fim de tudo, e sim um processo cíclico cuja maior recompensa é um senso de direção muito mais apurado do que aquele que você tinha antes. O autor cita Ralph Waldo Emerson: "Não é em suas metas, mas em suas transições que o homem mostra sua grandeza." Se você conseguir se tornar um expert em períodos difíceis, se sentirá muito mais confiante para lidar com a vida de modo geral.

Esse clássico talvez não lhe pareça atraente de imediato, mas lembre-se dele na próxima vez que começar a perceber que um período de estabilidade está chegando ao fim.

William Bridges

Ex-professor de inglês, Bridges passou a atuar na área de gestão de transições em meados da década de 1970. Hoje trabalha como consultor e palestrante, desenvolvendo estratégias de transição para grandes empresas como a Intel, a Apple e a Shell.

Outros livros seus: Um mundo sem empregos, Criando você & Cia., Managing Transitions *(Conduzindo transições) e* The Way of Transition *(O caminho da transição), o mais recente, escrito em resposta à perda de sua esposa, Mondi. Bridges mora em Mill Valley, Califórnia.*

Não faça tempestade em copo d'água

1997

"Tem gente que gasta tanta energia fazendo uma tempestade em copo d'água que acaba perdendo o contato com a magia e a beleza da vida. Se você se comprometer a trabalhar na direção do seu objetivo, descobrirá que tem muita energia disponível para ser mais generoso e gentil."

"Uma das principais razões pelas quais muita gente continua apressada, assustada e competitiva, e vive a vida como se ela fosse uma imensa emergência, é o medo de que, tornando-se mais pacífica e amorosa, a pessoa deixará subitamente de atingir seus objetivos, tornando-se preguiçosa e apática. Você pode se livrar desse medo se perceber que a verdade é exatamente oposta: o pensamento atemorizado e frenético consome uma enorme quantidade de energia e drena a criatividade e a emoção da nossa vida."

Em síntese

Ponha seus pequenos problemas em perspectiva.
Dessa forma, você desfrutará mais as outras pessoas e a vida em geral.

Na mesma linha

Marco Aurélio, *Meditações* (p. 176)
Wayne Dyer, *A verdadeira magia* (p. 88)
Norman Vincent Peale, *O poder do pensamento positivo* (p. 158)
Martin Seligman, *Aprenda a ser otimista* (p. 170)

Capítulo 33

Richard Carlson

A origem do título *Não faça tempestade em copo d'água* é um mal-entendido que começou quando uma editora estrangeira pediu a Carlson que conseguisse com o aclamado escritor Wayne Dyer uma recomendação para seu livro *You Can Feel Good Again* (Você pode se sentir bem novamente). Como Dyer já havia feito uma referência para um livro anterior dele, Carlson enviou o pedido. O tempo passou e nada. Seis meses depois, Carlson recebeu uma cópia da edição estrangeira e, para sua imensa irritação, percebeu que a editora usara a velha recomendação de Dyer. Constrangido, escreveu um sincero pedido de desculpas ao autor, explicando que estava tentando recolher a edição das livrarias. Poucas semanas depois, recebeu o seguinte bilhete:

"Richard, existem duas regras para se viver com harmonia:
1) Não faça tempestade em copo d'água e 2) Não vale a pena. Deixe ficar como está.
Afetuosamente, Wayne."

Essa elegante resposta inspirou Carlson a escrever *Não faça tempestade em copo d'água,* um guia que se apóia numa etérea lei espiritual: a lei do menor esforço. Não se trata de um manual para atingir a perfeição, mas de uma coleção de idéias para evitar problemas sempre que possível. Desenvolvidas na forma de ensaios curtos, as 100 estratégias parecem ter provado seu valor entre os leitores de todo o mundo.

O caminho da perspectiva

O livro tem a mesma generosidade que encontramos em Dale Carnegie e Norman Vincent Peale, combinada com uma concepção oriental do tempo e do valor da tranqüilidade. No entanto, seu real valor está na percepção das demandas avassaladoras da vida moderna e da cultura em que vivemos.

Podemos nos sentir bem fazendo um retiro para meditar ou caminhando na praia no fim de semana, mas o efeito passa rapidamente e na terça-feira de manhã já estamos outra vez dirigindo às pressas, sentindo raiva e nos queixando da falta de tempo. Como trazer essa paz para o dia-a-dia? A resposta de Carlson é de uma simplicidade revigorante: não se preocupe com o fato de ter maus pensamentos. Não tente nem se livrar deles, diz o livro – coloque-os em um contexto mais amplo.

Dentre as 100 estratégias relacionadas pelo autor, as mais interessantes são:

Torne-se um madrugador

Levante-se bem antes de sua esposa e seus filhos. Segundo Carlson, isso rende uma "hora de ouro" só para você fazer o que quiser: ler, meditar ou pensar sobre o seu dia. Muitos clientes lhe disseram que o simples fato de passar a acordar mais cedo revolucionou suas vidas.

Esqueça a idéia de que as pessoas calmas e descontraídas não podem ser grandes realizadoras

Uma vida frenética, de emergências constantes, parece de alguma forma corresponder à idéia que fazemos dos indivíduos resolutos e empreendedores. A perspectiva de nos tornarmos mais pacatos e afetuosos parece própria de uma apatia sonhadora. Contudo, pensamentos agitados e movimentação constante só servem para drenar a motivação e o sucesso de nossas vidas. Carlson observa a sorte que tem de estar cercado por pessoas delicadas e tranqüilas e que também são visivelmente bem-sucedidas sob todos os aspectos. Se a paz interior se tornar um hábito para você, haverá bem-estar na maneira como você conquista suas metas e ajuda outras pessoas.

Não interrompa os outros nem termine suas frases

Essa é uma maneira surpreendentemente fácil de se tornar uma pessoa mais relaxada e afetuosa – experimente.

Aprenda a viver o "aqui e agora"

Há uma frase de John Lennon que resume bem essa idéia: "A vida é o que acontece quando estamos ocupados fazendo outros planos." O foco no "aqui e agora" faz com que o medo, quase sempre associado a um futuro imaginário, aos poucos desapareça. Você se surpreenderá ao perceber como os problemas que vão surgindo se resolvem com facilidade. Faça disso um hábito mental e veja sua vida mudar.

Pergunte a si mesmo: "Isso terá alguma importância daqui a um ano?"

Faça essa pergunta com freqüência e você acabará rindo das coisas que costumavam incomodá-lo. A energia que gastava para ficar aborrecido e acabrunhado pode agora ser destinada para a família e para o pensamento criativo.

Permita-se ficar entediado

Não tenha medo do tempo ocioso. Você é um ser humano, não uma "máquina", portanto relaxe e acolha o tédio. Você se surpreenderá com sua capacidade de clarear a mente (depois que você superar o desconforto inicial, é claro) e gerar novos pensamentos.

Imagine-se em seu próprio enterro

Esta é uma valiosa forma de reavaliar suas prioridades. Poucas são as pessoas que, olhando para o passado, ficariam satisfeitas de lembrar quanto tempo perderam se estressando com bobagens – ou melhor, com as muitas "tempestades que fizeram em copos d'água". Pergunte a si mesmo: que espécie de pessoa você era? Será que fez as coisas de que gostava? Será que amou e desfrutou de verdade, todos os dias, as pessoas queridas?

Imagine as pessoas de sua vida como bebês ou velhinhos centenários

Esse exercício costuma proporcionar compaixão e senso de perspectiva (além de diversão).

Redefina uma realização significativa

Em vez de sempre pensar em uma conquista como algo externo, pergunte-se sobre suas realizações pessoais – alguma situação em que você permaneceu concentrado diante da adversidade, por exemplo.

Esteja aberto para "o que é"

O mundo muitas vezes não é como gostaríamos que fosse. Quando alguém o censurar, mesmo se for uma pessoa próxima, ou quando algo sair errado no trabalho, admita o erro, em vez de agir com emoção. Depois de algum tempo, as coisas que antes o aborreciam se dissiparão sem lhe causar mal. Sob muitos aspectos, você estará livre delas.

Outras estratégias:

- Só por diversão, concorde com as críticas que lhe são dirigidas (depois as observe indo embora).
- Sinta-se grato por estar se portando bem e de forma educada quando estiver se sentindo mal.
- Sinta-se feliz.
- Seja mais rigoroso consigo mesmo.

Comentários finais

Se você se interessa por idéias de auto-ajuda, mas não tem tempo para ler livros, *Não faça tempestade em copo d'água* pode ser a melhor opção. Embora possa parecer folclórico e simplista, esse livro se baseia na terapia cognitiva para mostrar a estreita relação entre os pensamentos e os sentimentos.

Conscientizando-se de seus pensamentos, você terá condições de mudá-los juntamente com seus sentimentos. Isso não é tão piegas quanto parece. Até o conceituado psicólogo Abraham Maslow reconheceu o conceito como um aspecto essencial do que chamava de necessidade de auto-realização de uma pessoa, que surge após a satisfação de todas as outras necessidades básicas e parte em busca de uma visão ampla do mundo e da vida.

A estrutura do livro permite que você o leia sempre que tiver um momento disponível. Em qualquer página você encontrará a perspectiva e a inspiração de que necessita. Sem discussões longas, ele condensa em poucas páginas o que outros livros usaram centenas para dizer. Se uma ou duas estratégias permanecerem em sua mente, já terá valido a pena lê-lo.

Richard Carlson

Carlson foi criado em Piedmont, Califórnia. Tornou-se Ph.D. em Psicologia da Felicidade, formando-se em 1986. Sua popular série jornalística Receitas de felicidade *lançou-o na carreira de especialista em felicidade e redução do estresse.*

Traduzido para vários idiomas, Não faça tempestade em copo d'água *já vendeu mais de 10 milhões de cópias e acabou se tornando uma série, com os títulos* Não faça tempestade em copo d'água no amor, Não faça tempestade em copo d'água em família *e* Não faça tempestade em copo d'água no amor para adolescentes. *Durante dois anos consecutivos foi o livro mais vendido nos Estados Unidos.*

Outros best-sellers de Carlson: Os caminhos do coração: ensaios originais sobre o amor, No ritmo da vida: reduzindo a velocidade frenética *e* Pelo amor de Deus: manual do espírito.

Carlson mora com a esposa e duas filhas no norte da Califórnia.

Em busca de sentido: um psicólogo no campo de concentração

1959

"Às vezes é preciso tomar decisões rápidas, decisões de vida ou morte. O prisioneiro preferiria deixar que o destino escolhesse por ele. Essa relutância era mais aparente quando ele tinha de decidir contra ou a favor de uma tentativa de fuga. Nesses minutos em que precisava decidir – e era sempre uma questão de minutos – o prisioneiro sofria as penas do inferno."

"Ficávamos gratos pelas menores caridades e felizes por tirar os piolhos antes de ir para a cama, ainda que isso não fosse, em si mesmo, nenhum prazer, uma vez que significava ficar nu numa cabana sem nenhum aquecimento, com estalactites de gelo pendendo do teto."

"Quem visse nossos rostos durante a viagem de Auschwitz até um campo de concentração da Bavária, olhando, pelas barras da janelinha do vagão de prisioneiros, as montanhas de Salzburgo com seus picos brilhando ao pôr-do-sol, nunca acreditaria que aqueles eram os rostos de homens sem qualquer esperança de vida e liberdade. Apesar desse fator – ou talvez por causa dele –, éramos arrebatados pela beleza da natureza que não desfrutávamos há muito tempo."

Em síntese

O sentido da vida é aquele que você decide lhe dar.

Na mesma linha

Boécio, *A consolação da filosofia* (p. 180)

Capítulo 34

Viktor Frankl

A esposa, o pai, a mãe e o irmão de Viktor Frankl morreram nos campos de concentração da Alemanha nazista. Só sua irmã sobreviveu. Suportando fome, frio e brutalidades extremas, primeiro em Auschwitz e depois em Dachau, o próprio Frankl esteve sob constante ameaça de ser enviado para a câmara de gás. Em seu primeiro dia como prisioneiro, perdeu todos os seus pertences, inclusive um manuscrito científico que considerava a obra de sua vida.

Essa história poderia levar qualquer um a acreditar que a vida não tem sentido e que o suicídio é uma opção razoável. Mas, apesar de ter sido jogado no fundo do poço da humanidade, Frankl emergiu como um otimista. Seu raciocínio era simples: ele acreditava que, mesmo sob as mais terríveis condições, as pessoas têm liberdade para escolher como encarar as circunstâncias e delas extrair algum sentido. É o que os estóicos chamavam de "última liberdade". O pior da tortura não é tanto o sofrimento físico, mas o empenho consciente em extinguir a liberdade.

Redefinindo a realização humana

Uma das frases favoritas de Frankl é de autoria de Nietzsche: "Quem tem uma razão para viver é capaz de suportar praticamente qualquer coisa."

As partes mais pungentes de *Em busca de sentido* são as lembranças dos pensamentos de Frankl que lhe davam vontade de viver. A imagem da esposa, por exemplo, era sua única luz nos dias sombrios dos campos de concentração. Há uma linda passagem em que Frankl está pensando nela com tanta intensidade que quando um passarinho pousa num monte de terra à sua frente ele acredita que é a sua encarnação.

Profeticamente, ele se imagina, depois da libertação, fazendo conferências sobre coisas que nunca deveriam voltar a acontecer. E havia também o desejo permanente de rabiscar notas com as lembranças de seu manuscrito perdido.

Mas havia os que preferiam fumar seus últimos cigarros em vez de trocá-los por restos de comida – esses haviam decidido que a vida não tinha mais nada a lhes dar.

Para Frankl, esse modo de pensar é um terrível equívoco. Não estamos aqui para julgar a vida pelo que esperávamos e pelo que acabamos recebendo dela. Ao contrário, é preciso ter a coragem de perguntar o que a vida espera de nós, dia após dia, e, mais do que sobreviver, encontrar a verdade capaz de nos guiar na situação específica em que nos encontramos e que às vezes só se revela em meio às piores dificuldades.

O sofrimento, diz Frankl, "pode ser visto não como um sintoma de neurose, mas como uma conquista humana".

O impacto do livro

Traduzido para 24 idiomas, *Em busca de sentido* vendeu mais de 9 milhões de cópias e foi eleito pela Biblioteca do Congresso um dos 10 livros mais influentes dos Estados Unidos. Apesar disso, Frankl, que originalmente queria que a capa do livro tivesse somente seu número de prisioneiro, disse que via o seu sucesso como uma "expressão da miséria de nossa época, revelando a fome voraz da humanidade por uma existência significativa".

À parte seu status de campeão de vendas, o livro exerceu uma enorme influência sobre os principais autores de auto-ajuda. A ênfase na responsabilidade que encontramos em *Os 7 hábitos das pessoas altamente eficazes*, de Covey, por exemplo, inspira-se diretamente em Frankl.

A atual edição tem três partes: a autobiográfica "Experiências num campo de concentração", o ensaio teórico "Logoterapia em poucas palavras" (1962) e a seção "Em defesa do otimismo trágico" (1984). Com essa estrutura, a história de Frankl conduz o leitor às suas implicações intelectuais.

A logoterapia e a busca de sentido

O mais incrível das experiências de Frankl é que elas o levaram a vivenciar as idéias sobre as quais vinha teorizando como médico antes da eclosão da Segunda Guerra Mundial. Foi assim que foi criada a logoterapia (do grego *logos*, "significado"), também conhecida como Terceira Escola de Psicoterapia Vienense.

Enquanto a psicanálise freudiana requer introspecção e autocrítica para revelar a base da neurose de uma pessoa ("desejo de prazer") e Adler prega a terapia individual ("desejo de poder"), a logoterapia tenta criar um distanciamento para que a pessoa veja sua vida de uma perspectiva mais ampla. O "desejo de significado" é a força motivadora primordial do ser humano.

Frankl recorda a visita ao seu consultório, em Viena, de um diplomata norte-americano que passara cinco anos fazendo psicanálise. Vinha com um diagnóstico de que a insatisfação com o próprio emprego estava relacionada ao seu pai biológico. O governo dos Estados Unidos representaria seu pai e por isso era o objeto superficial de sua aflição, ao passo que o verdadeiro problema eram seus sentimentos para com seu pai. Frankl, porém, diagnosticou falta de propósito no trabalho e sugeriu uma mudança de carreira. O diplomata seguiu seu conselho e nunca mais olhou para trás.

O fundamental nessa história é que a logoterapia encara a angústia existencial não como neurose ou doença mental, mas como um sinal de que estamos nos tornando mais humanos no desejo de significado. Em contraste com Freud e Adler, Frankl (e a psicologia humanista em geral, como a de Abraham Maslow e Carl Rogers em particular) não via a vida como uma busca de satisfação dos impulsos e instintos, tampouco como um processo de "ajustamento" à sociedade. Para ele, o aspecto mais extraordinário do ser humano é o livre-arbítrio.

As fontes de sentido

A logoterapia diz que a saúde mental emerge quando aprendemos a cobrir a lacuna entre o que somos e o que podemos vir a ser. Mas e se ainda não identificamos o que podemos vir a ser? Frankl observa que o indivíduo moderno tem de lidar com uma liberdade quase excessiva. Não vivemos de acordo com nossos instintos, tampouco a tradição nos serve de guia. Nesse vácuo existencial, a busca de sentido frustrada é compensada pela necessidade de dinheiro, de sexo, de diversão e até de violência. Não estamos abertos às várias fontes de sentido, que, segundo o autor, são:

1 Criar um trabalho ou realizar uma façanha.
2 Experimentar algo ou encontrar alguém (amor).
3 A atitude que assumimos para evitar o sofrimento.

A primeira é uma fonte clássica, definida como "propósito de vida" em boa parte da literatura de auto-ajuda. Nossa cultura aspira à felicidade, mas Frankl diz que isso não é algo que devemos buscar diretamente. Ele define a felicidade como um subproduto da absorção do indivíduo em uma tarefa que demanda toda a sua imaginação e todo o seu talento.

A importância da segunda fonte é tornar a experiência (interior e exterior) uma alternativa legítima numa sociedade construída sobre a idéia de realização. A terceira dá ao sofrimento um sentido – mas que sentido? Frankl admite que talvez nunca saibamos a resposta, pelo menos não até que seja tarde. O fato de que não compreendemos o sentido não significa que ele não existe.

Às pessoas que dizem que a vida não tem sentido por ser transitória Frankl responde: "É a não-realização do potencial que carece de sentido, não a vida em si mesma." Nossa cultura venera a juventude, quando é a maturidade que deveríamos admirar, pelo tanto que a pessoa mais velha já amou, sofreu e realizou.

A realização de nosso potencial, por mais humilde que seja, deixará uma marca permanente na história do mundo e é a decisão de deixar essa marca que define a responsabilidade. A liberdade é apenas metade da equação. A outra metade é a responsabilidade de agir com base nela.

Comentários finais

Se há um fio condutor que percorre toda literatura de desenvolvimento pessoal é a crença na capacidade de mudança do indivíduo. O determinismo, em contraste, diz que nunca seremos capazes de superar nossa infância ou nossa constituição genética.

Freud acreditava que quando as pessoas eram privadas de alimento suas diferenças individuais diminuíam, sendo substituídas pelo afã coletivo. Mas a experiência de Frankl nos campos de concentração lhe provou o contrário. Embora a fome, a tortura e a imundície, de fato, dessensibilizassem os prisioneiros, muitos deles conseguiam evitar a mentalidade da multidão apesar de serem tratados como animais.

Além de ser impossível prever o comportamento de um indivíduo, também não se deve fazer generalizações sobre o significado da humanidade:

> *"Nossa geração é realista, pois conhecemos o homem como ele realmente é. O homem é esse ser que inventou as câmaras de gás de Auschwitz, mas é também o ser que entrou nas câmaras de gás com a cabeça erguida e o pai-nosso ou a Shema Yisrael nos lábios."*

O que distingue o homem como espécie é seu poder de viver de ideais e valores. De que outra forma, pergunta Frankl, poderia um homem manter a cabeça erguida ao entrar na câmara de gás? Consciente de que a maioria jamais viria a ter um destino nem de longe tão terrível, ele o usava como um ponto de referência, um símbolo de responsabilidade pessoal capaz de guiar as decisões que tomamos em nossas vidas cotidianas. Quaisquer que sejam as circunstâncias, diz o livro, podemos ser livres.

Viktor Frankl

Frankl nasceu em Viena, em 1905. Antes da Segunda Guerra Mundial, obteve dois doutorados, em medicina e filosofia, na Universidade de Viena. Durante a guerra, passou três anos em Auschwitz, Dachau e outros campos de concentração. Em busca de sentido *foi ditado em nove dias depois de seu retorno a Viena, após a libertação.*

Foi chefe do Departamento de Neurologia do Hospital Policlínico de Viena até a década de 1960, quando se mudou para os Estados Unidos, onde trabalhou como professor visitante em Harvard e em outras universidades norte-americanas. Participou de mais de 50 turnês como conferencista. Praticava o alpinismo com entusiasmo.

Frankl recebeu mais de 28 títulos honorários e escreveu mais de 30 livros, dentre os quais Psicoterapia para todos, A presença ignorada de Deus *e* Um sentido para a vida. *No ano de sua morte publicou sua autobiografia. Pelo menos 145 livros foram escritos sobre a logoterapia e sobre Frankl, que morreu em 1997.*

Tao Te Ching

Séculos V-III a.C.

"Contorne os obstáculos, não os enfrente. Não lute para conseguir. Espere o momento certo."

"Tentar entender é como se esforçar para enxergar em água barrenta. Fique parado e espere a areia assentar. Continue parado até chegar a hora de agir."

"Pare de se apegar à sua personalidade e veja todos os seres como vê a si mesmo. A uma pessoa assim pode-se confiar o mundo inteiro."

"Diante do amigo ou do inimigo, da vitória ou da derrota, da fama ou da desonra, o sábio permanece equânime. É o que o torna extraordinário."

Em síntese

Torne a sua vida mais fácil e eficaz sintonizando-se com o "fluxo" natural do universo.

Na mesma linha

Deepak Chopra, *As sete leis espirituais do sucesso* (p. 22)

Capítulo 35

Lao Tsé

Um dos maiores clássicos filosóficos e espirituais do mundo, além de ser a mais antiga escritura do taoísmo e um texto de meditação, o *Tao Te Ching* é também uma filosofia atemporal sobre o poder baseada na harmonia com a natureza. Por adaptar-se como uma luva à vida contemporânea, ele vem sendo muito adotado como manual de liderança.

Em português, o título significa "O caminho do poder" ou "O clássico (*Ching*) do caminho (*Tao*) e da virtude (*Tè*)". O *tao* determina o *te*, ou a maneira como deve agir a pessoa sintonizada com o *tao*. Tudo que pode ser definido não é *tao* – o espírito atemporal que percorre a vida criando a unidade essencial do universo. O *tao* não é nem mesmo "deus", entidade que nasceu dele.

O *Tao Te Ching* pinta a imagem de uma pessoa em plena sintonia com o *tao* e, portanto, com o universo. Em sua apresentação, Martin Palmer diz que ele representa "um mundo de ordem com que devemos trabalhar, não um mundo em que precisamos lutar por nós mesmos".

Nesse cenário, nós paramos de lutar porque descobrimos que é a sintonia, não o esforço mecânico, que nos traz aquilo de que precisamos. A idéia do *tao* é a de que, quando você se harmoniza com ele, suas ações deixam de parecer uma "ação". Csikszentmihalyi chama esse sentimento de "fluxo", enquanto o físico Bohm fala dele como parte do "desdobramento". Em contraste, a ação comum implica um esforço da vontade para realizar algo que geralmente envolve manipulação ou mesmo exploração. Enquanto a ação *tao* integra, sua alternativa fragmenta.

Liderança *tao*

Para Lao Tsé existem dois tipos de liderança: a convencional guerreira (energia masculina que usa a força para alcançar seus objetivos, simbolizada pelo *yang*) e a xamã (simbolizada pelo feminino *yin* e pelo conceito de "liderança servidora", na qual o líder se mistura ao ambiente para que seus colaboradores possam brilhar).

No mundo dos negócios há quem diga que quanto mais poder tem um líder, menos ele deve usá-lo. Isso é corroborado pelo trabalho em equipe, sinergias e hierarquias horizontais de empresas bem geridas e que almejam aumentar sua eficácia dividindo o poder. Essas organizações têm maiores chances de lançar idéias e produtos capazes de melhorar verdadeiramente a vida.

O líder ideal do ano 2020 talvez seja muito difícil de identificar, porque a posição e a riqueza não serão mais indicadores adequados de seu impacto ou de sua influência. Nas palavras de Lao Tsé:

> *"Os sábios excedem porque se vêem como parte do todo.*
> *Brilham porque não querem impressionar. Realizam grandes coisas*
> *porque não buscam reconhecimento. Sua sabedoria está contida no que são,*
> *não no que dizem. Como se recusam a discutir, ninguém discute com eles."*

Ouvir, ceder, cooperar, estar aberto, buscar o melhor resultado possível – esses aspectos *yin* devem equilibrar a força empreendedora do *yang,* responsável pela civilização tal como a conhecemos. A integração dos dois será a marca do novo líder, cuja credibilidade não repousa nem no que ele diz nem no que realizou até aqui: "sua sabedoria está contida no que ele é".

Sucesso *tao*

Para um livro que trata essencialmente de liderança e êxito pessoal, o *Tao Te Ching* contém conselhos que parecem bastante estranhos: "Desista e você conseguirá."

Como podemos conciliar essa afirmação com as insistentes mensagens motivacionais sobre os passos ativos que devemos dar na busca do sucesso? Consideremos, por exemplo, *Desperte o gigante interior*, de Anthony Robbins, o paradigma do moderno livro de desenvolvimento pessoal. Com a frase de capa "Como assumir o controle do seu destino mental, emocional, físico e financeiro!", esse livro contém a ética da autocriação plena baseada na crença de que sabemos o que queremos, o que nos fará felizes e o que tornará nosso potencial ilimitado.

Por outro lado, o *Tao Te Ching* trata de como levar uma vida simples, que não busca poder, fama ou riqueza. Viver para o momento implica um êxtase silencioso, não forçar nenhum acontecimento nem tentar conseguir que os outros façam o que você quer. É um livro sobre o poder da ocasião propícia:

"Fique parado e deixe a areia assentar.
Continue parado até chegar a hora de agir."

Qual é o melhor caminho? Usar o foco e a perseverança para realizar as coisas ou seguir o "fluxo" e "deixar" que ele se manifeste? Em última instância, tudo se resume a onde está a nossa fé: em nós mesmos (bastante razoável) ou na inteligência que governa o universo (*tao*)?

Na mente de Lao Tsé, o *tao* que tudo criou é capaz de nos dar paz, alegria e poder pessoal. A compulsão de lutar deriva, com certeza, da percepção de que precisamos dominar o mundo, ou pelo menos uma parte dele, para nos sentirmos íntegros.

É mais provável, portanto, que a luta para criar coisas, embora possa ser considerada uma maneira natural de expressar nossa identidade, não seja, na verdade, o melhor caminho para o sucesso. Devemos admitir prontamente, em vez disso, que o objetivo pelo qual lutamos é apenas um símbolo da unidade maior sugerida pelo *Tao Te Ching*, que a chama de "o caminho do céu".

Comentários finais

De início, o *Tao Te Ching* parece uma voz estranha, mas é provável que ele mude e amplie suas idéias atuais sobre a vida e o sucesso. Você pode até chegar à conclusão de que precisa incorporar sua visão de mundo à dele, não o contrário.

Como não é uma narrativa, e as meditações parecem não guardar relação umas com as outras, o livro não deve ser lido do começo ao fim. Seu poder hipnótico é resumido em uma de suas próprias estrofes:

"Um viajante pode parar para comer boa comida e ouvir boa música, mas toda descrição do Tao *parece frágil e insípida. Não parece ser nada de especial. Não soa como nada especial. Mas siga-o e você nunca se cansará dele."*

João de Ferro

1990

"Nos últimos 20 anos, o homem se tornou mais reflexivo, mais dócil, mas nem por isso se tornou mais livre. É um bom menino que agrada não apenas sua mãe como também a moça com quem está vivendo."

"A palavra especial é importante para o homem ingênuo que tem relacionamentos especiais com certas pessoas. Todos nós temos relacionamentos especiais, mas ele cerca a pessoa especial de zelo em abundância. O relacionamento é tão especial que ele nunca examina o lado escuro da pessoa."

"A história de João de Ferro guarda memórias de cerimônias européias de iniciação que remontam a 10, 20 mil anos. A tarefa do 'Homem Rebelde' é ensinar ao menino quão abundante, variada e multifacetada é a masculinidade. O corpo do menino herda habilidades físicas desenvolvidas por seus ancestrais, assim como sua mente herda poderes espirituais e da alma desenvolvidos há muitos séculos."

Em síntese

Por meio de antigas histórias, podemos ressuscitar o poder ancestral e profundo da masculinidade.

Na mesma linha

Joseph Campbell com Bill Moyers, *O poder do mito* (p. 218)

Clarissa Pinkola Estés, *Mulheres que correm com os lobos* (p. 224)

Thomas Moore, *Cuide de sua alma* (p. 236)

Capitulo 36

Robert Bly

Respeitado poeta americano, Robert Bly costumava dar palestras sobre mitologia para completar seus rendimentos quando descobriu que o conto "João de Ferro", dos Irmãos Grimm, tinha o poder de incomodar os homens. Acabou escrevendo um dos maiores sucesso da literatura de auto-ajuda – seu livro ajudou a estabelecer o movimento de reconquista da identidade masculina, inspirando inclusive a criação do estereótipo do "homem natural", que se enfurnava na floresta para bater tambor e entrar em contato com seu "eu interior".

O homem moderno

Nos primeiros seminários que realizou, Bly pedia aos homens que encenassem uma passagem da *Odisséia* na qual Ulisses é instruído a erguer sua espada ao se aproximar de Circe, símbolo da energia matriarcal.

Os mais pacifistas se sentiam incapazes de erguer a espada, fiéis à idéia de não machucar ninguém. Eles tinham atingido a maioridade durante a Guerra do Vietnã e rejeitavam a masculinidade que precisava de um inimigo para sentir-se viva. Em vez de seguir a agenda única dos homens da década de 1950, esses novos homens se mostravam receptivos a outras prioridades e pontos de vista.

O mundo de hoje é sem dúvida um lugar muito melhor para homens mais sensíveis, seres humanos adoráveis, admite Bly, embora um tanto infelizes por causa de sua própria passividade. O que o mito de *João de Ferro* tenta reabilitar é exatamente a essência da masculinidade. Ao reproduzir a cerimônia da espada, o autor não estava incentivando um comportamento agressivo – ao contrário, queria sugerir um "espírito jovial e decidido". O objetivo do exercício era buscar o equilíbrio entre a consciência mais elevada do homem sensível da *nova era* e a força e a vitalidade do guerreiro.

A história

São várias as versões da história de João de Ferro, mas, em linhas gerais, ela fala de um caçador que aceita o desafio do rei para se dirigir a um ponto da floresta de onde geralmente ninguém retorna. O caçador entra na floresta e seu cachorro é apanhado por uma mão que emerge do fundo do lago. Na tentativa de salvar o cachorro, ele usa um balde para esvaziar o lago e encontra lá no fundo um homem peludo, que é levado de volta ao castelo e aprisionado.

Mais tarde, o filho do rei deixa sua bola dourada rolar acidentalmente para dento da cela onde está o prisioneiro. Para receber a bola de volta, o príncipe acaba fazendo um trato e liberta-o da gaiola. Esse acordo marca a iniciação do menino, que se mostra disposto até a se desligar dos pais para recuperar sua "bola de ouro" (o sentimento vivo da juventude). É a descoberta de sua energia masculina.

O homem peludo torna-se mentor do jovem príncipe, orientando-o em cada fase de seu amadurecimento da identidade masculina.

Quem ou o que é o homem rebelde?

Bly faz uma importante distinção entre o homem rebelde e o homem selvagem. Selvagem é aquele que destrói o meio ambiente, maltrata as mulheres e derrama sobre o mundo seu desespero interior na forma de desrespeito e ódio dos outros. Já o tipo rebelde tem o costume de examinar suas mágoas, o que o aproxima da figura de um sacerdote zen ou xamã.

O rebelde é a expressão mais elevada da masculinidade, enquanto o selvagem é a mais baixa. O homem civilizado tenta incorporar seu inconformismo num "eu" mais amplo. Como no episódio em que o príncipe arrisca tudo e vai para a floresta com o homem rebelde e seus pais acham que ele foi apanhado pelo demônio. Sua teimosia, nesse caso, simboliza uma iniciação profunda, um despertar.

Na opinião de Bly, a obsessão moderna em criar as crianças dentro de uma redoma de vidro impede seu acesso às fontes do poder. Sua mensagem é clara: vícios e distúrbios psicológicos refletem a incapacidade da sociedade de acomodar o "lado escuro".

Bly acredita que o pensamento *New Age* sobre harmonia e consciência elevada exerce uma poderosa atração sobre os ingênuos. A mitologia nos estimula a entrar plenamente na vida, com direito a sangue e lágrimas, mas a maneira de alcançar a plena realização é focando "naquilo que é mais precioso" (uma idéia, uma pessoa, uma busca, uma pergunta). A decisão de perseguir essa meta a todo custo é um sinal da maturidade. Quando fazemos uma escolha clara, o rei dentro de nós desperta e nossos poderes são finalmente libertados.

Redespertando o guerreiro

A energia do guerreiro, se não for honrada e canalizada, acaba se expressando em combates urbanos na adolescência e, mais tarde, em violência física contra a esposa, tendência à pedofilia e sentimentos de humilhação. Quando usada corretamente, a energia do guerreiro se torna uma fonte de prazer para todos.

De que outra forma podemos explicar nossa admiração inconsciente por um glorioso cavaleiro ou um homem num uniforme branco coberto de medalhas? Essas imagens representam a energia guerreira canalizada para padrões "civilizados".

O autor defende também o uso do espírito guerreiro e de uma ocasional "ferocidade" nos relacionamentos. Ele cita inclusive o psicanalista Carl Jung, que disse que os casamentos americanos eram "os mais lamentáveis de todos porque os homens reservavam toda a sua capacidade de luta para o trabalho". Em casa eram como gatinhos.

Segundo Bly, ferocidade significa defender o que é seu por direito, e as mulheres gostam de saber até onde vão os homens quando se trata de partir em sua defesa.

Caindo na real

Um homem pode passar 20 ou 30 anos como uma espécie de "menino voador" – em sua imaginação, nada é capaz de manter seus pés no chão. Mas, para que um homem se sinta pleno, é preciso ter alguma ferida que permita a entrada de sua alma. Em muitos mitos, um animal selvagem se aproxima de um rapaz e atinge sua perna com o chifre. Na história de João de Ferro, um cavaleiro sai à procura do príncipe e lhe dá uma estocada na perna. Ao cair do cavalo, seu cabelo louro escondido sob o elmo é revelado e ele, então, ganha um aspecto bidimensional. A valorização da dor e do sofrimento é tão vital para a potencialidade masculina quanto sua capacidade de se desligar da realidade.

Fome de masculinidade

Em todas as culturas, as cerimônias de iniciação masculina constituem um aprofundamento, uma descoberta forçada do "lado escuro". Como as mulheres não podem fazer sua iniciação, em geral o menino é afastado do convívio feminino e colocado na companhia de homens mais velhos.

A sociedade moderna tem poucos ritos de passagem, o que permite que os meninos passem a adolescência usufruindo sua liberdade, expressa em comportamentos rebeldes, rudeza na relação com os pais (particularmente com a mãe) e fascínio por música barulhenta e roupas espalhafatosas.

Apesar de milhões de homens crescerem em ambientes femininos, o que em princípio não é um problema, eles precisam entrar em contato com a energia masculina – embora eles só comecem a pensar mais sobre seus pais à medida que ficam mais velhos.

A mitologia tem muito a dizer sobre o peso de "entrar na casa do pai", de deixar para trás as expectativas de leveza e conforto para enfrentar a dura realidade. Segundo Bly, *Hamlet,* de Shakespeare, não passa de uma refinada metáfora da passagem da influência materna para a paterna.

Cores de uma vida

Em *João de Ferro*, o príncipe se disfarça de cavaleiro e monta um cavalo vermelho, depois um branco e depois um preto. Essas cores formam uma progressão simbólica da vida masculina: o "vermelho" das emoções e da sexualidade desabrida dos anos da juventude; o "branco" do trabalho e da vida ajustada às leis sociais; e o "preto" da maturidade, momento em que a compaixão e a humanidade têm chance de florescer.

Bly comenta que o presidente Lincoln só usava roupas pretas em seus últimos anos de mandato. Simbolicamente, é como se ele já tivesse visto tudo e por isso não se deixava mais governar pelas emoções (vermelho), pelos princípios externos ou mesmo pelas leis (branco) – na verdade, ele havia parado de se lamentar e desenvolvido um brilhante e filosófico senso de humor.

É preciso reconhecer que o homem entra na fase do preto de acordo com sua capacidade de despertar confiança. Se ele não tem cantos ocultos, é porque incorporou inteiramente a própria sombra.

Comentários finais

Por que razão o resgate de um conto de fadas atraiu o interesse de milhões de homens? *João de Ferro* merece ser lido e relido muitas vezes, especialmente se você não é familiarizado com mitologia. Assim como uma herança prometida, porém não recebida, muitos não sabem exatamente o que perderam. O curioso é que há milênios se conta essa história ao redor da fogueira – seu impacto sugere que a demanda reprimida era grande.

Os homens que talvez desprezem esse livro provavelmente são os que mais precisam dele. Os tipos mais destrutivos tendem a ter uma menor capacidade de auto-análise. As mulheres, por outro lado, devem saudar todo o esforço de reviver o espírito vigoroso, não destrutivo, da masculinidade. Elas e o resto da sociedade só têm a ganhar com isso.

João de Ferro fez pelos homens o que *Mulheres que correm com os lobos*, de Clarissa Pinkola Estés, realizou pelas mulheres, e por isso é altamente recomendado. Primeiro livro de prosa de Bly, ele contém ainda uma ótima seleção de poemas de sua autoria.

Robert Bly

Nascido em 1926, em Madison, Minnesotta, numa família de fazendeiros, Bly tem diplomas de bacharel em Artes, de Harvard, e mestre em Artes, da Univesidade de Iowa. Um dos mais renomados poetas americanos vivos, Bly foi mentor de muitos jovens poetas e um dos líderes do movimento contra a Guerra do Vietnã.

Além de João de Ferro, *Bly escreveu outros livros importantes, dentre os quais* The Sibling Society *(Uma sociedade de irmãos), um registro sobre a cultura "adolescente" em que vivemos, e* The Maiden King: The Reunion of Masculine and Feminine *(A donzela rainha: o encontro do masculino e do feminino), em parceria com a autora de auto-ajuda Marion Woodman. Seu trabalho mais recente é* Eating the Honey of Words *(Comendo o doce das palavras), uma coletânea de sua produção poética.*

O poder do mito

1987

"MOYERS: Você já teve a mesma sensação que eu, quando estava procurando sua felicidade, de estar sendo ajudado por mãos ocultas?
CAMPBELL: O tempo todo. É milagroso. Eu até criei uma superstição como resultado dessas mãos invisíveis que sinto o tempo todo – de que ao buscar a felicidade você se coloca numa espécie de trilha que sempre esteve lá, à sua espera, e que a vida que lhe foi destinada é a que você está de fato vivendo. Quando consegue ver isso, você começa a encontrar pessoas que estão conectadas à sua felicidade e elas abrem as portas para você. Basta seguir esse caminho e não ter medo. As oportunidades surgirão de onde menos se espera."

Em síntese

Faça sempre o que mais ama e valoriza
na vida como uma jornada maravilhosa.

Na mesma linha

Martha Beck, *Finding Your Own North Star*
[Descobrindo a sua estrela-guia] (p. 66)
James Hillman, *O código do ser* (p. 230)
Thomas Moore, *Cuide de sua alma* (p. 236)
Carol S. Pearson, *O herói interior* (p. 242)

Capítulo 37

Joseph Campbell com Bill Moyers

O poder do mito é um livro vigoroso, escrito por um homem que viveu uma vida plena. Campbell era essencialmente um contador de histórias que passou a vida descobrindo e narrando mitos que acreditava terem o poder de superar a alienação da vida moderna. Acadêmico respeitado, ele desempenhou um papel decisivo na criação de uma lenda moderna, o filme *Guerra nas estrelas*. Foram as palavras de Campbell que levaram Lucas a entender a estrutura mítica por trás da jornada de um herói e, enfim, escrever sua aventura estelar.

"Ele tornou-se o meu Yoda", disse o diretor George Lucas. O livro *O herói de mil faces*, de 1949, foi o catalisador de seu trabalho de ficção. Diante disso, Campbell não devia ser irônico sobre as proporções míticas de sua vida, já que uma de suas idéias mestras era a de que os mesmos mitos se repetem em todas as histórias, apenas mudam as máscaras.

O poder do mito é uma espécie de conversa ao redor da fogueira entre Campbell e o escritor e jornalista Bill Moyers sobre as histórias e os símbolos da civilização. Esse bate-papo foi filmado no rancho Skywalker, de George Lucas, para uma série de TV que conquistou a imaginação do público americano. Mas Campbell não viveria muito tempo após a gravação. *O poder do mito* se tornou assim o último registro de sua sabedoria e seu conhecimento.

O poder do mito

As grandes questões colocadas em discussão por Campbell são as seguintes: como os mitos podem representar uma força poderosa para as pessoas de nossa época? Seriam nossas vidas realmente comparáveis às de personagens como Ulisses ou a deusa Artemis?

Ele acreditava que os personagens míticos atuam como arquétipos das possibilidades humanas: ao serem confrontados com os problemas e suas conseqüências, eles nos dão sugestões sobre como lidar com a vida. O fato de nos identificarmos, por exemplo, com o jovem guerreiro Arjuna, do *Bhagavad-Gita,* não significa que estamos colocando nosso ego nas alturas, mas apenas aceitando que esse personagem tem algo a nos ensinar.

Em mitologia, Campbell explica, nós nunca estamos realmente sozinhos. Os mitos funcionam como guias para o espírito humano que é comum a todos e mapeiam cada ciclo da vida ou experiência que possa surgir pelo caminho. Os mitos tornam toda experiência enriquecedora. Sem eles, a vida fica desprovida de significado, tornando-se uma mera seqüência de altos e baixos. Para o autor, a mitologia é como a "música do universo", cantada pelas vozes de milhares de pessoas de culturas diferentes.

Não buscamos no mito o significado da vida, diz Campbell, mas uma forma de valorizar "a aventura de estar vivo". Sem uma percepção de nossa participação na história mais ampla da imaginação e da experiência humanas, nossa vida careceria fatalmente de romance e de profundidade.

As histórias e imagens que temos em nossas mentes não são mais que uma pequena fração do que está à nossa disposição. Aumentando nosso conhecimento sobre cultura e arte, enriquecemos extraordinariamente a nossa vida.

Perseguindo sua bem-aventurança

Em *O poder do mito*, Campbell aborda a idéia medieval da roda da fortuna, metáfora da vida que há milênios nos fascina. A roda tem um eixo, ligado por raios ao aro externo, cujo movimento representa nossas idas e vindas, nossos ciclos. Na busca de recompensas – altos salários, poder e corpos bonitos –, nós nos agarramos ao aro, muitas vezes por amor à vida, cumprindo esse ciclo inexorável de prazer e dor.

Interessante notar que a roda da fortuna contém sua própria solução: a possibilidade de aprender a viver no eixo, centrado, focado no que Campbell chamou de "bem-aventurança", um sentimento de alegria absoluta que tem o poder de nos fascinar infinitamente. Trata-se de algo raro, que pode surgir de maneira absolutamente surpreendente e a que podemos resistir durante anos.

No jargão da moderna psicologia, bem-aventurança é o estado de "fluxo" (ver Csikszentmihalyi) que experimentamos ao fazer aquilo em que somos melhores: o tempo parece parar e nós nos sentimos naturalmente criativos. Puro contentamento, algo muito diferente de prazer.

Campbell retrata esse estado de extrema felicidade (bem-aventurança) como a trilha que sempre esteve à nossa espera, as "mãos invisíveis" que nos ajudam a atrair as circunstâncias adequadas à realização do nosso trabalho. Em termos mitológicos, é o equivalente à mãe cósmica que guarda um poço inesgotável de consolo, alegria e proteção em face da vida mundana.

Em outro livro, *The Way of Myth* (O caminho do mito), Campbell fala de pessoas que passaram a vida subindo a "escada do sucesso" para no final descobrir que ela estava encostada na parede errada. O personagem de Kevin Spacey no filme *Beleza americana* é o retrato de um homem que dedicou a vida inteira a atender às expectativas dos outros e decide passar a fazer apenas o que seus desejos mandam. Ele cansou de viver "no aro".

A mensagem do filme e dos escritos de Campbell é de que a banalidade da vida atual está sempre em compasso de espera, aguardando a oportunidade para se transformar no começo de uma grande história.

A jornada do herói

Campbell era famoso por sua erudição. Mesmo assim, passou cinco anos desempregado quando voltou da Europa em 1929, em plena fase da depressão americana. Apesar da falta de dinheiro ("Eu não me sentia pobre, apenas não tinha nenhum dinheiro"), foi uma época rica: ele passava os dias lendo numa cabana alugada por uma ninharia.

O que começou como mera sede de conhecimento se tornou uma busca para encontrar "a chave de todas as mitologias". Quanto mais ele lia, mais claro ficava o modelo seguido pela maioria dos relatos simbólicos: a "jornada do herói", uma série de experiências que serve tanto para testar quanto para provar o mito do herói.

Tipicamente, os mitos cumprem a mesma jornada, que começa com o protagonista em seu ambiente familiar, vivendo uma vida sossegada, mas insatisfatória. Então algo acontece e ele recebe um "chamado" para dar início a uma aventura, ou busca, com um objetivo específico. Na lenda do Rei Arthur, é a busca do Santo Graal; na *Odisséia*, a tentativa de Ulisses voltar para casa; em *Guerra nas estrelas*, a luta de Luke Skywalker para resgatar a Princesa Leia.

As sutilezas e variações são inúmeras, mas em geral o herói passa por vários testes menores, suporta provações terríveis, há momentos em que tudo parece estar perdido, mas ele triunfa ao final. O herói precisa então tentar trazer o "elixir mágico" (algum segredo ou objeto secreto) de volta à sua realidade. Existem muitas variações de padrão, mas esses são os estágios básicos.

Qual é a importância da "jornada do herói" para a época em que vivemos? Ou, como diz Moyers, em que o herói é diferente do líder? Para Campbell, o líder é aquele que concebe o que pode ser feito e o faz, ou aquele com habilidades para gerenciar uma empresa ou um país. Já o herói é aquele que cria efetivamente algo novo. Como o mundo corporativo vive focado em inovação, as jornadas pessoais tornam-se cada vez mais importantes.

Comentários finais

Os mitos nos revelam as incríveis possibilidades da vida, quaisquer que sejam suas formas. "Eu sempre me senti desconfortável ao ouvir as pessoas falarem sobre os mortais comuns, pois nunca conheci um homem, mulher ou criança comum", afirmou Campbell. Ao mesmo tempo, ele reconhecia que muitos aceitavam a tristeza e o desespero de existências falsas, vividas sem alegria e sem noção sequer de sua importância.

Mesmo percebendo a tendência da civilização ocidental para a especialização, Campbell tinha orgulho de ser um generalista capaz de enxergar as similaridades entre todas as histórias e experiências da vida humana. Sua idéia de ressuscitar o mito do herói proporcionou às pessoas um modelo a partir do qual poderiam organizar seus próprios sonhos e experiências.

Presente em todos os mitos humanos, a figura do herói arquetípico não conhece fronteiras nacionais, não tem pressa nem dificuldade de compreensão (a vida do próprio Campbell foi um bom exemplo) – apenas desfruta a riqueza do momento. E o que é mais significativo – ele está mais voltado para o autoconhecimento do que para a vaidade.

O movimento pelo "potencial humano" que mobilizou as décadas de 1960 e 1970 levou Campbell a nos lembrar o que os mitos vêm dizendo há milhares de anos: que todo mundo tem o direito de ser herói de alguma forma.

Joseph Campbell

Nascido em Nova York em 1904, Campbell interessou-se pela mitologia americana nativa desde menino. Aos 15 anos, a residência da família foi destruída num incêndio que matou sua avó e reduziu a cinzas sua coleção de livros e relíquias indígenas.

Estudou biologia e matemática no Dartmouth Colege e transferiu-se mais tarde para a Universidade de Colúmbia, onde se especializou em literatura medieval. Era excelente atleta – como corredor, estabeleceu o recorde da cidade de Nova York para a prova dos 800 metros – e tocava saxofone em bandas de jazz.

Em 1927, ele ganhou uma bolsa de estudos para estudar línguas antigas na Universidade de Paris, transferindo-se mais tarde para a Universidade de Munique, onde se especializou em literatura sânscrita e filologia indo-européia.

De volta aos Estados Unidos, morou por muitos anos numa cabana perto de Woodstock. Nessa época, viajou à Califórnia, onde conheceu John Steinbeck e seu vizinho Ed Ricketts, imortalizado no livro Boêmios errantes, *de Steinbeck. Mais tarde tornou-se professor da universidade feminina Sarah Lawrence, onde permaneceu por 38 anos e acabou se casando com uma ex-aluna, a bailarina Jean Erdman.*

Seu primeiro livro foi A Skeleton Key to Finnegan's Wake *(Os segredos de Finnegan Wake), seguido pelo clássico* O herói de mil faces. *Outros destaques:* As máscaras de Deus, The Mythic Image *(A imagem mítica) e* A extensão interior do espaço exterior. *Campbell também co-editou e traduziu* Os upanishads, *entre outras obras da literatura oriental, além de ter atuado como palestrante. Morreu em Honolulu, em 1987.*

Mulheres que correm com os lobos

1992

"A vida selvagem e a mulher selvagem são, ambas, espécies ameaçadas. Ao longo do tempo vimos a natureza instintiva da mulher ser pilhada, repelida e esmagada. Assim como a vida e os territórios selvagens, faz muito tempo que ela é mal gerida."

"Uma mulher saudável se parece com um lobo: robusta, plena, cheia de força vital, procriadora, ciosa de seu território, inventiva, leal e errante. Mas, ao separar-se de sua natureza selvagem, a personalidade da mulher se tornou frágil, fina, fantasmagórica, espectral... Quando sua vida fica estática, entediada, é o momento de emergir a mulher selvagem; é hora da função criadora da psique inundar o delta."

"A mulher moderna é uma nuvem de atividades. Ela é pressionada a ser tudo para todo mundo. O velho saber já há muito está vencido."

Em síntese

Entrar novamente em contato com a sua natureza selvagem não é uma pretensão louca, mas algo vital para a sua saúde física e mental.

Na mesma linha

Martha Beck, *Finding Your Own North Star* [Descobrindo a sua estrela-guia] (p. 66)
Robert Bly, *João de Ferro* (p. 212)
Joseph Campbell com Bill Moyers, *O poder do mito* (p. 218)
James Hillman, *O código do ser* (p. 230)
Carol S. Pearson, *O herói interior* (p. 242)

Capítulo 38

Clarissa Pinkola Estés

A psicologia moderna não serve de instrumento para acessar o lado mais profundo da mulher, não propicia explicações reais para seus anseios, não lança luz sobre seus mistérios, não lhe proporciona tempo. Durante toda a vida, Estés acreditou que antigas lendas oriundas de diversas tradições culturais podiam ajudar a mulher a se reconectar com sua natureza selvagem. Essas lendas trazem a figura da cantadora, uma guardiã das histórias antigas.

O nome desse livro provém dos estudos da autora sobre a vida dos lobos, que, em sua opinião, têm muito em comum com as mulheres em sua vivacidade, sua natureza instintiva e intuitiva e sua disposição para enfrentar as adversidades. Tal como os lobos, as mulheres tiveram seus territórios ocupados e foram demonizadas por exibir sinais de rebeldia. Mas assim como muitas populações de lobos selvagens se restabeleceram ao longo do tempo, é hora de as mulheres recobrarem o acesso aos seus espaços selvagens.

Com mitos e histórias para todos os aspectos da vida, *Mulheres que correm com os lobos* é um livro fantástico e arrebatador que revolucionou a vida de muitas mulheres tanto quanto *João de Ferro* revolucionou a dos homens. Mesmo representando apenas breves pinceladas de seu rico conteúdo, as duas histórias seguintes podem dar ao leitor uma idéia do que trata o livro.

A mulher-foca

Um dia, num lugar muito isolado, um homem saiu à caça em seu caiaque. Ainda não encontrara nada, quando, ao cair da noite, deparou-se com uma grande rocha no meio do mar. À meia-luz, a rocha parecia mover-se em movimentos elegantes. Ao se aproximar, o caçador viu um grupo de mulheres tão incrivelmente belas que o fizeram sentir ferroadas de amor e desejo. Havia uma pele de foca na beira da rocha e ele a roubou. Quando as mulheres foram vestir suas peles para retornar ao seu lar aquático, uma delas percebeu que estava sem a sua.

O homem então lhe gritou: "Seja minha esposa, eu estou tão só." Mas ela respondeu: "Não posso, eu pertenço ao Temeqvanek, meu lar é lá embaixo." Então ele lhe disse: "Seja minha esposa e em sete verões eu lhe devolverei sua pele e você poderá fazer o que quiser." Relutante, a mulher foca concordou. Tiveram um filho muito amado, Ooruk, a quem ela ensinou todas as histórias sobre as criaturas do mar que conhecia. Depois de um tempo, porém, sua carne começou a ressecar, ela ficou pálida e sua visão escureceu. Chegara o dia de pedir sua pele de volta.

"Não", disse o marido – acaso ela queria abandoná-los?

À noite, Ooruk ouviu o chamado de uma foca gigante e o seguiu até o mar. Nas rochas, encontrou uma pele de foca. Ao cheirá-la, percebeu que era de sua mãe e a devolveu. Encantada, a mãe o levou para o fundo do mar, onde apresentou o rapaz à grande foca e a todos os demais.

Ao voltar para casa, a mulher recuperou a cor e a saúde. Tornou-se conhecida como a foca que ninguém podia matar – Tanquigcaq, a sagrada. Depois de algum tempo ela teve de devolver o menino, mas, quando ele cresceu, passou a ser regularmente visto conversando com uma foca na beira do mar.

A foca, diz Estés, é um símbolo antigo e belo da alma selvagem. As focas geralmente se sentem à vontade com os humanos, mas, como as mulheres jovens e inexperientes, elas às vezes não têm consciência das intenções alheias e seu potencial destrutivo. Em algum momento todos experimentamos a "perda de nossa pele de foca", o roubo da inocência, do espírito, o enfraquecimento da nossa identidade.

A princípio parece uma experiência terrível, porém, mais tarde, você ouve outras pessoas dizerem que foi a melhor coisa que lhes aconteceu, porque conseguiram descobrir o significado de suas vidas. A perda nos põe em contato com o que temos de mais profundo.

Essa história evoca a dualidade de um mundo "fora d'água" da família e do trabalho e um mundo oceânico dos pensamentos, emoções e desejos. Não se pode deixar de visitar a "casa-alma" durante muito tempo, do contrário nossa personalidade, a exemplo do que sucedeu à mulher-foca, resseca e a energia se esvai de nosso corpo. Muitas mulheres perdem sua "pele-alma" por serem generosas, perfeccionistas ou ambiciosas demais, pela eterna insatisfação ou pela falta de vontade de fazer algo a respeito disso.

Todo mundo quer um "pedaço" da mulher moderna, mas há um momento em que ela precisa dizer não e reivindicar sua "pele-alma" – o que pode significar um fim de semana na montanha, uma noite com os amigos, uma hora por dia sem que ninguém lhe peça nada. Os outros podem não entender inicialmente, mas a longo prazo isso os beneficiará tanto quanto à mulher, que voltará renovada e fisicamente renovada.

A mulher-esqueleto

Era uma vez um solitário pescador do mar do Norte que um dia pensou ter fisgado um peixe tão grande que lhe permitiria deixar de pescar durante algum tempo. Tão excitado estava com o forte puxão na rede que ficou mudo de espanto ao ver o que havia pescado: o esqueleto de uma mulher.

A mulher fora jogada do penhasco por seu pai e afundou no mar. Horrorizado com o "peixe", o pescador tentou em vão devolver o esqueleto ao oceano, mas o esqueleto recuperou uma "certa" vida e o seguiu até sua casa de gelo.

Penalizado, o homem a limpou e a deixou descansar até ele próprio cair no sono. À noite, ela viu lágrimas nos olhos do pescador. Tinha tanta sede que bebeu as lágrimas sem parar. Em seguida, tomou-lhe o coração e o usou para voltar a viver, em carne e osso. Tendo recuperado sua humanidade, ela se arrastou até o lugar onde ele dormia. Desde então, o casal nunca mais teve fome, graças às criaturas que a mulher conhecera quando estava no fundo do mar.

Na visão de Estés, essa história trata de relacionamentos em que você está solteiro e se interessa por pessoas carinhosas ou ricas o bastante para que, tal como o pescador, "não tenha de caçar durante algum tempo". É a busca de algo que acrescente alguma coisa agradável e divertida à sua vida.

Entretanto, uma vez que você examina o que veio em sua rede (depois da excitação inicial), como o pescador, você tenta "se livrar dele ou dela". E se dá conta de que recebeu mais do que imaginou e que a coisa está ficando séria. Nesse momento, o outro deixa de ser uma diversão e torna-se uma pessoa-esqueleto – o horror de um relacionamento sério, da mortalidade, do compromisso de longo prazo, dos altos e baixos, da idade e do fim desta vida.

Se tiver sorte, o "esqueleto" não se sentirá rejeitado e o seguirá até sua casa (seus limites e inseguranças). Com o tempo, você percebe que esse ser tem algo que o atrai, apesar de ser assustador, e você, por alguma razão, quer fazer algo por ele. Como retribuição, ele oferece uma abundância de coisas e de fontes que você nem sabia que existem.

Quando saímos de um relacionamento sério, não é a outra pessoa que não conseguimos encarar, mas nossa relutância em entrar no que Estés chama de ciclo "vida/morte/vida". Ninguém quer investir nisso, prefere procurar outro relacionamento e outro mais, de modo a experimentar um auge contínuo de "vida". Isso encolhe a psique, porque toda história a dois tem dentro de si muitos términos e reinícios, e o que talvez pareça o fim de tudo é muito provavelmente uma mudança necessária para que a relação se renove.

As culturas modernas têm horror a qualquer tipo de morte, ao passo que as antigas tinham a certeza de que uma nova vida sempre se seguia a ela. Para entrar em contato com sua natureza selvagem, é preciso se conscientizar do ciclo "vida/morte/vida" e abraçá-lo com ardor. Eis a visão de Estés sobre a mulher-esqueleto:

> *"Ela aparece, gostemos ou não, pois sem ela não pode haver conhecimento real da vida, e sem esse conhecimento não pode haver fidelidade, amor verdadeiro nem devoção."*

Comentários finais

A maioria das pessoas faz uma leitura especial de *Mulheres que correm com os lobos*. O ideal é absorver um capítulo de cada vez, deixando o livro de lado para pensar um pouco. É assim que deve ser. Mesmo que no começo ele lhe pareça um pouco longo, deixe-o assentar lentamente para começar a entender por que ele inspirou tanta gente, não apenas mulheres.

Uma palavra final. Você, mulher, talvez esteja pensando: "Se eu abraçar a natureza selvagem que há em mim, vou virar meu mundo e minha família de cabeça para baixo!" Nem tanto, diz Estés. Na verdade, embarcar nessa viagem só dará mais integridade à sua vida pessoal e sua existência. Não será mais preciso sair por aí disfarçada, com medo de ser uma criadora, uma amante, uma pessoa que busca o que é certo e que confia na intuição, uma mulher verdadeiramente consciente de seu poder e sintonizada com a natureza. Tudo isso é seu direito legítimo, não há o que temer.

Clarissa Pinkola Estés

Com raízes hispano-mexicanas, mas criada por imigrantes húngaros em Michigan, Estés cresceu em meio à natureza ouvindo histórias de uma longa tradição não escrita.

Doutora em psicologia etnoclínica (o estudo de tribos e grupos), Estés é psicanalista jungiana e também renomada poetisa. Começou a escrever Mulheres que correm com os lobos *em 1971, com histórias recolhidas em toda a América do Norte, e só o publicou quase 20 anos depois. Outros livros seus:* O dom da história *e* O jardineiro que tinha fé*, este último baseado em suas experiências na infância.*

O código do ser: uma busca do caráter e da vocação pessoal

1996

"Precisamos deixar claro que o paradigma atual do entendimento da vida humana – a inter-relação entre a genética e o meio ambiente – omite algo essencial: a particularidade que você sente ser você. Ao aceitar a idéia de que somos o efeito de uma sutil combinação de hereditariedade e forças sociais, nos reduzimos a um resultado."

"Dado que a igualdade democrática não é capaz de encontrar outra base lógica que não a singularidade das vocações individuais, a liberdade há de se basear na plena independência da vocação. Ao afirmar que todos nascem iguais, os autores da Declaração de Independência viram que esta proposição implicava um complemento necessário: todos nascem livres. É o fato de a vocação nos tornar iguais e é o ato de ela exigir que sejamos livres."

Em síntese

"Vocação" não é privilégio de freiras e enfermeiras. Todos nós trazemos no coração a imagem da pessoa que podemos ser e da vida que podemos viver.

Na mesma linha

Martha Beck, *Finding Your Own North Star* [Descobrindo a sua estrela-guia] (p. 66)

Joseph Campbell com Bill Moyers, *O poder do mito* (p. 218)

Clarissa Pinkola Estés, *Mulheres que correm com os lobos* (p. 224)

Thomas Moore, *Cuide de sua alma* (p. 236)

Capítulo 39

James Hillman

Teria a nossa alma um código, o DNA do destino? Essa pergunta levou Hillman a pesquisar as vidas da atriz Judy Garland, do cientista Charles Darwin, do industrial Henry Ford, do músico Kurt Cobain e da cantora Tina Turner, entre outros, à procura daquele "algo mais" que os impulsionou e os levou a viver da forma como viveram. Sua premissa foi a de que, assim como o imenso e majestoso carvalho está embutido em seu fruto, o ser humano carrega dentro de si uma ativa semente de verdade, uma imagem à espera de ser vivida. Essa idéia não é nova: os gregos usavam o termo *daimon* e os romanos *genius* para descrever a força invisível que guia nossas vidas.

Nós somos uma história, não um resultado

O conceito da imagem da alma tem uma longa tradição na maioria das culturas, que é, porém, completamente ignorada pela psicologia e psiquiatria contemporâneas. Imagem, caráter, fortuna, índole, vocação, *daimon,* alma, destino – todas essas são palavras fantásticas que passamos a ter medo de usar, admite Hillman, embora isso não diminua sua força.

Parece que a psicologia não consegue ir além de decompor o enigma do indivíduo em traços de personalidade, tipos e complexos. O autor menciona uma biografia psicológica de Jackson Pollock, que afirmou que as linhas e os arcos rítmicos de suas pinturas resultavam do fato de ele ter sido excluído pelos irmãos das competições de "mijada criativa" sobre a terra na fazenda da família em Wyoming.

Essas interpretações acabam com o clima, pois negam que as visões internas, mais do que as circunstâncias, são responsáveis pela motivação das pessoas. O modo como vemos nossas vidas, diz Hilmamn, faz com que pareçam menos interessantes. Adoramos histórias românticas e ficção, mas não aplicamos grande parte desses ideais a nós mesmos. Deixamos de ser criativos para nos interessarmos por resultados, o que reduz a vida à inter-relação que existe entre a genética e o meio ambiente.

Outra restrição que impomos à nossa existência é como entendemos o tempo e a relação de causa e efeito ("Isto aconteceu, o que me levou a..." ou "Eu sou o produto de..."). O livro, ao contrário, trata do que temos de atemporal, quer sejamos crianças, adultos ou velhos.

Quem são os nossos pais

Hillman faz uma brilhante exposição do que chama "falácia da paternidade", a crença de que somos o resultado do que foram nossos pais. A infância, diz *O código do ser: uma busca do caráter e da vocação pessoal*, é melhor entendida quando a imagem com a qual nascemos entra em contato com o ambiente em que vivemos. Os ataques de raiva e as estranhas obsessões infantis devem, de preferência, ser analisadas nesse contexto e não "corrigidas" por meio de terapias.

Em seu aniversário de quatro anos, Yehudi Menuhin ganhou um violino de brinquedo que prontamente atirou no chão. Mesmo nessa idade, esse presente foi um insulto ao futuro mestre do violino. Nós tratamos as crianças como se fossem folhas em branco, sem respeitar sua individualidade, e por esse motivo negamos a possibilidade de terem perspectivas próprias para suas vidas, guiadas pelo seu gênio.

Quanto ao nosso *daimon*, a união familiar acontece por conta de nossa necessidade: o óvulo e o espermatozóide são selecionados, bem como seus portadores, chamados "pais". Isso é certamente uma inversão, mas Hillman sugere que ela explica os casamentos impossíveis, as concepções rápidas e as deserções súbitas que formam as histórias de tantos pais.

Ele vai além ao apontar a pobreza de vermos nossos pais como, literalmente, papai e mamãe, quando a natureza podia ser nossa mãe e os livros nosso pai – seja lá o que nos conecta ao mundo e nos ensina. Citando Alfred North Whitehead, que disse que "a religião é a lealdade do mundo", Hillman afirma que devemos acreditar na habilidade que o mundo tem de nos prover e nos revelar amorosamente os seus mistérios.

"Eu preciso ter você"

O código do ser mostra como o *daimon* se afirma no amor, fazendo surgir obsessões e tormentos de agonia romântica que desafiam a lógica da biologia evolucionária. É comum ver gêmeos idênticos separados ao nascer usando a mesma loção de barba e fumando a mesma marca de cigarro, mas na escolha decisiva do parceiro, ou da parceira, pode haver grandes diferenças.

Michelangelo, quando esculpia imagens de deuses e de contemporâneos seus, buscava ver o que chamava de "imagem do coração". Sua escultura pretendia revelar a alma profunda do modelo. Hillman diz que todo mundo tem essa mesma "imagem do coração" dentro de si. Quando nos apaixonamos, sentimo-nos especialmente importantes por podermos revelar nosso verdadeiro eu, propiciando assim um vislumbre do gênio de nossa alma. O encontro amoroso é uma troca criativa que acende nossa imaginação. Deixando-a livre, até gêmeos idênticos se libertam de sua mesmice.

A má semente

O código do ser é fascinante quando trata do oposto do amor, a "má semente". Hillman dedica um capítulo quase inteiro ao fenômeno Adolf Hitler, cujos hábitos evidenciam a possessão por um *daimon* "mau". A principal diferença em relação às outras vidas discutidas no livro é a combinação de natureza e personalidade: Hitler não apenas era uma "má semente" como tinha uma personalidade que não lhe opunha qualquer dúvida ou resistência. É impressionante perceber como, a partir de uma única semente, o fascínio desse homem levou milhões de pessoas a um estado demoníaco coletivo.

Se aplicarmos a mesma idéia a psicopatas modernos, como o alemão canibal Jeffrey Dahmer, poderemos entender como eles conseguiram enfeitiçar suas vítimas. Não se está sugerindo aqui, de forma alguma, que as ações terríveis provenientes das más sementes se justificam.

No entanto, o exame da mente criminosa em termos do *daimon*/semente nos permite entendê-la melhor do que segundo nossa idéia convencional do mal – ou seja, algo a ser erradicado ou "gentilmente afastado". O mal está ligado à obsessão irracional, cujo objetivo último é, no entanto, a glória. Como sociedade, devemos estar dispostos a reconhecer tal impulso e encontrar formas de canalizá-lo para fins menos destrutivos.

Vivemos numa cultura que preza a inocência e despreza as sombras. Os Estados Unidos, em especial, com suas Disneylândias, não aceitam sementes não caramelizadas. Não obstante, a inocência atrai de fato o mal, diz Hillman: "Os personagens do filme *Assassinos por natureza* são os companheiros secretos dos *Forrest Gump*."

O mistério da alma

Depois de examinar exaustivamente as vidas dos famosos, Hillman levanta a questão da mediocridade – pode existir um *daimon* medíocre? Sua resposta é que não existem almas comuns, verdade que se revela na nossa linguagem. "Falamos de almas bonitas, feridas, profundas e infantis, mas não falamos que as pessoas têm almas 'de classe média', 'medianas' ou 'comuns'", observa.

As almas provêm do reino do imaterial e, no entanto, anseiam pela experiência do mundo físico. Hillman lembra o filme *Asas do desejo*, no qual um anjo se apaixona pela vida das pessoas comuns, com todos os seus percalços. Anjos e deuses não vêem nada de "cotidiano" ou ordinário em nossas vidas.

Comentários finais

Picasso disse: "Eu não me desenvolvo, eu sou." A vida não é uma questão de se tornar alguém, mas de tornar real uma imagem que já existe. Estamos obcecados com o crescimento pessoal, com a conquista de um paraíso imaginário. Mas, em vez de tentar transcender a existência humana, faz mais sentido nos "aprofundarmos" no mundo e no lugar que ocupamos nele.

Hillman não se surpreende que as pessoas que chamamos de "astros" com freqüência considerem a vida tão difícil e dolorosa. Sua auto-imagem é uma ilusão que conduz inevitavelmente a dramáticas "caídas na real". As idas e vindas pessoais podem não acontecer de forma tão radical quanto as vividas pelas celebridades, mas podem ter um efeito positivo maior.

Na busca do caráter, diz o autor, olhamos hoje tanto para "a carta do soldado à sua família na véspera da batalha quanto para os planos traçados na barraca do general". A vocação de uma pessoa para a honestidade é mais forte do que para o sucesso, assim como é mais forte para cuidar e amar do que para conquistar. Nessa definição, a própria vida é a obra-prima.

James Hillman

Hillman nasceu num quarto de hotel em Atlantic City, Nova Jersey, em 1926. Serviu no Hospital Corps da Marinha dos Estados Unidos de 1944 a 1946 e como redator jornalístico na US Forces Network, na Alemanha. Depois da guerra, estudou na Sorbonne, em Paris, e no Trinity College, em Dublin, quando chegou a montar um consultório particular como analista. Em 1959 obteve seu doutorado pela Universidade de Zurique, onde trabalhou durante a década seguinte no Instituto Jung desenvolvendo o conceito de ecologia psíquica (mais tarde conhecida como psicologia do arquétipo), que situa o indivíduo num contexto mais amplo de mitologia, arte e idéias.

Hillman ensinou e exerceu cargos nas universidades de Yale, Harvard, Syracuse, Chicago, Princeton e Dallas. Alguns de seus livros são: Paranóia, Tipos de poder, Suicídio e alma, 100 anos de psicoterapia e o mundo está cada vez pior *e* A força do caráter, *que aborda a velhice numa cultura voltada para a juventude. Fundou o Instituto Dallas de Humanidades e Cultura e tem laços com a Pacifica Graduate University da Califórnia. Mora atualmente em Connecticut.*

Cuide de sua alma

1992

"Cuidar da alma é um modo fundamentalmente diferente de encarar a vida cotidiana e a busca da felicidade... Cuidar da alma é um processo contínuo que não diz respeito tanto a 'consertar' um defeito capital quanto a dar aos pequenos detalhes da vida cotidiana a mesma atenção que merecem as grandes decisões e mudanças."

"A alma não pode florescer numa vida acelerada porque ser afetado pelas coisas, absorvê-las e ruminá-las requer tempo."

Em síntese

Preencha o vazio interior vivendo com emoção. Deixe sua individualidade se expressar aceitando suas idiossincrasias e seu lado sombrio.

Na mesma linha

Robert Bly, *João de Ferro* (p. 212)
Joseph Campbell com Bill Moyers, *O poder do mito* (p. 218)
Clarissa Pinkola Estés, *Mulheres que correm com os lobos* (p. 224)
James Hillman, *O código do ser* (p. 230)
Henry David Thoreau, *Walden* (p. 254)

Capítulo 40

Thomas Moore

Cuide de sua alma ocupou durante quase um ano o primeiro lugar da lista dos mais vendidos do *New York Times* e foi aclamado pela crítica, coisa rara em se tratando de literatura de auto-ajuda. É um livro diferente de qualquer outro que você já tenha lido – impregnado do sentido do sagrado e do profundo e da tese de que a vida moderna carece de mistério. Seu sucesso parece indicar que a maioria concorda com Moore.

Inspirado em mitos, história e arte, o livro exalta toda a riqueza do conhecimento humano, proporcionando uma experiência apaziguante – como se você estivesse lendo uma carta daquele amigo fraterno que sabe tudo sobre você e ainda assim mantém uma crença inabalável na sua pureza.

Esse efeito resulta, provavelmente, da combinação dos anos de sacerdócio de Moore, sua enorme erudição e sua técnica psicoterápica, cujas principais influências são Freud (o mergulho no submundo da psique), Jung (a inter-relação entre psicologia e religião), James Hillman (ver *O código do ser*) e os pensadores renascentistas Ficino e Paracelso.

Cuidando da alma

O cuidado da alma é "a aplicação da poesia à vida cotidiana", o que significa levar a imaginação de volta às áreas mais áridas de nossas vidas e repensar as coisas já entendidas. Relacionamentos gratificantes, trabalho idem, poder pessoal e paz de espírito são dons espirituais difíceis de adquirir porque a idéia de alma não existe para a maioria de nós, mas se faz conhecer por meio de sintomas físicos, queixas, angústia, sensação de vazio e desconforto generalizado.

Trabalhar com a emoção pode ser enganosamente simples. Muitas vezes nos sentimos melhor apenas aceitando e indo fundo em coisas que aparentemente detestamos, como um emprego, casamento ou o lugar onde vivemos. O poeta

Wallace Stevens fala sobre isso: "Talvez a verdade dependa de uma caminhada ao redor do lago."

Em vez de tentarmos extirpar da mente as experiências e os sentimentos negativos, é muito mais humano e honesto olhar diretamente para o "negativo" e ver o que ele tem a dizer. A tentativa de curar, seja por parte de quem sofre ou de quem está ajudando, pode obscurecer a percepção do que está de fato acontecendo.

A auto-ajuda convencional e a psicoterapia são opções voltadas para a solução de problemas. A literatura sobre a alma, representada por Moore, é "percepção de problemas e deslumbramento". Ela tem a ver com as guinadas do destino, que geralmente contrariam as expectativas e os desejos do ego e da vontade. Essa é uma idéia assustadora e a única maneira de suavizá-la é abrir espaço para os movimentos da alma e respeitar seu poder. Como diz Victor Hugo em *Os miseráveis*:

> *"Só existe um espetáculo mais grandioso que o oceano: o céu;*
> *só existe um espetáculo mais grandioso que o céu: o interior da alma."*

Curtindo nossa profundidade e complexidade

Moore sugere uma reflexão sobre o mito de Narciso, o belo jovem que se apaixonou por sua própria imagem refletida num lago. A auto-admiração sem amor nem alma resulta em tragédia, mas sua intensidade acaba empurrando Narciso para uma vida nova, de reflexão e amor por seu eu mais profundo e pela natureza ao seu redor. "A pessoa narcisista não sabe quão profunda e interessante é a sua natureza", explica Moore.

Narciso é como o marfim – belo, porém frio e duro. Mas poderia ser como uma flor, enraizada e envolvida num mundo inteiro de beleza. Matar o Narciso dentro de nós não é o melhor caminho a seguir. Em vez de cair no extremo oposto da falsa humildade, o mais adequado é manter nossos ideais e sonhos elevados e buscar meios mais eficazes de expressá-los.

Partindo da análise dos mitos, Moore nos aconselha a evitar a estreiteza simplista de alguns textos de auto-ajuda. O *self* tem muitos aspectos e é acomodando suas contradições (solidão versus vida social, por exemplo) que a vida se torna mais plena. Podemos ora alimentar nosso ego ora ser sábios desapegados. Ambas as atitudes são válidas e não precisamos estar sempre nos assegurando de que a vida tem sentido.

Ninguém tem uma alma como a nossa

"A singularidade do indivíduo é feita do insano e do tortuoso, tanto quanto do racional e do normal", observa Moore. Atestam-no as biografias de quase todas as pessoas que admiramos – até Abraham Lincoln está sendo reexaminado nesse sentido. Por que haveria de ser diferente com você? *Cuide de sua alma* nos alerta para que nosso empenho em "remover os obstáculos" não seja um mero impulso de conformidade e uma lamentável perda de nós mesmos.

Hoje, a maioria dos terapeutas concentra seu foco em problemas específicos que possam ser resolvidos em um curto espaço de tempo, de modo a devolver o cliente à "normalidade". Medicamentos, terapia cognitiva e programação neurolingüística tornam supérflua a introspecção. O cuidado da alma, porém, nunca termina, uma vez que a alma está fora do tempo. Somente a mitologia, a natureza, as artes e os sonhos – coisas que desafiam o tempo – podem servir de inspiração para o nosso mistério.

O livro tem quatro partes e 13 capítulos que cobrem todo o leque da condição humana. Os temas que se seguem são tratados nas duas partes iniciais.

Amor

Devemos ver o amor não em termos de "fazer o relacionamento dar certo", mas como um "acontecimento da alma" que pode ter surpreendentemente pouco a ver com a pessoa com quem você está. O amor alivia a natureza mundana e pasteurizada da vida moderna e abre uma porta para o mistério – razão pela qual nos agarramos a ele com tanta força.

Ciúme

Havia o caso de um jovem cliente que se atormentava com a maneira exaltada com que suspeitava da fidelidade da namorada. Ao mesmo tempo, ele acreditava que a ligação romântica não era moderna nem aceitável. Essa pureza de ideais afastara qualquer possibilidade de uma ligação real e o resultado foi uma desagradável demonstração de um ciúme exacerbado.

No entanto, o ciúme não é totalmente mau, pois serve à alma, estabelecendo limites e proporcionando enraizamento. Desfiando as idéias modernas de "co-dependência", Moore diz que é apropriado encontrar a própria identidade em relação a outra pessoa.

Poder

O poder da alma é totalmente diferente do poder do ego, que nos permite planejar, dirigir e trabalhar para atingir um fim. O poder da alma parece mais um curso d'água. Mesmo não conhecendo sua fonte, precisamos acomodá-la e deixá-la guiar nossa existência, abandonando a relação de causa e efeito – a "lógica do consumidor" – e o uso eficiente do tempo.

Violência

A alma adora o poder, mas a violência só irrompe quando o lado sombrio da imaginação se dilui. No momento em que uma comunidade, ou mesmo uma civilização, carece de alma, ela é cultuada através de objetos – armas, por exemplo. Como sugeriu Oscar Wilde, a virtude não pode ser autêntica quando se coloca à parte do mal.

Depressão

Moore diz que toda cultura que tenta se proteger do lado trágico da vida faz da depressão um inimigo. E que toda sociedade "dedicada à luz" acaba fortalecendo a depressão para compensar sua ocultação artificial. Nesse sentido, a depressão é como uma dádiva: ela desvenda os pequenos valores e objetivos que temos como claros, dando-nos uma chance de conhecer nossa alma.

Comentários finais

No final do livro, Moore fala do verão que passou trabalhando num laboratório depois de deixar a vida monástica em que se enclausurara durante 12 anos. Desfrutando a liberdade recém-descoberta, ele ficou espantado quando um colega de trabalho lhe disse: "Você sempre trabalhará como um sacerdote."

O sucesso de *Cuide da sua alma* é um perfeito exemplo de como a literatura de auto-ajuda ocupou o lugar dos tradicionais "pastores de almas", dos rituais e do aconselhamento religioso que procurávamos no passado. No lugar da "fantasia da salvação", Moore procura oferecer conforto filosófico para as agruras da vida, nos redirecionando para uma busca de autoconhecimento que procura incorporar nossas sombras e complexidades.

Cuide de sua alma dá continuidade à antiga e venerável tradição dos médicos renascentistas, que achavam que cada alma surgia como uma estrela na noite escura. Hoje acredita-se que a pessoa é "o que ela cria para si mesma" e isso nos leva a valorizar a liberdade de autodeterminação que se desfruta.

Mas o livro de Moore traz algo totalmente diverso – um incentivo para questionar o que há de eterno em nós.

Thomas Moore

Além de ter passado 12 anos como monge numa ordem religiosa católica, Moore é detentor de quatro títulos acadêmicos: Ph.D. em Estudos Religiosos pela Universidade de Syracuse, mestre em Teologia pela Universidade de Windsor, mestre em Musicologia pela Universidade de Michigan e bacharéu em Música e Filosofia pela DePaul University.

Escritor e psicoterapeuta, Moore foi um dos principais expoentes da escola arquetípica de psicologia, que busca reintroduzir uma dimensão mítica na disciplina. Outros livros seus: O que são almas gêmeas, A emoção de viver a cada dia, A alma do sexo *e* O *self* original, *meditações acompanhadas de xilogravuras.*

Moore mora em New Hampshire com a esposa e dois filhos.

O herói interior: seis arquétipos que orientam a nossa vida

1986

"Cada arquétipo traz consigo uma visão de mundo, diferentes objetivos de vida e teorias sobre o que dá significado à vida. Os órfãos buscam segurança e temem a exploração e o abandono. Os mártires querem ser bons e vêem o mundo como um conflito entre o bem (carinho e responsabilidade) e o mal (egoísmo e exploração). Os andarilhos querem independência e temem a conformidade. Os guerreiros lutam para ser fortes, para influenciar o mundo e para evitar a ineficácia e a passividade. Os mágicos querem ser fiéis à sua visão interior e estar em equilíbrio com as energias do universo."

"Uma mudança de paradigma ocorre quando as pessoas passam de guerreiras a mágicas: sua percepção de realidade muda. Elas se dão conta de que sua visão de um mundo cheio de perigos, de dor e de isolamento não corresponde ao que ele realmente é, mas à visão que têm dele durante as etapas de formação de suas jornadas."

Em síntese

Tendemos a pensar e agir de acordo com padrões ou "arquétipos". Conscientize-se de seu poder e use-os em seu benefício.

Na mesma linha

Martha Beck, *Finding Your Own North Star* [Descobrindo a sua estrela-guia] (p. 66)

Robert Bly, *João de Ferro* (p. 212)

Joseph Campbell com Bill Moyers, *O poder do mito* (p. 218)

Clarissa Pinkola Estés, *Mulheres que correm com os lobos* (p. 224)

James Hillman, *O código do ser* (p. 230)

Capítulo 41

Carol S. Pearson

A maior parte das obras de auto-ajuda costuma dizer o que há de errado e depois recomenda o que fazer a respeito. *O herói interior: seis arquétipos que orientam nossa vida*, ao contrário, procura mostrar como você pode ser mais do que já é se começar a ver sua vida como uma história ou jornada mítica.

Pearson descreve seu livro como um "manual prático para a psique", surgido da crença de que os problemas individuais e sociais não serão resolvidos se as pessoas continuarem a ver o heroísmo como algo externo a elas. Tendo como alvo as pessoas comuns que vislumbram a possibilidade de viver vidas extraordinárias, ela se propõe a mostrar que a utilização do poder dos arquétipos míticos (o guerreiro, o altruísta, etc.) é uma das chaves para a transformação pessoal.

O herói interior não é um tratado erudito e por isso mesmo conseguiu tornar acessível a um público mais amplo a psicologia jungiana do arquétipo. À parte Jung, Pearson reconhece seu imenso débito para com Joseph Campbell, o mitologista que tornou popular a idéia da "jornada do herói" (ver *O poder do mito*), e James Hillman (ver *O código do ser*).

O que é um arquétipo?

Carl Jung foi o primeiro a descrever os arquétipos – padrões da psique humana que se revelam ao longo do tempo, imagens permanentes de possibilidades às quais não temos acesso a não ser que as conheçamos.

A percepção de que passamos a vida como uma pessoa altruísta, por exemplo, talvez seja o que precisamos para integrar mais o andarilho em nosso pensamento e em nosso comportamento. O reconhecimento do órfão ou do inocente em nós pode provocar o desejo de despertar o guerreiro.

Não existe arquétipo pior ou melhor, cada um representa um aspecto de nossa personalidade que se revela de acordo com a situação, ou que precisamos desenvolver em diferentes estágios da nossa vida.

Síntese dos arquétipos

Arquétipos	*Tarefas*	*Lemas*
Órfão	Sobreviver às dificuldades	A vida é sofrimento
Andarilho	Encontrar-se	A vida é aventura
Guerreiro	Provar o próprio valor	Viver é lutar
Altruísta	Mostrar generosidade	Meu compromisso é com o bem maior
Inocente	Alcançar a felicidade	A vida é alegria
Mágico	Transformar a própria vida	Criar o mundo que almejo

O órfão

Você já se sentiu traído, abandonado, vitimado? Pearson diz que essas experiências são "acontecimentos míticos que nos convocam para a busca". Em muitos mitos, o herói supera seu passado e se ergue para uma nova vida. Cinderela tem uma madrasta má que a trata como criada, Édipo foi abandonado para morrer numa montanha e Oliver Twist, de Dickens, precisa fugir do hediondo orfanato.

Todos nós nascemos inocentes, mas a tarefa do órfão é enfrentar a vida em vez de se fazer de vítima e permanecer prisioneiro dessa armadilha mental. Você incorpora o órfão que há em você quando deixa de ansiar por proteção e segurança e se dispõe a dar a mesma liberdade aos outros. Quando consegue equilibrar cautela e esperança, deixa de achar que "a vida é sofrimento". Você conhece a sua dor, mas também sabe que ela não é tudo.

O andarilho

O andarilho torna-se o astro principal quando nos sentimos incompreendidos, alienados ou em uma situação desconhecida. É um chamado para mudarmos, rumo a experiências que tenham mais a "nossa cara". O andarilho, simbolizado pelo cavaleiro, pelo explorador, pelo caubói ou pelo hippie, vê a vida como uma aventura. Esse impulso por desbravar novas fronteiras se aplica tanto à mente e ao coração quanto ao mundo físico.

O arquétipo pode se revelar na adolescência, quando começamos a olhar objetivamente para o lugar que ocupamos no seio da família e da comunidade. Outro momento crítico é a meia-idade, quando muitas pessoas se recusam a continuar sendo "máquinas responsáveis". Mesmo quando a pessoa percebe que seu santuário se transformou em uma prisão, o chamado para se tornar um andarilho pode gerar sentimentos de culpa. Se você decidir não mais assumir o papel de protetor, quem o fará?

A questão vital para o andarilho é saber se ele está simplesmente fugindo dos problemas ou procurando um novo *self*. O chamado pode significar rupturas dolorosas e saltos rumo ao desconhecido, sem os quais, porém, não crescemos.

O guerreiro

Pearson diz que é possível aproveitar o "vigor intenso" e a força desse arquétipo sem se tornar um agressor insensível. Talvez por medo de sua imagem negativa, muitos evitam assumir as características do guerreiro. Não obstante, sem ele ficamos enfraquecidos. O órfão e o inocente temem o guerreiro e as mudanças que ele pode lhes impor, mas às vezes fica claro que é preciso assumir posições firmes como as do guerreiro. Apropriar-se dessa "firmeza" não significa nos tornarmos monstros e sim nos abrirmos para "a dança da vida", como diz Pearson.

Robert Bly (ver *João de Ferro*), o poeta do arquétipo, resume à perfeição o seu valor: "Cada vez que usamos bem o guerreiro, mais do que travando uma batalha, estamos despertando o rei."

O guerreiro de hoje compete menos com inimigos do que consigo mesmo, buscando superar limitações pessoais e atingir a excelência. Em vez de vantagens sobre outros, o novo guerreiro busca mais e melhores soluções criativas.

O altruísta

Se numa cultura de guerreiros a conquista é tudo, por outro lado gostamos de ser valorizados como pessoas, independentemente de nossas realizações. Retirem-se da sociedade as pessoas que trabalham de graça, dando amor e cuidado sem expectativa de retorno, e ela já não terá o aspecto de sociedade. Precisamos de um significado mais amplo a guiar nossas ações, de modo que elas não representem o desejo de poder e de dinheiro – eis a tarefa do altruísta.

O lado negativo desse arquétipo é o sacrifício desnecessário. Muitas pessoas sempre abrem mão de suas próprias ambições e seus desejos em benefício dos outros, sacrifício que é muitas vezes visto como obrigação e, portanto, sem possibilidade de ser recompensado.

O altruísta simboliza abundância e doação apaixonada, não a que achamos que o mundo espera de nós.

O inocente

Nascemos inocentes, mas uma parte de nós continua a buscar utopias apesar da "realidade" adversa que encontra pela frente. Dá para retornar a esses paraísos, diz Pearson, mas somente depois de iniciar nossas jornadas heróicas. Na fábula que Paulo Coelho conta em *O alquimista*, por exemplo, o personagem Santiago encontra seu tesouro depois de uma série de aventuras que enriqueceram sua vida. A confiança no universo pode ser recuperada ao despertarmos o inocente que existe dentro de cada um.

Enquanto o guerreiro aprende que "a vida só depende dele mesmo", o inocente vive protegido por uma aura de fé e pela crença na abundância essencial do universo. O guerreiro acredita que a vida é uma corrida contra o tempo, uma eterna competição pela posse de recursos limitados, ao passo que o inocente acredita que a sincronicidade proverá tudo o que for necessário.

O mágico

O mágico vê a vida de uma forma similar ao inocente, mas solicita mais poder. Enquanto o inocente delega ao universo a tarefa de fazer as coisas acontecerem, o mágico é um agente de mudança mais ativo e disposto a assumir posições firmes, mesmo que arriscadas ou revolucionárias. Ao contrário do guerreiro, porém, ele não tem a ilusão do controle absoluto sobre sua vida, o que lhe dá a capacidade de entender o fluxo e de se mover com muito mais eficácia, razão pela qual parece fazer "mágica".

Em sua jornada pessoal, o mágico permite que a transformação aconteça e sua recompensa é o poder. Dentre os titulares ilustres podemos citar Gandhi e Martin Luther King.

Comentários finais

A observação mais interessante de Pearson é a de que vivemos a transição de uma cultura guerreira para uma cultura mágica. A primeira se caracteriza pelo espírito da "prosperidade", mesmo se o que conseguimos já não significa nem nos acrescenta grande coisa. A cultura mágica é mais aberta à mudança e à transformação, menos aferrada aos seus costumes: em vez de querer ser um vencedor no mundo imperfeito em que vivemos, o mágico quer simplesmente criar um mundo novo.

Enquanto os guerreiros pensam estrategicamente e usam a vontade e a tenacidade para promover mudanças, os mágicos projetam, acreditando que o poder da visão criará seu próprio impulso. Qual é o melhor arquétipo? Como buscam arregimentar forças maiores que as suas próprias, os mágicos parecem ser, em última instância, mais poderosos. A maioria das pessoas preferiria fazer mágica a travar batalhas.

O herói interior foi publicado em 1986. Edições posteriores atualizadas mostram aos leitores como adaptar e integrar os arquétipos a sua vida cotidiana.

Carol Pearson

Pearson cresceu no sul dos Estados Unidos, no seio de uma família cristã fundamentalista. Na faculdade, a leitura de O herói de mil faces, *de Joseph Campbell, mudou sua vida. Adotando a sugestão de "seguir sua bem-aventurança", ela mergulhou em textos sobre mitologia e psicologia dos arquétipos e acabou transformando seu conhecimento nessas áreas numa profissão. Pearson trabalha como consultora e escreveu* O herói interior *durante suas férias sabáticas na Universidade de Maryland, onde ensinava no Woman's Studies Program.*

Pearson também fundou o Center for Archeypal Studies and Applications, em Washington, D.C. Seus livros mais recentes são O herói e o fora-da-lei, *o primeiro grande estudo sobre como as empresas podem usar arquétipos em imagem corporativa e desenvolvimento de marcas, e* O despertar do herói interior.

A trilha menos percorrida

1978

"A maioria não consegue enxergar a verdade de que a vida é difícil. Ao contrário, queixa-se de forma mais ou menos incessante, ruidosa ou discreta, da enormidade de seus problemas, suas obrigações e suas dificuldades, como se a vida fosse fácil, como se pudesse ser fácil."

"Como disse Benjamin Franklin, 'Aquilo que fere, instrui'. É por isso que as pessoas sábias aprendem a não temer e sim a acolher os problemas, e, mais ainda, a acolher a dor dos problemas."

"Quais são as ferramentas, as técnicas de sofrimento, os meios de vivenciar construtivamente a dor dos problemas que eu chamo de disciplina? Elas são quatro: adiamento da gratificação, aceitação da responsabilidade, dedicação à verdade e equilíbrio... são ferramentas tão simples que quase toda criança está apta a usá-las aos 10 anos de idade. Mas há reis e presidentes que esquecem de usá-las até a derrocada."

Em síntese

Quando você admitir que "a vida é difícil", este fato já não terá grandes conseqüências. Uma vez que aceite a responsabilidade, poderá fazer melhores escolhas.

Na mesma linha

Allain de Botton, *Como Proust pode mudar sua vida* (p. 184)
Thomas Moore, *Cuide de sua alma* (p. 236)
Marianne Williamson, *Um retorno ao amor* (p. 112)

Capítulo 42

M. Scott Peck

Apesar de não conter nenhuma das atraentes promessas de alegria e felicidade ilimitadas que caracterizam a literatura do desenvolvimento pessoal, *A trilha menos percorrida* é um tremendo sucesso de vendas. Talvez pelo fato de não partir de uma visão de mundo cor-de-rosa, o livro conquista nossa confiança, pois parte da premissa de que, uma vez conhecido o pior, estamos livres para ver o que há além.

Não por acaso ele começa com a frase lapidar "A vida é difícil" e depois aborda temas como o mito do amor romântico, o mal, a doença mental e as crises psicológicas e espirituais do autor. Apesar de inspirador, *A trilha menos percorrida* se mostra bastante tradicionalista ao colocar a autodisciplina no topo da lista dos valores básicos de uma vida boa. Se você acredita que não há caminho fácil para a "iluminação", ou mesmo para a plena saúde mental, e que compromisso e responsabilidade são as sementes da realização, seja bem-vindo ao território do Dr. Peck.

Peck é um psicoterapeuta de formação convencional, mas tem exercido grande influência no movimento que tenta fazer a psicologia reconhecer as etapas do crescimento espiritual. Para ele, o traço distintivo de nossa época é a reconciliação das visões de mundo espiritual e científica. *A trilha menos percorrida* é sua tentativa de cobrir essa lacuna, no que foi claramente bem-sucedido.

Disciplina

O autocontrole é a essência da proposta de Peck:

> *"Sem disciplina, não podemos resolver nada.*
> *Com alguma disciplina, podemos resolver alguns problemas.*
> *Com total disciplina, podemos resolver todos os problemas."*

A pessoa que consegue adiar sua realização pessoal tem a chave da maturidade psicológica, ao passo que a impulsividade é um hábito mental que, ao negar as oportunidades de experimentar a dor, cria neuroses. A maioria dos nossos grandes problemas resulta de não termos enfrentado previamente os pequenos ou de não termos nos "dedicado à verdade". O grande erro que a maioria das pessoas comete é acreditar que os problemas irão embora por si mesmos.

Essa falta de responsabilidade nos prejudica de outras formas. Nossa cultura coloca a liberdade num pedestal, mas, como Eric Fromm mostrou em seu livro *O medo, a liberdade*, as pessoas têm uma disposição natural para renunciar ao seu poder pessoal e abraçar o autoritarismo político.

Assim, da mesma forma que evitamos as coisas obviamente negativas, nós nos afastamos da verdadeira liberdade e do poder de escolha. A disciplina diz respeito a "crescer" não apenas em termos de aceitar a realidade, mas de avaliar o imenso leque de possibilidades que temos à nossa frente.

A trilha e suas recompensas

Peck observa que poucos escolhem o caminho espiritual. A maioria das pessoas vive no piloto automático, sem arriscar grandes mudanças. Em *A trilha menos percorrida* há muitas histórias reais sobre transformações de vida, embora algumas falem de pessoas que se recusam ou simplesmente não fazem questão de mudar. São nesses casos menos extremos que temos a chance de ver nossa própria rejeição a uma vida ousada e rica. Em vez do horror da doença mental, diz Peck, a maioria tem de lidar com a angústia das oportunidades perdidas.

Mas por que isso acontece, se as recompensas são tão excepcionais? *A trilha menos percorrida* pode ser o caminho espiritual, mas este é muito mais pedregoso e mal iluminado do que o caminho normal da vida, no qual as outras pessoas parecem bem felizes. Mas Peck nos diz que só pergunta "Para que mudar?" quem nada sabe sobre a alegria. As recompensas são enormes: paz de espírito e ausência dos aborrecimentos que a maioria das pessoas nem faz idéia que existem. Problemas sempre haverá, mas eles não pesam tanto se não forem apenas nossos.

Não obstante, a espiritualidade profunda também traz responsabilidades. Peck cita Santo Agostinho: "Aquele que for amoroso e diligente poderá fazer o que quiser."

Assim como a timidez e a preguiça espiritual anteriores resultaram (como hoje podemos ver) em uma existência limitada, a disciplina, por sua vez, abre a porta para uma experiência ilimitada. Só os mais esclarecidos podem se divertir com o fato de os outros pensarem que eles levam uma vida tediosa e limitada; as paredes que de fora parecem rígidas podem estar apenas nos protegendo do brilho do arrebatamento interior.

O amor é uma decisão

Que combustível nos move ao longo da trilha menos percorrida? Amor, é claro. Peck é brilhante na discussão daquilo que não pode ser adequadamente definido. Tendemos a pensar no amor como algo que não demanda esforço, apaixonar-se parece uma queda livre. Embora misterioso, o amor demanda esforço – o amor é uma decisão: "O desejo de amar não é ele próprio amor. O amor é como o amor quer."

O êxtase de estar apaixonado é em parte uma regressão à infância, uma época em que nos sentimos um só com nossa mãe; entramos em comunhão com o mundo e tudo parece possível. Da mesma forma como o bebê começa a perceber sua individualidade, o amante acaba se voltando para si mesmo.

Nesse ponto, diz Peck, começa o trabalho do amor "real". Todo mundo pode se apaixonar, mas nem todo mundo pode decidir amar. Talvez nunca controlemos o nascimento do amor, mas podemos – com disciplina – permanecer no comando da resposta a ele. E, uma vez utilizados, os "músculos" do amor tendem a permanecer na ativa, aumentando nosso poder de canalizar o amor de um modo mais criativo e apropriado.

Comentários finais

O leitor atento notará o contraste entre a crença, expressa pelo autor, de que a mudança psicológica é necessariamente lenta e a posição da psicologia cognitiva, que acredita que nossas limitações podem ser eliminadas sem grandes dificuldades se soubermos como (ver Martin Seligman, David Burns e Anthony Robbins).

Este é o divisor de águas fundamental na literatura de auto-ajuda: de um lado, a ética do trabalho duro, cujos elementos são a construção do caráter e a descoberta da alma; do outro, a tecnologia mental que considera que nossos problemas não são tão profundamente enraizados, sendo passíveis, portanto, de tratamento por meio de métodos psicotecnológicos práticos.

Se o primeiro caminho se caracteriza pela disciplina e pelo autoconhecimento, o segundo diz que, com as ferramentas adequadas, podemos criar aquilo que queremos ser. O leitor que tem preferência pela segunda visão pode ganhar em equilíbrio com a idéia de Peck do "estado de graça", uma súbita explosão de paz, gratidão e liberdade que é o ponto alto da experiência humana.

A insistência na moral, na disciplina e na resignação talvez dê ao texto de Peck um aspecto antiquado. Mas surpreende pela adoção dos conceitos junguianos da sincronicidade e do inconsciente coletivo, e também pelo modo nada conformista de denunciar o fracasso da psicoterapia em reconhecer as pessoas como seres espirituais.

De alguma forma, essa mescla de cristianismo, *New Age* e psicologia acadêmica funciona, pois *A trilha menos percorrida* já vendeu mais de 7 milhões de exemplares.

Apesar do que Peck diz sobre a resistência à espiritualidade, a trilha menos percorrida está claramente mais movimentada hoje em dia.

M. Scott Peck

Nascido em 1936, Scott Peck teve uma educação privilegiada em Nova York e freqüentou escolas preparatórias exclusivas em Harvard. Depois de se formar em Medicina na Case Western Reserve University, em 1963, entrou para o corpo médico do Exército, onde serviu durante nove anos. Na década seguinte fundou sua própria clínica psiquiátrica.

Embora tenha sido escrita em meados dos anos 1970, quando Peck tinha 39 anos, A trilha menos percorrida *só conseguiu entrar na lista dos mais vendidos do* New York Times *em 1983. Daí em diante ficou tanto tempo no topo que entrou para o* Guiness Book of Records. *Sua continuação é* Além da trilha menos percorrida *(1993).*

Outros livros de Peck: A formação da personalidade, Na terra como no céu, Em busca das pedras: uma peregrinação de fé e descoberta, O povo da mentira *e* Um mundo esperando para nascer.

Fumante inveterado e apaixonado jogador de golfe, o autor não se adequa ao perfil comum do guru da auto-ajuda. Ele vive com a esposa Lily em Connecticut e Bodega Bay, na Califórnia.

Walden ou A vida nos bosques

1854

"Fui para os bosques porque queria viver com propósito, defrontar-me somente com os fatos essenciais da vida, ver se era capaz de aprender o que ela tinha a me ensinar, para não descobrir, quando morresse, que não tinha vivido."

"É muito bom ser capaz de pintar um quadro, de esculpir uma estátua – numa palavra, de criar coisas belas; mas é muito mais glorioso esculpir e pintar a própria atmosfera e o meio pelo qual nós olhamos o que pode ser feito moralmente. Influenciar a qualidade do dia, esta é a mais elevada das artes."

"Se você construir seus castelos no ar, o trabalho não se perderá; é lá que eles deveriam estar. Agora, ponha as fundações embaixo dele."

"Quando somos calmos e prudentes, percebemos que só o que é grandioso e meritório tem existência permanente e absoluta – que as pequenas coisas e os pequenos prazeres não são mais do que sombras da realidade. Isso é sempre sublime e estimulante."

Em síntese

Assegure-se de ter tempo em sua vida para apenas pensar.

Na mesma linha

Ralph Waldo Emerson, *Autoconfiança* (p. 270)
Thomas Moore, *Cuide de sua alma* (p. 236)

Capítulo 43

Henry David Thoreau

Mesmo sendo o relato de uma experiência individual – dois anos numa cabana de madeira nos bosques –, *Walden,* de Thoreau, costuma ser lido hoje em dia como um diário de liberdade e consciência pessoal. Em ambos os níveis, esse livro é um tesouro.

Thoreau não precisou viajar muito. A pouco mais de três quilômetros de Concord, Massachusetts, onde vivera a maior parte de sua vida, ainda se podia ter solidão. Foi ali então que ele reduziu sua vida à essência, longe das mentiras e do falatório da sociedade: construiu uma pequena cabana (3 x 4,5 m), fez uma horta e manteve uma pequena produção que vendia no mercado local de modo a cobrir suas modestas despesas. O resultado foi uma existência idílica: caminhar, ler, observar os pássaros, escrever e apenas ser.

A vida e a atitude típicas de *Walden*

Essa é uma idéia tão estranha à maioria das pessoas que ainda hoje parece perda de tempo ou subversão. Mas fato é que Thoreau se considerava o mais rico de todos que conhecia, uma vez que tinha os bens materiais de que necessitava e tempo suficiente para desfrutá-los. As pessoas normais precisavam trabalhar a vida inteira para poder adquirir propriedades e condições materiais de conforto, o que as impedia de desfrutar a beleza da natureza e o doce cultivo da alma propiciado pela solidão.

Certa vez Thoreau passou a noite na prisão por não pagar os impostos ao governo. Ele era abolicionista e mantinha objeções não apenas à escravidão dos negros, mas à de todas as pessoas. Como observou Michael Meyer em *Walden and Civil Desobedience* (Walden e a desobediência civil), o clássico de Thoreau pode ser visto como uma narrativa libertadora, uma espécie de crônica de uma fuga da ilusão.

Para Thoreau, metaforicamente, o sul profundo ficava em Walden Pond, a três quilômetros de distância de Concord, sua cidade natal. Em sua opinião, seus familiares e amigos viviam numa espécie de prisão, escravizados pelo materialismo e pelo conformismo. É famosa sua declaração: "A imensa maioria dos homens leva uma vida de silencioso desespero."

Seu retiro foi um exercício consciente do que a moderna literatura de auto-ajuda e desenvolvimento pessoal chamaria de "des-roteirização". Thoreau queria resgatar a total liberdade de espírito que tinha ao nascer, mas que, suspeitava ele, fora deformada pelo "saber convencional" e pelos preconceitos da sua criação. Afastou-se para deixar de ser um reflexo da sociedade, para descobrir o que significa ser um indivíduo livre.

Falando dos grandes exploradores de sua época, ele refletiu a respeito do inglês John Franklin, que desapareceu tentando descobrir uma passagem marítima pelo pólo ártico, e Grinnel, o norte-americano que foi procurá-lo:

> *"Será Franklin o único homem perdido a justificar que sua esposa se empenhe em procurá-lo? Será que o próprio Sr. Grinnel sabe onde está? Sejamos os Mungo Park, os Lewis, os Clarke e os Frobisher de nossas próprias correntes e oceanos; exploremos nossas próprias grandes latitudes."*

O impacto de *Walden*

Ao lado do amigo Ralph Waldo Emerson, Thoreau é um dos pilares do que hoje podemos chamar de ética do individualismo norte-americano. A ironia é que ambos condenaram muito do que os Estados Unidos e outros países ocidentais parecem ter se tornado: parques de diversões de consumidores ricos, mas empobrecidos pela falta de significado pessoal.

Walden, assim como os escritos de Emerson que tanto o influenciaram, mantém a capacidade de inspirar aqueles que buscam algo mais, embora muitos de seus pensamentos e idéias tenham passado a integrar o senso comum. Veja algumas de suas descrições da natureza e das pessoas:

> *"A pessoa que avançar confiante em direção aos seus próprios sonhos, e que procurar viver a vida que imaginou, se deparará com um sucesso inesperado nos momentos mais comuns."*

"Não conheço fato mais encorajador do que a inquestionável capacidade que tem o homem de elevar sua vida por meio do esforço consciente."

Esta poderia ter sido escrita por Norman Vincent Peale ou Deepak Chopra:

"O universo responde, regular e obedientemente, às nossas concepções; não importa se vamos rápido ou devagar – a estrada está lançada para nós. Gastemos, pois, nossas vidas imaginando."

A sensibilidade ambiental de *Walden* também estava à frente de seu tempo. Ele vive conforme cada estação permite, apesar de preferir o inverno (ele construiu uma lareira e uma chaminé na cabana) e ansiar pela graça e pelo poder renovador da primavera. Em sua opinião, a natureza merecia ser poupada e poucas coisas são mais instrutivas para a vida do que as árvores, a água e os animais. Numa declaração que se tornou clássica, ele observou: "Encontrei, finalmente, um par para mim: apaixonei-me por um carvalho."

Em palavras poéticas, Thoreau transmitiu seu sentimento de unidade com o meio ambiente:

"É uma noite deliciosa, meu corpo inteiro é um só sentido e absorve alegria por todos os poros. Eu vou e venho na natureza com uma estranha liberdade, sou parte dela."

O que Thoreau via na natureza sempre tinha uma contrapartida no que ele percebia nos homens:

"Eu ficaria feliz se todos os prados da terra fossem deixados em seu estado natural, se isso significasse que o homem começa a se redimir."

Progresso e prosperidade

O movimentado ir e vir de uma ferrovia que passava no extremo oposto de Walden Pond divertia e fascinava Thoreau. O progresso tecnológico refletia a glória da nação – refletia mesmo?

"Os homens acham essencial que a nação comercie, exporte gelo, fale pelo telégrafo e viaje a 50km/h... mas, quanto a se devemos viver como homens ou como macacos, não se sabe."

Essa estocada na obsessão pela inovação e a novidade também é perfeita para a cultura da nossa época. Thoreau rejeitava o estilo de heroísmo de Benjamin Franklin – "trabalho duro" para "subir pelo próprio esforço" – e prestígio social não tem importância alguma, assim como a prosperidade não achava que é algo a ser alcançado, mas testemunhado na generosidade da natureza.

Thoreau trabalhava apenas o necessário para seu sustento. Para ele, o importante era o tempo que dispunha para ler, escrever e desfrutar a natureza. Seus bosques simbolizam a abundância geral da natureza, que tudo provê quando tomamos a decisão de sermos fiéis a nós mesmos.

Contudo, isso não significa que nós devemos nos mudar para uma cabana e começar a trabalhar numa roça. Mas, ao permanecermos presos na "aldeia" da nossa mente, preocupados com o que nossos vizinhos dirão de nós, só veremos horizontes limitados e sinais de carência e mesquinhez. Veja o que Thoreau disse sobre a busca da individualidade:

"Se um homem não acerta o passo com seus companheiros, talvez seja porque está escutando outro tambor. Pois que marche ao som que ele ouve, por mais cadenciado ou distante que esteja."

Comentários finais

Walden ou A vida nos bosques são os devaneios de um espírito livre profundamente inspirado nos clássicos, na religião oriental, na sabedoria de seus ancestrais e na própria natureza, tudo isso em um ambiente de grande beleza física e serenidade. Pode haver melhor descanso para a mente do leitor? O livro o convida a se tornar companheiro de Thoreau, desfrutar com ele os bosques e o lago Walden e deliciar-se com seus comentários sobre as pessoas e a sociedade.

Quase ao final de *Walden* há a história de um besouro que saiu de uma velha mesa depois de hibernar por 60 anos, graças ao calor de um vaso que havia sobre ela. Essa história resume a filosofia de Thoreau, no sentido de que, para ele, todos nós temos potencial para emergir do "casulo decadente" da sociedade e desfrutar o melhor da vida.

Henry David Thoreau

Thoreau nasceu em Concord, Massachusetts, em 1817. Depois de se formar em Harvard, em 1837, assumiu o cargo de professor primário, mas, por se negar a fazer uso do castigo corporal, acabou indo trabalhar na fábrica de lapiseiras do pai. Em 1839 começou se interessar pela natureza após uma viagem pelos rios Concord e Merrimack, relatada num livro publicado 10 anos depois. Thoreau passou dois anos (1841-1843) como membro da família de Ralph Waldo Emerson.

Walden Pond ficava em terras de propriedade de Emerson. Nos anos que se seguiram à experiência, Thoreau trabalhou como agrimensor, pintor e jardineiro, além de palestrante e redator de revistas, dentre as quais o periódico de inspiração transcendental Dial. *Em 1849 escreveu* Desobediência civil, *um ensaio em oposição à guerra contra o México que iria influenciar Martin Luther King e Gandhi. Outro ensaio,* A escravidão em Massachusetts, *foi publicado no mesmo ano que* Walden, *1854.* Cape Cod *(1865) e* A Yankee in Canada *(1866) foram lançados após sua morte, em 1862. Emerson escreveu o ensaio* Thoreau *em homenagem ao fenomenal conhecimento da natureza e às práticas do amigo.*

Bhagavad-Gita

"Nascemos no mundo da natureza e renascemos no mundo do espírito."

"Aquele que, com o corpo forte a serviço da mente,
entrega seu poder a um trabalho digno, sem buscar proveito, Arjuna,
esse alguém é nobre. Faz a tarefa que te cabe!"

"O indivíduo que não se deixa abalar e em cuja presença os outros encontram
a paz – acima da emoção, da raiva e do medo – tem a minha estima."

"Se não lutares a batalha da vida porque teu egoísmo te faz temê-la,
tua resolução é vã: a natureza se te imporá."

"Dei a tuas palavras de visão e sabedoria mais segredo do que
os mistérios ocultos. Pensa nelas no silêncio da tua alma e depois,
em liberdade, faz o que é a tua vontade."

Em síntese

Busque a paz dentro de si mesmo, faça o trabalho que lhe cabe e admire os mistérios do universo.

Na mesma linha

Deepak Chopra, *As sete leis espirituais do sucesso* (p. 22)
Dhammapada (p. 82)

Capítulo 44

O *Bhagavad-Gita,* que em português significa Canção Celestial ou Canção do Senhor, é uma parte pequena, mas muito apreciada, do épico hindu *Mahabarata* sobre a rivalidade de dois ramos de uma mesma família, os Kaurava e os Pandava.

A beleza do relato de um diálogo filosófico entre Deus (na forma de Krishna) e o jovem guerreiro Arjuna, da família real Pandava, reside no fato de ele transitar em vários níveis: como poesia, como texto sagrado, como tese filosófica e até como guia de auto-ajuda. É este último que enfocaremos aqui.

Arjuna se encontra desesperado por estar prestes a enfrentar, numa batalha, um "inimigo" formado por membros de sua própria família. Ele não quer se envolver nessa batalha fratricida e pede ajuda a Krishna, mas as respostas que obtém não são exatamente as que queria ouvir. Para Krishna, no entanto, é a oportunidade de falar a um mortal sobre o funcionamento do universo e a maneira correta de encarar a vida.

O significado das atribulações de Arjuna

Arjuna se pergunta, com justa razão, por que haveria de querer guerrear contra sua própria família. Como se trata de uma alegoria, no fundo o que está em discussão é o conceito de ação e não-ação, que nos leva à descoberta do *karma* e do *dharma.* Arjuna se questiona, muito apropriadamente, por que ele devia se preocupar em fazer algo de bom, em fazer qualquer coisa, se o mundo é tão mau.

Em *O poder do mito,* Joseph Campbell diz que a maturidade é em parte saber dizer "sim" ao abominável (o mal) para reconhecer sua existência. O que ele chama de "afirmação de todas as coisas" não significa que você não possa contestar uma situação – apenas que você não pode negar o direito dela de existir. Seria ótimo desistir da vida, se manter acima de tudo isso, mas não é possível. Já que estamos vivos, não podemos evitar a ação e seus efeitos – isso é *karma.*

Se precisamos mesmo enfrentar a vida, o que deve nos guiar? As ações são motivadas por duas razões: pelo desejo ou pelo senso de propósito. As primeiras parecem mais fáceis porque nos permitem viver sem questionar e exigem pouco autoconhecimento. Em compensação, contrariam a essência do universo, levando-nos geralmente a um distanciamento da vida espiritual. Já as ações motivadas pelo propósito, aparentemente mais complicadas e obscuras, se tornam o caminho natural, a salvação de nossa existência e fonte inesgotável de contentamento – isso é *dharma.*

Razão

O *Bhagavad-Gita* representa a mente racional, capaz de optar por uma vida plena de propósito em vez do imediatismo do desejo. Se Arjuna seguir seu desejo de não lutar, não aprenderá nada. Por isso, Krishna o aconselha a "combater o bom combate" – esse é o seu dever, seu propósito, seu *dharma.*

Livre da indecisão, Arjuna é imediatamente avisado de que seus adversários "terão o que merecem" de qualquer maneira – e que ele é um mero instrumento do divino *karma.*

Não recomendo que o leitor se alongue demais no motivo pelo qual Deus recomenda a guerra, afinal todos concordam que parece loucura querer guerrear contra a própria família. Nesse caso, o fundamental é que, ao questionar sua própria ação e existência, o jovem guerreiro denota razão.

Temos a tendência de equiparar a razão à inteligência, o que de certa forma demonstra pobreza de raciocínio, pois sugere que camundongos e computadores, por exibirem a capacidade de "realizar alguma coisa", estão no mesmo nível que nós.

A razão é o processo pelo qual descobrimos nosso lugar no cenário mais amplo das coisas, mais especificamente no trabalho ou nas ações que justificam e preenchem nossa existência. É o que nos faz seres humanos. O *Bhagavad-Gita* não é um mergulho no misticismo, mas o caminho da razão, nossa mais elevada faculdade e nosso maior trunfo.

Trabalho

São três os elementos da natureza, e seus correspondentes estilos de vida, citados neste livro sagrado: *Tamas* (escuridão), *Rajas* (fogo) e *Sattva* (luz).

O estilo *Rajas* é muito agitado e de trabalho intenso, com interesses em vários setores, ambição insaciável, pouco descanso e lascívia por coisas e pessoas. Diz respeito a ganhar e conquistar, um tipo de vida focado "no que já tenho e no que ainda não tenho". Se isso lhe soa familiar, é porque significa viver de acordo com as "conseqüências". E ainda que de ordem mais elevada do que *Tamas* (inércia, embotamento, incúria, ignorância), trata-se de uma vida de mediocridade.

E quanto a *Sattva*, a vida de luz? Você saberá que a está vivendo quando suas intenções forem nobres e suas ações pacíficas. Seu trabalho é seu santuário, você o fará mesmo sem ser recompensado. A questão-chave é que, se você não fizer o que gosta, estará entristecendo sua alma. Ainda que seja difícil, ame o que estiver fazendo. A libertação do medo e da preocupação com os "resultados" acontecerá naturalmente. Os sábios sempre têm algo (um resultado, uma solução) em mente, embora seu desapego em relação a isso os torne ainda mais eficazes.

Segundo o *Bhagavad-Gita,* ainda mais elevada que a paz da meditação é aquela que provém da renúncia ao fruto das próprias ações. É ela que nos libera da rigidez das expectativas estabelecidas, permitindo o surgimento do inesperado e do notável.

O eu estável

Imagine-se assistindo à TV relaxadamente quando surge uma reportagem sobre a premiação anual do Oscar, o esplendor e a beleza do espetáculo e das festas exclusivas que acontecem após a cerimônia. Alguém observa: "É aqui que o resto do mundo gostaria de estar."

Por trás do prazer superficial que aquelas cenas lhe proporcionam, de repente você percebe uma pontadinha de sentimento de inferioridade: "E daí se as pessoas dizem que tudo isso é futilidade... eu queria estar lá! O que foi que eu fiz com minha vida que não estou na lista de convidados? Será que vou mesmo voltar ao trabalho na segunda de manhã?"

Há uma expressão em psicologia que ilustra bem esse pensamento: "referência externa". É como se tivéssemos o foco nos outros e precisássemos desesperadamente de sua aprovação. Hollywood, todo mundo sabe, é um santuário de exibicionistas, alpinistas sociais e falsas celebridades em busca de status, um lugar onde as pessoas estão sempre se perguntando o que os outros irão pensar de seu próximo teste, apresentação ou desempenho. Trata-se de uma vida de medo e, quando as coisas não saem como o esperado, de desespero.

O *Bhagavad-Gita* ensina que é possível dispensar a aprovação externa para se sentir bem – você sabe o seu valor. Um dos principais caminhos para se atingir esse estágio é a meditação, pois ela traz o desligamento de emoções como medo e cobiça. Por meio do estado meditativo, descobrimos um eu não sujeito a mudanças, um eu, como diz Deepak Chopra, "imune às críticas e que não teme desafios, não se sente inferior a ninguém". Esse é, com certeza, um poder real se comparado ao que podemos adquirir no dia-a-dia.

Em seus desejos conscientes mais inconfessáveis, você é como todo mundo – a meditação o ajuda a compreender sua individualidade. O que fazemos em seguida a esse tipo de exercício espiritual normalmente não gera um *karma* negativo porque emergimos de uma zona de pureza e conhecimento perfeito. "Com a meditação perfeita vem o ato perfeito", diz o *Bhagavad-Gita.*

Outro conceito fundamental é que a pessoa iluminada é a mesma no sucesso ou no fracasso, fica imune às oscilações dos acontecimentos e das emoções. A estabilidade, ironicamente, vem com a capacidade de apreciar a natureza efêmera da vida e o movimento inexorável do tempo. Ainda que o universo esteja em permanente movimento, podemos treinar nossa mente para que ela seja um ponto de estabilidade.

Nesse sentido, o livro é um antídoto eficiente para os sentimentos de insignificância que, na vida moderna, esmagam até mesmo as pessoas mais confiantes.

Comentários finais

Mesmo quem considera os livros religiosos um "lixo místico" se surpreenderá ao descobrir que o *Bhagavad-Gita* é uma obra extraordinária sobre a soberania da mente.

Deus diz a Arjuna:

> *"Dei a tuas palavras de visão e sabedoria mais segredo do que aos mistérios ocultos. Pensa nelas no silêncio da tua alma e depois, em liberdade, faz o que é a tua vontade."*

Embora Deus seja todo-poderoso, o homem tem livre-arbítrio. O *Bhagavad-Gita* vem transmitindo vigorosamente essa mensagem há séculos talvez porque, ironicamente, o faça por meio da poesia, que é a linguagem do coração.

Ele é o perfeito livro de auto-ajuda. Nem erudito nem complicado, mas portador de uma profunda sabedoria que nos indica um caminho para a estabilidade da mente e o contentamento no trabalho. O que poderia ser mais relevante em meio à velocidade e à pressão da vida em pleno século XXI?

Bíblia

"Tudo o que você fizer será bem-feito e a luz brilhará no seu caminho." (Jó 22:28)

"O Senhor é meu pastor, nada me faltará. Ele me faz descansar em pastos verdes. Ele me conduz a águas tranqüilas. Ele restaura a minha alma." (Salmo 23)

"Por fim, meus irmãos, reflitam sobre tudo o que é verdadeiro, honesto, justo, puro e decente; encham a mente de tudo o que é bom e digno de elogio." (Filipenses 4:8)

"Cristo me dá forças para eu poder fazer qualquer coisa." (Filipenses 4:13)

"Aos cansados ele dá novas forças e os fracos ele enche de energia." (Isaías 40:29)

"Se Deus está conosco, quem poderá estar contra nós?" (Romanos 8:31)

"Por isso lhes digo: quando vocês orarem e pedirem alguma coisa, creiam que já a receberam e assim tudo lhes será dado." (Marcos 11:24)

Em síntese

Amor, fé, esperança, a glória de Deus, a capacidade de aperfeiçoamento do homem.

Na mesma linha

Bhagavad-Gita (p. 260)
Dhammapada (p. 82)

Capítulo 45

A maneira como as pessoas costumam ver a *Bíblia* cai, geralmente, numa das três categorias: texto religioso sagrado, vasta obra histórica ou coleção de histórias extraordinárias. Nosso apego a essas fórmulas, porém, pode nos impedir de vê-la sob uma nova ótica – como uma coleção de idéias que nos ajudaram a criar o conceito do que a humanidade poderia ser.

Progresso

É fácil esquecer quanto o Velho e o Novo Testamento são responsáveis pelo mundo em que vivemos hoje. No livro *The Gifts of the Jews: How a Tribe of Desert Nomads Changed the Way Everyone Thinks and Feels* (Os talentos dos judeus: como uma tribo nômade do deserto mudou a maneira de todo mundo pensar e sentir), Thomas Cahill escreveu:

> *"Sem a* Bíblia, *jamais teríamos conhecido os movimentos abolicionista, pacifista, trabalhista, pelos direitos civis, pela reforma das prisões, contra o apartheid na África do Sul, em prol do Movimento Solidariedade da Polônia, pela democracia e liberdade de expressão em países do Extremo Oriente, como a Coréia do Sul, as Filipinas e a China. Todas essas mobilizações dos tempos modernos empregaram a linguagem da* Bíblia.*"*

A mudança mais decisiva em nosso modo de pensar talvez tenha sido o conceito de progresso. Em um passado distante, o tempo era invariavelmente visto como algo cíclico. As grandes narrativas da criação eram tão importantes para as culturas antigas entenderem a si mesmas que pouca atenção se dava ao futuro. A idéia de que o amanhã pode ser melhor do que o hoje era completamente surpreendente. Os deuses eram impessoais e caprichosos e nenhum deles tinha uma perspectiva própria para a raça humana.

Tudo isso mudou com a revelação dos mandamentos a Moisés, no monte

Sinai. Embora devesse ser temido, esse novo Deus único não apenas carregava o bem no coração como tinha uma visão de longo prazo. Foi ele que guiou os judeus escravizados na fuga do Egito para a Terra Prometida e que trabalharia ao longo da história para criar seus próprios fins – era um Deus progressista.

Embora hoje seja considerada uma verdade incontestável, essa visão favorável a transformações definiu a cultura ocidental e veio a ser adotada por quase todas as culturas não ocidentais. É, como diz Cahill, a força por trás de todos os grandes movimentos de emancipação que, muitas vezes empregando a linguagem do Livro do Êxodo, acreditam que "as coisas não têm de ser assim". É o mesmo conceito que permeia grande parte da literatura de auto-ajuda.

O poder do amor

Se o Velho Testamento há muito serviu de inspiração graças a seu viés revolucionário que dá ao indivíduo uma ênfase até então desconhecida, o Novo Testamento tornou-se símbolo da salvação individual. Ele não só exorta o indivíduo a mudar o mundo como diz que ele tem a obrigação de fazê-lo.

O desafio de transformar o mundo segundo a imagem de Deus, usando Jesus como exemplo, fez do Novo Testamento um manual do amor ativo. Um amor que cura e cria – como o progresso – é absolutamente natural nos dias de hoje. Mas, como diz Andrew Welburn em *The Beginnings of Christianiy* (A origem do cristianismo), "o amor é a revelação de Deus ao homem individualizado e consciente de si mesmo, assim como o poder e a boa ordem eram a revelação de Deus à humanidade antiga, anterior à autoconsciência de si mesma".

O tema bíblico do poder do amor marcou uma nova época da humanidade. A caminho de Damasco para reprimir os cristãos, Saulo de Tarso (que mais tarde veio a se chamar São Paulo) foi "cegado pela luz". Essa maravilhosa história de transformação pessoal ilustrou a estranha nova idéia de que o amor podia ser mais forte do que a posição social ou o poder.

A força da fé

As coleções de divindades que precederam o conceito judeu de deus único eram, em sua maioria, reflexos dos desejos humanos. Se você não conseguia o que queria, era obviamente porque os deuses estavam insatisfeitos com você. O deus de Moisés já era mais complicado, exigia que o crente tivesse fé para ajustar seus objetivos e demonstrar onipotência. O deus judaico e cristão tornou-se responsável não apenas em relação à criação e destruição, mas à co-criação.

Vejamos a história de Abraão: convocado por Deus para ir a uma montanha para fazer um sacrifício, ele obedece, mas fica sabendo que terá de imolar o próprio filho. Surpreendentemente, ele se dispõe a seguir em frente. No último momento, Deus faz substituir o menino por um carneiro saído de uma moita próxima. O sucesso de Abraão nesse incrível teste de fé é recompensado pela prosperidade de seus descendentes pelas gerações afora.

A *Bíblia* e a individualidade

Outras religiões e correntes filosóficas viam o mundo ora como uma ilusão, ora como um drama em que cada um desempenhava seu papel. Mas o cristianismo, ao fazer do indivíduo a unidade por meio da qual o mundo se desenvolveria e realizaria seu potencial, deu grandeza à história do esforço humano para criar o céu na terra.

Acima de tudo, o cristianismo libertou seus seguidores da obrigação de aceitar seu destino. Esse é um conceito profundamente igualitário: ninguém era mais escravo de ninguém, nem de deuses caprichosos, do "destino" ou das "estrelas". Essa interpretação permitiu que as pessoas não fossem mais definidas por fatores como classe, etnia ou riqueza.

A revolucionária conveniência da *Bíblia,* particularmente do Novo Testamento, foi ver e entender a "extraordinária incomunicabilidade que todos nós possuímos" (Teilhard de Chardin). A visão mais abrangente da *Bíblia* prevê a criação de uma comunidade onde cada pessoa tenha a oportunidade de expressar plenamente sua individualidade. Qualquer que seja a sua opinião pessoal sobre o papa João Paulo II, saiba que foi esta crença que estimulou o seu enfático anticomunismo (sistema que acredita em sacrificar o indivíduo em prol da comunidade).

Comentários finais

A *Bíblia* merece ser vista com novos olhos. Não precisamos mais encará-la sob o prisma do pecado e do sacrifício, do peso de sua hierarquia eclesiástica ou das guerras santas. Devemos lembrar suas mensagens mais simples de compaixão, realização e aperfeiçoamento pessoal, ensinamentos que não exigem imposições sobre ninguém.

Fascinante como documento histórico, a *Bíblia* foi o primeiro manual de transformação pessoal desde que o mundo é mundo.

Self-Reliance
(Autoconfiança)

1841

"Insista em si mesmo, nunca imite. O talento que lhe é próprio você pode mostrar a qualquer momento, com a força acumulada de uma vida inteira de aperfeiçoamento; do talento que adotar de outra pessoa, você não terá mais que uma posse incompleta e extemporânea. Aquilo que cada um pode fazer de melhor ninguém, senão o Criador, pode ensiná-lo. Onde está o mestre que teria instruído Franklin, ou Washington, ou Bacon, ou Newton?... Faça o que lhe compete e nenhuma esperança, nenhuma ousadia serão excessivas."

"Deitamos no colo da inteligência, o que nos torna receptores de sua verdade e órgãos de sua atividade. Quando compreendemos a justiça, quando discernimos a verdade, nada fazemos de extraordinário, apenas permitimos a passagem de seus raios de luz."

"A sociedade é uma companhia cujos acionistas, para garantir o seu pedaço de pão, concordam em suprimir a liberdade e a cultura daqueles que comem. A virtude mais requisitada é o conformismo. A autoconfiança é o seu oposto. O que a sociedade mais aprecia não são realidades e criadores, mas nomes e costumes. Quem quiser ser um homem, precisa ser um não-conformista."

Em síntese

Quaisquer que sejam as pressões, seja você mesmo.

Na mesma linha

Bhagavad-Gita (p. 260)

Samuel Smiles, *Self-Help* [Auto-ajuda] (p. 288)

Henry David Thoreau, *Walden* (p. 254)

Capítulo 46

Ralph Waldo Emerson

Com apenas 30 páginas, *Autoconfiança* é o mais breve dentre todos os livros tratados nesta coletânea. Ele tem as qualidades de um concentrado de idéias, talvez a própria essência do desenvolvimento pessoal, e ainda exerce enorme influência – integrando, inclusive, a base intelectual dos autores de auto-ajuda de hoje.

Autoconfiança é uma das obras literárias que ajudou a moldar a ética do individualismo americano, e Emerson, um dos maiores filósofos-sábios da cultura ocidental, nunca foi tão relevante. A ânsia de realização do potencial individual sempre foi uma característica da natureza humana; hoje, porém, tendemos a vê-la como um direito, não como um desejo inacessível. A filosofia de Emerson, que ele mesmo chamava de idealista, não é romântica, irrealista nem vaga. Sem dúvida, "ela tem um toque de granito", como diz Richard Geldard em *The Vision of Emerson* (A visão de Emerson).

Segundo Emerson, autoconfiança é mais do que a imagem de uma família tentando a vida na fronteira. Embora apreciasse a natureza e admirasse atitudes do tipo faça-você-mesmo, a fronteira de Emerson, o lugar das oportunidades e da verdadeira liberdade, é uma paisagem mental livre da mediocridade e do conformismo.

Livre e original

Tal como seu amigo e pupilo Henry David Thoreau (ver *Walden*), Emerson achava que é tolice o indivíduo sair por aí reformando e aperfeiçoando o mundo, ou mesmo se dedicando às "causas justas" – antes é preciso encontrar seu próprio lugar nele. É sua a famosa observação:

> *"Todo mundo alardeia o aperfeiçoamento da sociedade, mas ninguém cuida de aperfeiçoar a si próprio."*

Se não formos capazes de examinar nós mesmos e identificar nossa vocação, não serviremos de grande coisa. A falta de percepção acabará permitindo que uma sociedade que dá pouco ou nenhum valor à beleza e à liberdade do indivíduo nos molde à sua imagem e semelhança.

Esse é o caminho preferido pela maioria, que fica feliz por acompanhar a programação social em troca de condições materiais e um status razoável. Por mais que afirmemos nossa disposição de romper com as limitações, na realidade nos sentimos confortáveis na conformidade.

Mas por que deveríamos nos preocupar em escapar? Por que arriscar nossa segurança? Assim como a formiga não pode avaliar o nível de vida que um homem pode desfrutar, a maioria de nós não saberá o que lhe falta se nunca olhar além de seu mundinho. Tendemos a nos apoiar em coisas como sexo, sucesso profissional, boa comida e roupas bacanas para nos sentirmos vivos.

Emerson via através do véu exterior, sabendo que é o domínio interior que revela a riqueza, a paz e o poder verdadeiros. A única defesa adequada contra o conformismo entorpecedor é descobrir e trilhar a estrada da originalidade. *Autoconfiança* contém diversos apelos nesse sentido:

> *"Mal somos capazes de nos expressar e nos envergonhamos da idéia divina que cada um de nós representa."*

Quando nos expressamos como idéia divina que somos, os vínculos aparentemente fortes e necessários que temos com a sociedade e as outras pessoas se desfazem; não precisamos mais de sua aprovação para funcionar. Ficamos na mesma posição de Lutero, que disse: "Eis-me aqui – não posso fazer diferente; este sou eu, é isto o que sou."

Nossa obrigação maior não é com nossa família, nosso trabalho ou nosso país, mas com aquilo que fomos chamados a ser ou fazer. Cumprir seu "dever" significa muitas vezes não assumir a responsabilidade de trilhar o próprio caminho. Podemos passar anos a fio ignorando o chamado, optando pelo dinheiro e pelas fontes corriqueiras de conforto e satisfação, mas no final ele reclamará seus direitos.

Para Emerson, a genialidade não é exclusividade dos grandes artistas e cientistas. As coisas autênticas que fazemos e que não dependem do que os outros possam pensar são fragmentos geniais que têm de ser multiplicados para preencher todos os dias de nossas vidas. É pela descoberta e expressão dessa essência que se revela a verdadeira natureza do indivíduo. Já o conformismo "não explica nada".

Clareza e conhecimento

Emerson foi fortemente influenciado pelos antigos textos religiosos orientais (*Upanishades, Vedas, Bhagavad-Gita*). Sua filosofia é uma revelação da unidade de todas as coisas; a vida é cheia de ilusões e falsos laços que atrapalham nossa união com o que é eterno e imutável. É a consciência de nossos processos mentais que nos permite dissipar a névoa do auto-engano e da ilusão, aquilo que hoje chamamos de "roteirização" da nossa vida por parte da sociedade.

Ser auto-suficiente não é não dar valor ao que os outros dizem. Emerson não discordava de Thoreau quando dizia que Harvard, que ambos cursaram, ensinava muitas disciplinas, mas não suas raízes.

Emerson tinha consciência de que a educação convencional não está à altura da tarefa de levantar esse véu, uma vez que lida basicamente com categorias intelectuais. A verdadeira percepção tem de ser adquirida por meio do pensamento meditativo que, em vez de compartimentar o conhecimento, o abre para a sabedoria plena e imutável.

Emerson chamava de intuição esse saber básico, ao passo que todo ensinamento posterior é mera instrução. Ele tentava nos alertar sobre dependermos exclusivamente de nossa força de vontade. Por nos colocar em sintonia com as forças e leis universais, o pensamento meditativo nos leva a ser e a agir de maneira intrinsecamente correta e "bem-sucedida".

O tesouro interior

As pessoas de sua época o viam como um sábio, um profeta, um indivíduo menos suscetível do que a maioria aos defeitos próprios da natureza humana. Mas, como todo mundo, Emerson vivia de acordo com as esperanças, os sucessos e os reveses da vida normal. O que o tornava extraordinário era a crença de que não é preciso reagir aos bons e maus acontecimentos, como em uma gangorra emocional. Eis suas palavras:

> *"Uma vitória política, um aumento nos rendimentos, a cura de uma doença, o retorno de um amigo ausente e outros acontecimentos favoráveis levantam o seu*

ânimo e o levam a pensar que os bons dias chegaram. Não acredite nisso. Nada pode lhe trazer paz a não ser você mesmo e o triunfo dos seus princípios."

Isso fala ao coração da condição humana e à idéia de boa sorte pela qual vivemos. Emerson acreditava que cada um é responsável por sua própria felicidade. Não é natural ficarmos permanentemente reféns dos acontecimentos – somos totalmente capazes de praticar o desapego e a transcendência.

Comentários finais

O leitor talvez não encontre melhor autor do que Emerson para ajudá-lo a dar o salto rumo à liberdade auto-suficiente. É difícil ler *Autoconfiança* simplesmente como uma obra histórica, porque somos facilmente atraídos para a órbita da responsabilidade e da autoconsciência de Emerson, um mundo onde não existem álibis, apenas oportunidades.

Sua mensagem é de que o desejo de vencer não implica colocar nossa vontade de ferro contra o universo. De preferência, ao nos tornarmos mais plenamente conscientes dos padrões e fluxos da natureza, do tempo e do espaço, é trabalhando com a essência do universo que nos tornamos parte de um poder infinitamente maior.

Os princípios mencionados na citação acima não são restritivos, mas respostas criativas e conscientes ao mundo que nos cerca. Nossas vidas devem refletir esse universo perfeito em vez de ser moldadas pelos ângulos e curvas irregulares da cultura. O indivíduo auto-suficiente deve ser capaz de viver no mundo e melhorá-lo, e não ser apenas mais um produto dele.

Ralph Waldo Emerson

Nascido em Boston, em 1803, Emerson foi o segundo de oito irmãos. Aos 14 anos de idade entrou para Harvard, formando-se quatro anos mais tarde, abaixo da média da turma. Depois de algum tempo trabalhando como professor de primeiro grau, entrou para o Divinity College de Harvard, tornou-se pastor católico unitariano e casou-se, mas sua esposa morreu de tuberculose. Depois de renunciar ao cargo por causa de divergências doutrinárias, Emerson viajou para a Europa, onde conheceu Carlyle, Coleridge e Woodsworth.

De volta aos Estados Unidos em 1835, estabeleceu-se em Concord e casou-se novamente com Lydia Jackson, com quem teve cinco filhos. Em 1836 publicou Nature *(Natureza), em que estabeleceu os princípios transcendentalistas que criou com Thoreau, Margaret Fuller, Amos Bronson Alcott, Elizabeth Peabody e Jones Very.*

Nos dois anos seguintes, Emerson proferiu palestras polêmicas em Harvard, a primeira afirmando a independência intelectual dos Estados Unidos em relação à Europa, a segunda apelando para a independência de crença acima de todos os credos e igrejas, o que lhe atraiu a ira da hierarquia religiosa.

Publicou duas séries de ensaios, dentre os quais Autoconfiança, Leis espirituais, Compensação e experiência *e, na década de 1850,* O homem representativo *e* A condução da vida. *Emerson morreu em 1882.*

Motivation and Personality
(Motivação e personalidade)

1954

"Ser um ser humano – no sentido de pertencer à espécie humana – deve ser definido também em termos de tornar-se humano. Nesse sentido, um bebê é apenas potencialmente um ser humano, precisa crescer e amadurecer até conquistar sua humanidade."

"Tenho trabalhado em cima de dados da psicologia e da psicanálise experimental. Adotei também o espírito empírico e experimental da primeira e o poder de sondagem e revelação da segunda, embora rejeitando as imagens do homem que ambas geraram. Vale dizer, esse livro propõe uma outra filosofia da natureza humana, uma nova imagem do homem."

Em síntese

Saúde mental plena não é ausência de neuroses, mas a realização do nosso potencial.

Na mesma linha

Pierre Teilhard de Chardin, *O fenômeno humano* (p. 294)

Capítulo 47

Abraham Maslow

No verão de 1962, Abraham Maslow dirigia seu carro em meio a uma forte neblina pela estrada litorânea da região do Big Sur, Califórnia, quando viu um letreiro interessante e decidiu parar. O lugar era justamente o primeiro centro de desenvolvimento pessoal do mundo, o Esalen Center, e, naquele momento, coincidentemente, os empregados desempacotavam exemplares do primeiro livro de Maslow, *Towards a Psychology of Being* (Na direção da psicologia do ser).

Diante de tantas coincidências, era inevitável que Maslow se tornasse o guru do movimento da década de 1960. Com sua proposta de "auto-realização pessoal", *Motivation and Personality* (Motivação e personalidade) propôs uma nova imagem da natureza humana que inspirou toda uma geração. Ao lado de Rollo May e Carl Rogers, Maslow criou a "terceira força", um ramo humanístico da psicologia, e também sua extensão, a psicologia transpessoal, que ultrapassa as necessidades e os interesses comuns das pessoas e aborda seu contexto espiritual e cosmológico.

Com um trabalho acadêmico de oposição ao behaviorismo – que, em sua opinião, transformava as pessoas em autômatos, sem sentimento ou emoção –, Maslow não era um revolucionário comum. Ele também se opunha à psicanálise freudiana, que nos define como pessoas controladas por necessidades inconfessáveis. Buscava, em vez disso, uma visão holística das pessoas que não era muito diferente daquela que artistas e poetas sempre imaginaram.

Em vez de mera soma de necessidades e impulsos, ele nos via como indivíduos integrais com um campo ilimitado de crescimento. Foi essa clara crença na possibilidade humana e nas organizações e culturas que poderíamos construir que tornou a obra de Maslow tão influente.

Conceitos-chave: hierarquia das necessidades e auto-realização

A "hierarquia das necessidades" de Maslow é um conceito conhecido em psicologia que organiza as necessidades humanas em três níveis gerais: fisiológicas (ar, água e comida), psicológicas (segurança, amor, auto-estima) e de auto-realização.

Sua tese é a de que as necessidades superiores fazem parte da nossa natureza tanto quanto as inferiores (instintivas e biológicas). Equivocadamente, a maioria das civilizações considerou as necessidades superiores e inferiores como mutuamente conflitantes, assim como os impulsos animais básicos se opõem às nossas aspirações mais elevadas, como a verdade, o amor e a beleza.

Maslow, ao contrário, via as necessidades como um continuum em que a satisfação das necessidades inferiores é anterior ao desenvolvimento mental e moral superior do indivíduo. Uma vez satisfeitas as exigências físicas básicas, e alcançado o estado em que nos sentimos amados e respeitados e em que desfrutamos uma sensação de pertencimento – o que inclui a identidade filosófica ou religiosa –, passamos a buscar a auto-realização.

Indivíduos realizados são aqueles que atingiram "o pleno uso e exploração de seus talentos, capacidades e potencialidades". O tipo bem-sucedido, à parte demonstrações óbvias de sucesso, é aquele que passa longe da perfeição, mas aparentemente não tem grandes defeitos. Desde que Daniel Goleman escreveu sobre a inteligência emocional, todo mundo "descobriu" que ela é a chave para o sucesso. Nas pessoas realizadas, esse tipo de inteligência é natural.

A pesquisa de Maslow envolveu o estudo de sete personagens contemporâneos e nove históricos: os presidentes norte-americanos Abraham Lincoln e Thomas Jefferson, o cientista Albert Einstein, a primeira-dama e filantropa Eleanor Roosevelt, a pioneira da filantropia Jane Addams, o psicólogo William James, o médico e humanista Albert Schweitzer, o escritor Aldous Huxley e o filósofo Baruch Spinoza.Vejamos algumas das 19 características da pessoa realizada identificadas por Maslow.

- Percepção clara da realidade (incluindo uma alta capacidade de detectar falsidades e acertar no julgamento do caráter).
- Aceitação (de si mesma e das coisas tais como são).
- Espontaneidade (vida interior rica, não convencional; capacidade de ver o mundo como as crianças, ou seja, sempre como se fosse a primeira vez; valorização da beleza das coisas mundanas).
- Concentração de problemas (foco em questões ou desafios externos – sentido de missão ou propósito – resultando em ausência de mesquinhez, introspecção e jogos egocêntricos).

- Busca da solidão (quando desfrutada voluntariamente, a solidão traz também serenidade e distanciamento dos infortúnios e crises e ajuda a obter independência de pensamento e capacidade de decisão).
- Autonomia (independência quanto à aprovação de outras pessoas; maior interesse na satisfação interior do que em status e recompensas).
- Auge ou experiências místicas (aquela sensação de que o tempo parou).
- Afinidade humana (amor autêntico por todas as pessoas e desejo de ajudá-las).
- Humildade e respeito (acredita que é possível aprender com qualquer um e que mesmo a pior pessoa tem aspectos positivos).
- Ética (noções claras, ainda que não convencionais, do que é certo e do que é errado).
- Senso de humor (não acha graça em piadas que ferem ou que insinuam inferioridade, e sim naquelas que destacam a tolice do ser humano em geral).
- Criatividade (não tem a genialidade de Mozart, mas consegue se expressar em tudo o que faz, diz e partilha).
- Resistência ao processo de aculturação (capacidade de ver além dos limites da cultura de sua própria época).
- Imperfeições (toda a culpa, ansiedade, auto-recriminação e ciúme que as pessoas experimentam, sem origem em neuroses).
- Valores (baseados numa visão positiva do mundo; o universo é visto não como uma selva, mas como um lugar de abundância que fornece tudo aquilo de que precisamos para que possamos dar a nossa contribuição).

As pessoas se distinguem por outra sutil diferença. A maioria de nós vê a vida como uma luta para obter isto e aquilo, sejam bens materiais, uma família ou uma carreira vitoriosa. Os psicólogos chamam esse processo de "motivação por carência". Os realizados são ambiciosos na medida em que precisam se expressar de um modo mais pleno e exato e desfrutam aquilo que são capazes de fazer.

Outra característica dessa "tribo" é a sua profunda liberdade de pensamento. Quaisquer que sejam as circunstâncias, e em contraste com as pressões para a conformidade de que se vêem cercados, os realizados são exemplos vivos de livre-arbítrio, qualidade humana por excelência.

Eles compreendem plenamente o que Stephen Covey chama de hiato entre estímulo e resposta, isto é, a noção de que nenhuma resposta deve ser automática. A pessoa meramente "bem-ajustada" (isto é, livre de neurose) talvez não saiba quem são eles nem se possuem um propósito de vida definido. Como diz Theodore Rozsak, em *Person/Planet*:

> *"Maslow fez a pergunta decisiva ao colocar a auto-realização como o objetivo supremo da terapia: por que nos fixarmos em padrões de sanidade tão cautelosamente baixos? Não podemos imaginar nenhum modelo melhor do que o consumidor zeloso, o provedor bem-ajustado? Por que não o santo, o sábio, o artista? Por que não tudo o que é superior e excelente em nossa espécie?"*

Maslow faz a interessante observação de que, embora compartilhem os traços acima listados e possam, portanto, ser agrupadas em um tipo, as pessoas realizadas são mais plenamente individualizadas do que qualquer outro grupo de controle jamais descrito. Esse é o paradoxo da auto-realização: quanto mais desses traços se possui, maior a probabilidade de ser absolutamente singular.

Comentários finais

A grandeza de Maslow está em "re-imaginar" o que o ser humano pode ser. Rejeitando a idéia de saúde mental como mera "ausência de neurose", ele enfatiza que a saúde psicológica exige a presença de traços de auto-realização. Essa remodelação fundamental da psicologia tem implicações em todas as áreas da atividade humana.

Na época em que escreveu *Motivation and Personality*, Maslow acreditava que apenas uma ínfima porcentagem da população era realizada, mas que esses poucos podiam mudar toda a cultura. Considerando o impacto desse conceito sobre a contracultura da década de 1960, uma geração que mudou o mundo à sua imagem, somos obrigados a admitir que Maslow tinha razão.

Sua hierarquia das necessidades foi, com certeza, essencial para o entendimento da motivação no trabalho: a auto-realização do empregado veio a se tornar um conceito importante no mundo corporativo. Maslow anteviu a tendência da substituição do dinheiro por crescimento pessoal como principal motivação da vida profissional.

Claramente, seu princípio fixa altos padrões para os indivíduos e a sociedade – a principal crítica a seu trabalho foi ter criado uma utopia baseada numa natureza humana ideal, inexistente. Ele morreu antes de poder abordar o problema que alguns o acusavam de ignorar: o mal. O desejo de auto-realização pode ser um fator favorável à disseminação da democracia e ao respeito dos direitos humanos, mas que tipo de luz ele lança sobre horrores como os genocídios de Ruanda e Kosovo?

Se a auto-realização é um aspecto da natureza humana, sua ausência pode criar um vácuo que se encherá de repressão, pobreza e nacionalismo, tornando o mundo maduro para o mal. Vista por esse ângulo, a satisfação do eu nunca deveria ser pensada como um luxo. A evolução da espécie depende dela.

Abraham Maslow

Nascido em1908 no Brooklyn, Nova York, no seio de uma família de imigrantes judeus russos, Maslow era o mais velho de sete filhos. Tímido, neurótico e depressivo, tinha, no entanto, uma curiosidade apaixonada e uma incrível inteligência inata (QI 195). Na Universidade de Colúmbia, sua pesquisa sobre a vida sexual das universitárias suscitou controvérsias. Dentre seus mentores estavam Harry Harlow, o ilustre pesquisador dos primatas, o behaviorista Edward Thorndike, Alfred Adler, Karen Horney, Eric Fromm e Margaret Mead. A antropóloga Ruth Benedict e o fundador da terapia Gestalt, Maw Wertheimer, tornaram-se seus amigos e modelos da idéia da pessoa realizada.

Em 1951, Maslow se transferiu para a Universidade Brandeis, onde escreveu Motivation and Personality, *e lá permaneceu até um ano antes de morrer. Em 1962 foi consultor numa empresa de alta tecnologia da Califórnia, do que resultou sua adaptação do conceito de auto-realização ao cenário dos negócios, relatada em* O diário de negócios de Maslow. *O clássico* The Farther Reaches of Human Nature *(O potencial mais avançado da natureza humana) foi lançado um ano depois da sua morte, em 1970.*

Quem é John Galt?

1957

"Ela olhou à frente, para a bruma onde os trilhos e a distância se fundiam, uma bruma que podia se romper a qualquer momento em alguma forma de desastre. Ela se perguntava por que se sentia mais segura do que jamais se sentira numa cabine atrás do motor, aqui onde parecia que, se surgisse um obstáculo, seu peito e o pára-brisa seriam os primeiros a serem esmagados. Ela sorriu ao perceber a resposta: era a segurança de ser a primeira, com visão total e pleno conhecimento da própria trajetória – não a sensação cega de ser empurrada para o desconhecido por algum poder desconhecido à sua frente. Era a sensação mais extraordinária da existência: em vez de confiar, saber."

"Por que sempre sentira essa alegre sensação de confiança quando olhava para as máquinas?... Os motores eram um código moral forjado em aço."

"Não diga, quando alcançar seu destino, que a vida é frustração e que a felicidade humana é impossível; verifique o seu combustível: ele o levou até onde você queria ir."

Em síntese

Forje o seu próprio destino, crie algo de valor, permita-se uma forma mais elevada de humanidade ousando pensar.

Na mesma linha

Ralph Waldo Emerson, *Self-Reliance* [Autoconfiança] (p. 270)
Samuel Smiles, *Self-Help* [Auto-ajuda] (p. 288)

Capítulo 48

Ayn Rand

Quem é John Galt? é um livro que tem o poder de suscitar acirradas polêmicas em suplementos literários e grupos de discussão. Um romance de mistério e erotismo ou uma obra filosófica? O livro é tudo isso e ainda mais. Obra-prima de uma imigrante russa que viu em primeira mão as restrições impostas à liberdade individual pela revolução bolchevique, o livro aborda uma das questões básicas da existência: o grau de egoísmo que deve ter uma pessoa. Se houvesse uma eleição do "livro mais fascinante do século XX", ele certamente estaria entre os 10 primeiros.

Rand era uma filósofa que usava a ficção para influenciar as massas. Sua proposta é levar o leitor a pensar, pela primeira vez na vida, sobre a natureza do sistema capitalista e o que significa ser livre. Num plano mais elevado, *Quem é John Galt?* trata do que o homem pode e deve fazer para atingir o ápice.

Desvendando *Quem é John Galt?*

A protagonista Dagny Taggart é uma jovem e impetuosa executiva do ramo das ferrovias que dirige a Taggart Transcontinental, enfrentando a corrupção em escala nacional. Outros personagens são o implacável industrial Hank Rearden e o extravagante e aristocrático magnata da mineração Francisco d'Anconia.

Mas o personagem-chave do romance não se revela até que esteja bem avançada a narrativa, quando surgem as respostas para algumas perguntas intrigantes: por que razão o maior filósofo vivo trabalha como cozinheiro numa lanchonete das montanhas Rochosas? Como pode o mais importante inventor de nossa época ser o chefe de uma gangue de delinqüentes que atua nas ferrovias? O que acontece quando as pessoas que podem salvar o mundo optam por não fazê-lo? Quem é John Galt?

Razão (ou a responsabilidade de viver com um propósito)

Inspirado pela revolta da autora contra o fato de as pessoas desperdiçarem a única capacidade que as dintingue dos outros animais – a razão –, o livro é ideal para aqueles que deixaram de se perguntar "Por que estou vivo?" ou "O que devo fazer ou criar para justificar minha existência?".

Para Rand, a "sociedade" oferece uma rede de proteção para toda sorte de mediocridade, pessoas que consentem em não apontar a falta de empenho das outras desde que a sua também não seja exposta. Essa disposição de aceitar menos para acomodar a "natureza humana", na visão da autora, é verdadeiramente anti-humana.

Um dos personagens diz que a maioria das pessoas não quer realmente viver, mas "se safar na vida". E quando Dagny Taggart pergunta a Francisco d'Anconia qual, em sua opinião, é o pior tipo de ser humano, ele responde: "O homem que não tem propósito."

O papel de Dagny na administração da Taggart Transcontinental é, aos seus próprios olhos, uma responsabilidade sagrada. Ela só se sente realmente viva quando está "nos trilhos" ou debruçada sobre as cifras da empresa. Os trens funcionam como uma metáfora do que ela compreende ser a vida – eles viajam em alta velocidade, sem nunca desviar do destino previamente determinado.

Numa cena em que comanda uma locomotiva a mais de 160 km/h pela recém-construída linha John Galt, Dagny tem uma idéia súbita inspirada pelo ruído dos motores: não seria perverso desejar sem se emocionar – ou mudar sem ter um objetivo?

A dignidade de enriquecer

Para Rand, a riqueza era um sinal de que o pensamento individual significativo havia se instalado. Criar alguma coisa e ganhar dinheiro com ela era nada menos do que a essência da moral humana. Napoleon Hill o disse sem meios-termos: "Pense e enriqueça."

Obter dinheiro por quaisquer outros meios (inclusive herança, fraude, etc.) é considerado "pilhagem" e as pessoas que fazem avançar a civilização e girar o mundo são desprezadas como "materialistas vulgares" e "ladrões do povo".

A grande questão que a personagem Dagny enfrenta é: por que deveria tentar salvar sua ferrovia enquanto os espoliadores, em nome do "bem público", a dilapidavam? "Criadores de riquezas, orgulhai-vos!" é o brado do livro. Lutem pela liberdade de inovar e produzir e jamais assumam a responsabilidade pelos que não produzem.

A melhor sociedade é aquela em que as pessoas negociam o melhor que criaram pelo melhor que outros criaram. Alan Greenspan, o conhecido ex-presidente do Federal Reserve Board que muitos consideram o arquiteto do grande boom econômico norte-americano, é provavelmente o mais ilustre discípulo de Rand e fazia parte de seu círculo nova-iorquino na década de 1950.

No livro *The Greenspan Effect* (O efeito Greenspan), os autores se referem ao fato de que Greenspan era um seguidor de Adam Smith, admirador da base técnica do capitalismo. Depois de conhecer Rand, ele se convenceu de sua força moral.

Quem é John Galt? e o indivíduo

Objeto de chacota durante muito tempo, muitas das idéias de Rand foram incorporadas ao saber convencional. Hoje cultuamos o empresariado da forma como ela o fez e parece óbvio que o tipo mais puro de capitalismo faz o melhor uso do talento individual e fornece produtos e serviços cada vez mais aperfeiçoados.

A vida econômica no século XXI não é apenas um triunfo da tecnologia – é uma cultura de invenção gerada pela imaginação individual. Não por acaso o tema que percorre *Quem é John Galt?* é o signo do dólar. Para Rand, uma imigrante que amava os ideais norte-americanos, esse símbolo sagrado representa o triunfo da mente criativa sobre o Estado, a religião e a tradição – significa liberdade em face do poder asfixiante da mediocridade.

Embora esse culto do dólar e do interesse pessoal tenha um aspecto desagradável e até implausível, o livro retrata brilhantemente o que acontece quando a ética do "bem maior" é levada à sua conseqüência lógica: reúne, com a máxima eficácia, o espírito de toda a nação. O interesse próprio, como observou Adam Smith, está de pleno acordo com a natureza e é, portanto, portador do fim moral por excelência.

Defensora de uma moral baseada no poder da criação individual, Rand é a santa padroeira do empresariado do século XXI. A pessoa que tem uma disposição mental "randiana" é, por princípio, oposta à "igualdade" se esta significa sacrificar os próprios sonhos em benefício de outros. A busca de direitos iguais pode ser nobre, mas sufoca o espírito vital que sempre impeliu o progresso humano.

Quem é John Galt? sustenta que o maior dever do indivíduo é valorizar a alegria de estar vivo. Embora a existência de Dagny Taggart tenha o aspecto de uma luta incessante, ela se recusa a dar ao sofrimento qualquer autoridade sobre sua vida. Ela não está disposta a dizer, como todo mundo: "É a vida."

Comentários finais

Quem é John Galt? teve sua cota de maldição. Ainda hoje é retratado como um livro radical, simplista e ingênuo, mas a melhor palavra para descrevê-lo é intransigente – como sua autora, aliás, que criou um ideal de humanidade desconfortável para a maioria e idéias que não foram completamente digeridas.

Homofóbica e anticomunista exacerbada, além de fumante compulsiva, Rand pode ser assustadora para alguns, mas sua filosofia da máxima auto-expressão mesclada de volúpia pelo progresso tecnológico certamente se ajusta ao nosso tempo.

Sua prosa pode não ser das mais brilhantes, muitas de suas frases arrancarão muxoxos e acenos de cabeça do leitor atento, mas o livro certamente sobreviverá às caretas de seus críticos. Com 1.080 páginas, é, como todo grande romance, um mundo para se descobrir. Certamente daria uma grande ópera – não surpreende que o herói literário de Rand fosse Victor Hugo.

Como muitos livros de igual tamanho, há muita repetição e ele sem dúvida podia ser menor e mais bem editado. Não obstante há um espírito por trás das palavras que deixará o leitor certo de que está lendo algo importante.

Ayn Rand

Ayn Rand nasceu Alissa Rosenbaum em 1905, na cidade de São Petersburgo. Quando estourou a revolução bolchevique, seu pai levou a família para a Criméia; ao retornar, o negócio da família havia sido tomado pelo Estado. Alissa se formou na Universidade de Petrogrado (atual Leningrado) em 1924, antes de começar um curso de roteirista. No ano seguinte viajou a Chicago para visitar um primo e nunca mais voltou.

Seis meses depois mudou-se para Hollywood, onde se tornou roteirista, mudando seu nome para Ayn Rand. Ayn era o primeiro nome de uma escritora finlandesa; Rand, o modelo de sua Remington. Em seu segundo dia em Los Angeles conheceu Cecil B. de Mille, que lhe ofereceu trabalho como extra num filme em que atuava seu futuro marido, Frank O'Connor.

Rand nunca deslanchou na carreira de roteirista, mas em 1935 teve uma peça montada na Broadway sob o título Night of January 16th. *Seus primeiros romances,* We the Living *(Estamos vivendo) e* Anthem *(Hino), foram bem recebidos pela crítica, mas não foram campeões de venda. A sorte de Rand mudou com* Fontainhead *(Nascente), a história de um arquiteto modernista que luta para realizar seu sonho. Em seguida lançou* Quem é John Galt?, *um sucesso instantâneo.*

Em 1958, Rand e Nathaniel Branden fundaram um instituto em Nova York para disseminar a filosofia objetivista. Adversária ferrenha das campanhas antitabagistas do governo, Ayn Rand morreu em 1982 de câncer no pulmão. Sobre seu caixão foi colocada a efígie da nota de um dólar.

Self-Help
(Auto-ajuda)

1859

"A vida corajosa e inspiradora de um homem acende uma chama na mente de outros de igual ímpeto e faculdades; e onde há esforço vigoroso, distinção e sucesso semelhantes se seguirão com quase toda a certeza. Desse modo, a cadeia de exemplos é transmitida ao longo do tempo numa sucessão infindável de vínculos – admiração que estimula a imitação e perpetua a verdadeira aristocracia do gênio."

"Existem muitas falsidades no caráter, mas o caráter autêntico dificilmente pode ser confundido. Alguns, sabendo de seu valor monetário, cuidam de disfarçá-lo com a finalidade de se impor aos incautos. O coronel Charteris disse a um homem notável por sua honestidade: 'Eu daria mil libras pelo seu bom nome.' 'Por quê?' 'Porque com ele eu poderia ganhar 10 mil', foi a resposta do tratante."

"Nenhuma lei, por mais severa que seja, pode tornar diligente o preguiçoso, prudente o perdulário, sóbrio o bêbado. Tais reformas só podem ser efetuadas por meio da ação individual, da parcimônia e da autonegação; por meio de hábitos melhores, não de direitos maiores."

Em síntese

A história está cheia de pessoas que realizaram grandes coisas por meio da vontade e da persistência.

Na mesma linha

Stephen Covey, *Os 7 hábitos das pessoas altamente eficazes* (p. 32)
Benjamin Franklin, *Autobiografia*, (p. 38)

Capítulo 49

Samuel Smiles

Self-Help (Auto-ajuda) foi publicado no mesmo ano de *A origem das espécies*, de Darwin, e *Sobre a liberdade*, de John Stuart Mill. Darwin traçou um retrato do aperfeiçoamento da vida por meio da minuciosa adaptação ao meio ambiente, Mill esboçou uma sociedade baseada na liberdade e Smiles deu ao mundo uma obra inspiradora que fala de indivíduos que construíram suas vidas a partir da força de vontade.

O livro pode não ter a profundidade erudita e filosófica dos outros dois, mas é uma obra seminal. Em muitos lares vitorianos, *Self-Help* só tinha menos status que a *Bíblia*. E embora seja hoje considerado um documento sobre os valores da época (diligência, parcimônia, progresso, etc.), não devemos julgá-lo por sua linguagem antiquada e sua moral absoluta. Trata-se de uma obra pertencente a uma tradição literária mais ampla que inclui a *Autobiografia* de Benjamin Franklin e os romances de Horatio Alger, em que os seres humanos avançam a despeito de quaisquer dificuldades. A ética da auto-ajuda nasce com a biografia. Sabendo disso, Smiles encheu o livro de figuras notáveis, muitas delas hoje esquecidas:

- Sir William Herschel (1738-1822) tocava oboé numa orquestra itinerante, mas tinha grande interesse pela astronomia. Construiu seu próprio telescópio, o que o levou a descobrir Urano e outros corpos celestes. Foi o astrônomo oficial do reino da Inglaterra.
- Bernard Palissy (c.1510-1589) era um oleiro pobre que atirou na fornalha até a mobília para criar a técnica da esmaltação. Sua tenacidade foi recompensada com o posto de oleiro do trono francês.
- Granville Sharp (1735-1813) era pároco, mas em seu tempo livre deu início ao movimento abolicionista na Inglaterra. Conseguiu fazer aprovar uma lei garantindo que todo escravo que chegasse ao país seria livre.

Essas vidas não desfilam à nossa frente só para que as admiremos, mas para nos dar uma idéia do amplo leque de modelos possíveis em que podemos espelhar nossas vidas. Smiles as escolheu para que sirvam de exemplo das qualidades extraordinárias – tenacidade, diligência e resignação – que formam os capítulos do livro.

Trabalho árduo e aptidão

Smiles imaginava que seu livro permaneceria para sempre válido por tratar da natureza humana. Mas será que a perseverança e o trabalho incansável são ainda componentes básicos do sucesso?

O mito do artista é a pessoa de índole rebelde que produz obras-primas em arroubos criativos, ao passo que o denominador comum das "vidas dos artistas" descritas por Smiles compreende a excepcional diligência e a aplicação indômita à tarefa. Ao mostrar que muitos dos métodos por eles criados surgiram após anos de tentativas e erros, Smiles desmonta a crença de que os artistas mais bem-sucedidos são os que têm mais "talento".

Na verdade, o talento não é algo raro; o que é incomum é a disposição de trabalhar arduamente para realizar uma visão artística. Michelangelo não teria pintado o teto da Capela Sistina se não se dispusesse a trabalhar incansavelmente deitado sobre um andaime. Ticiano levou sete anos para criar sua *Última ceia* para o rei Carlos V, embora muitos imaginem que ela foi criada num "arroubo de gênio".

A história tem a tendência de transformar o compromisso inabalável e o trabalho duro em palavras grandiosas como gênio, quando aqueles a quem tais palavras se aplicam pensam de outra forma. O lema do pintor Sir Joshua Reynolds e do escultor David Wilkie, por exemplo, era "Trabalho! Trabalho! Trabalho!". E Johan Sebastian Bach refletiu: "Eu fui diligente; quem for igualmente aplicado será igualmente bem-sucedido."

Veja o que Smiles escreveu:

> *"Não é tanto o talento excepcional que é necessário para assegurar o sucesso em qualquer empreendimento, mas o propósito – não apenas o poder de realizar, mas a vontade de trabalhar com energia e perseverança. Daí a energia da vontade poder ser definida como a força crítica do caráter de um homem – numa palavra, o próprio homem."*

Smiles nos fala de George-Louis Buffon (1707-1788), autor de uma famosa *Histoire naturelle* (História natural) de 44 volumes que reuniu tudo o que se sabia em sua época e que prenunciou a teoria da evolução. A imensa autodisciplina necessária para completar esse projeto levou Buffon a concluir que "gênio é paciência".

Para Maistre, "saber esperar é o grande segredo do sucesso". O entendimento de Isaac Newton sobre o que produzia o gênio era similar: pensamento incessante para a solução de um problema.

Paciência, ordenamento da mente e absorção na tarefa que se tem à mão são os elementos-chave citados por Smiles em todos os grandes avanços – nenhum dos quais pode ser suprido por recursos governamentais ou mesmo pela educação. São talentos cultivados.

Caráter

Hoje em dia, a expressão "formação do caráter" costuma ser pronunciada com um sorriso a alguém que pretenda se banhar num lago gelado ou fazer uma caminhada de 10 dias através do Himalaia. Como advertia Smiles já na década de 1850, educação, riqueza e família não chegam nem perto de substituir o caráter. Vivemos numa sociedade dita do conhecimento, na qual se considera que o valor mais alto é o emprego criativo de dados e informações. Smiles, porém, dizia que "caráter, mais do que conhecimento, é poder".

Self-Help pode ser um livro ingênuo de uma época igualmente ingênua, mas sua obstinada insistência na necessidade de se cultivarem qualidades pessoais portadoras da liberdade de espírito revela uma verdade atemporal: o caráter é algo que se forma a despeito das potentes forças do instinto e do condicionamento cultural. Há uma declaração interessante de Sir Humphry Davy: "O que sou, fiz eu mesmo: digo-o sem vaidade e com pureza de alma."

A coragem de que fala Davy não é aquela dos atos intrépidos, mas das pequenas decisões diárias que reafirmam nossa independência. Esse é o ingrediente básico das "pessoas altamente eficazes" de Stephen Covey.

Embora os negócios não fossem vistos no século XIX como o são hoje – uma arena para as mentes mais brilhantes e mais criativas –, Smiles foi capaz de antever esse processo. E identificou imediatamente o seu fator crítico: integridade de palavras e atos.

Como a confiança é a cola que mantém unidas as sociedades livres, segue-se que o sucesso duradouro será atraído para aqueles em que se pode confiar. Como disse Max Weber, esse atributo era tão raro que os primeiros mercadores protestantes fizeram fortunas na base da total confiança.

Nada entorpece a mente e destrói o caráter mais do que as drogas e o álcool, o que faz com que Smiles não perca a oportunidade de louvar a qualidade que mais aprecia – a temperança. Nos filmes antigos, rimos quando o pregador vitupera contra à "estrada para a ruína". O pavor do álcool nos diverte porque somos "sensíveis" ao tema, mas ninguém admite suas conseqüências menos dramáticas, aquelas que se manifestam ao longo de uma vida inteira: as coisas que você deixa de fazer no dia seguinte por causa da noite anterior, o beber "socialmente" que encobre a aceitação da mediocridade. Smiles cita Sir Walter Scott nesse aspecto: "De todos os vícios, a bebida é o mais incompatível com a grandeza."

Comentários finais

Smiles viveu no auge do Império Britânico, quando os ingleses chegaram a dominar cerca de 1/4 do planeta. Como toda nação hegemônica, a Inglaterra espalhou sua cota de desgraça entre aqueles que eram forçados a manter o espetáculo no ar. Suas boas qualidades – reforma social, princípios políticos ilustrados, energia e inventividade – eram unidas por uma crença mais ampla no "progresso".

Uma das conseqüências de *Sobre a liberdade*, de Mills, foi nos ensinar a relativizar tais valores. Esse libelo contra a opressão política abriu caminho inadvertidamente para o socialismo, que levou o ideal do coletivismo a um nível tal que os indivíduos eram protegidos até da expansão de suas próprias fronteiras. Mas Smiles nos faz recordar o que Mills disse sobre isso: "O valor do Estado, a longo prazo, é o valor dos indivíduos que o compõem."

Se o ideal do progresso ressurgir no século XXI, é menos provável que seja como propriedade dos governos do que como fé dos indivíduos. Enquanto o princípio da liberdade política de Mills é a condição básica do progresso pessoal, é a vocação da auto-ajuda, por outro lado, que pode ensinar o que fazer com nossa liberdade. O interessante é que Smiles foi, no começo da vida, um ardoroso reformador político, mas desistiu ao perceber que a reforma mais urgente era a pessoal.

Self-Help é sexista: entre seus biografados não há uma única mulher. Em sua defesa, pode-se dizer que o livro foi desenvolvido a partir de palestras ministradas a trabalhadores do sexo masculino e que naquela época os exemplos femininos provavelmente não teriam sido bem aceitos. Mas o leitor que relevar a omissão será recompensado. Esse *Titanic* da literatura de auto-ajuda merece emergir novamente.

Samuel Smiles

O mais velho de 11 irmãos, Smiles nasceu em 1812, em Haddington, na Escócia, filho de um fabricante de papel. Aos 14 anos deixou a escola e trabalhou durante três anos antes de entrar na Universidade de Edimburgo para fazer Medicina. Depois de algum tempo como médico, seu interesse mudou para a política, o que o levou a tornar-se, em 1838, editor do jornal radical Leeds Times, *onde adotou as causas do livre comércio, da extensão do sufrágio e da melhoria das condições de vida dos trabalhadores fabris.*

Tendo se desiludido com a reforma política, Smiles passou a defender o desenvolvimento pessoal. No mesmo ano em que começou sua carreira de administrador de ferrovias, ministrou o ciclo de palestras que mais tarde se transformaria no livro Self-Help. *Traduzido para vários idiomas, foi um dos poucos títulos ingleses a circular no Japão depois da restauração Meiji, tornando-se a bíblia dos homens de negócios de todo o mundo. O industrial milionário Lorde Leverhume e o escritor norte-americano Orison Swett Marden, fundador da revista* Success, *estão entre os muitos que disseram que deviam suas realizações a* Self-Help.

Outras obras de Smiles incluem uma biografia de George Stephenson, pioneiro das estradas de ferro, um texto de história econômica em três volumes chamado Lives of the Engineers *(Vidas de engenheiros), os livros* Character *(Caráter),* Thrift *(Parcimônia),* Duty *(Dever) e a biografia do oleiro Josiah Wedgwood. Uma autobiografia foi publicada depois da sua morte, em 1904.*

O fenômeno humano

1955

"O homem moderno não sabe mais o que fazer com as potencialidades que desencadeou... Às vezes somos tentados a devolver essa superabundância à matéria da qual ela brotou, sem parar para pensar na monstruosidade desse ato contra a natureza."

"Dissemos que a vida, por sua própria estrutura, uma vez elevada ao estágio do pensamento, não pode prosseguir sem pretender ir ainda mais alto. Isso é suficiente para nos assegurar das duas coisas de que nossa ação tem necessidade imediata. A primeira é que há para nós, no futuro, de uma ou outra forma, coletiva pelo menos, não apenas sobrevivência, mas sobrevida. A segunda é que para imaginar, descobrir e alcançar essa forma superior de existência só é preciso pensar e caminhar para mais longe, na direção em que os traços transmitidos pela evolução assumem a sua máxima coerência."

"Nessa visão, o homem não é visto como o centro estático do mundo – o que durante tanto tempo ele próprio acreditou ser –, mas o eixo e o ramo principal da evolução, o que é algo muito mais elevado."

Em síntese

Valorizando e expressando a sua singularidade você propicia a evolução do mundo.

Na mesma linha

Abraham Maslow, *Motivation and Personality* [Motivação e personalidade] (p. 276)

Capítulo 50

Pierre Teilhard de Chardin

Pierre Teilhard de Chardin escreveu as palavras finais de *O fenômeno humano* em 1938, mas elas só iriam repercutir 17 anos após a sua morte. Além de ilustre paleontologista, Teilhard foi um padre jesuíta que a própria Igreja acreditava ter ido além da ortodoxia em seus escritos filosóficos, razão pela qual a publicação do livro foi sistematicamente desautorizada. Qualquer outro teria largado a batina, ou pelo menos ficado amargurado, mas Teilhard, curiosamente, manteve seu voto de obediência.

O efeito de seu isolamento intelectual e físico (Teilhard foi "banido" para a China para desenvolver trabalho científico) foi a fermentação de idéias incrivelmente abrangentes e radicais, algumas das quais só recentemente começam a ser compreendidas. Todos sabem que o valor de um visionário só fica provado com o passar do tempo, mas poucos neste começo do século XXI nos dão uma visão mais fascinante da espécie humana.

O fenômeno humano não é um livro de auto-ajuda no sentido convencional e muitos leitores hão de achá-lo demasiado "cristão", mas sua influência sobre os outros autores é muito significativa. Embora abstratas, suas idéias sobre a evolução mental e espiritual se mostram perfeitamente adequadas às grandes questões atuais – perguntas que temos feito sobre nós mesmos e sobre como podemos nos ajustar ao esquema mais amplo das coisas.

A evolução do ser humano

A teoria evolucionária de Teilhard trata da mente e do mundo físico. Para ele não nos basta ter descoberto que evoluímos dos macacos – nossa tarefa é chegar ao ponto de saber *por que* evoluímos. Os cientistas de hoje têm amplas evidências de que o cérebro humano não mudou em milhares de anos, mas o fato de termos a mesma estrutura cerebral não significa que somos os mesmos seres. Ele acreditava que, uma vez atingido o estágio reflexivo, o progresso da humanidade seria inevitável; desfrutaríamos "não apenas da sobrevivência, mas da supervida".

Teilhard era, talvez, singularmente apto para a tarefa de aplicar a ciência evolucionária às questões mais gerais do destino humano. Os cientistas comuns receavam fazer muitas especulações e poucos sacerdotes tinham o seu intelecto e a sua formação científica. Como paleontólogo e antropólogo, o autor conhecia as origens do homem, embora lhe parecesse óbvio que quanto mais soubéssemos sobre o passado, mais longe poderíamos mirar no futuro.

A humanidade como fenômeno

Embora considerasse *O fenômeno humano* um tratado científico, Teilhard era um crítico da superespecialização; assumiu a posição paradoxal de que a ciência só poderia atingir a maioridade quando ultrapassasse a visão do homem fundamentada em seu corpo físico:

> *"A verdadeira física é aquela que um dia realizará a inclusão da totalidade do homem numa imagem coerente do mundo."*

O ser humano, segundo Teilhard, é um fenômeno que ainda está por ser explicado pelas ciências naturais e humanas. As buscas, realizações e os acontecimentos da evolução humana têm de ser analisados como um movimento total. Estamos tão acostumados com a palavra "humanidade" que ela quase deixou de ser uma idéia, ainda que se trate de um conceito bastante jovem, baseado no reconhecimento da unidade da espécie a despeito de todas as guerras, divisões territoriais e diferenciações culturais.

Para ele, a humanidade não é o centro do mundo, mas o "eixo e ramo principal da evolução". Não nos elevamos acima da natureza, mas nossa busca intelectual e espiritual aumenta exponencialmente nossa complexidade e inteligência. Quanto mais complexos e inteligentes nos tornamos, menos domínio o universo físico tem sobre nós.

Da mesma forma como o espaço, as estrelas e as galáxias se expandem continuamente, o universo passa por um "desenvolvimento" igualmente natural do mais simples para o mais complexo; a psique humana também se desenvolve segundo essa lei. "Humanização" é como Teilhard chamava o processo pelo qual a humanidade se torna mais humana e realiza o seu potencial.

Personalidade = evolução

Embora tenha mergulhado na física do cosmo e nos subterrâneos do planeta, Teilhard sempre retornou à personalidade humana. Numa palestra ministrada na Unesco, em 1947, em que discutiu a possibilidade de uma nova Declaração dos Direitos do Homem, ele apelou não à autonomia dos indivíduos, mas à "incomunicável singularidade da existência que cada um de nós possui". Soa grandioso, mas significa que a raça humana nunca progredirá pelo empenho em transcendê-la nem por meio do individualismo, mas somente pela possibilidade de todos expressarem plenamente suas personalidades.

À medida que se torna tecnologicamente mais avançada, a humanidade se torna também mais interessada em sua dimensão espiritual (Teilhard chamava o fenômeno de "interiorização"). Mas a evolução não funciona de maneira impessoal e numa velocidade uniforme; ela se dá por saltos e sempre retorna a *alguém*.

A "noosfera" e o ponto Ômega

Em 1925, Teilhard cunhou o termo "noosfera". Assim como a biosfera é a concha viva ao redor do planeta Terra, a noosfera é a sua congênere mental, uma camada invisível de pensamento ao redor do mundo que é o somatório dos estados mentais e espirituais da humanidade – toda a cultura, todo o amor e todo o conhecimento.

Ele previu um futuro em que cada indivíduo necessitaria dos recursos do planeta inteiro para nutri-lo material e psicologicamente – reciprocamente, a influência de cada indivíduo, antes restrita à sua localidade física, iria além do tempo e do espaço. À medida que o mundo se contraísse, nós o cobriríamos com nossos pensamentos e relacionamentos.

O conceito de noosfera claramente atingiu sua maioridade na sociedade conectada pela internet. Ele tem exercido enorme influência sobre os teóricos da computação, que reconhecem que Teilhard enxergou a internet 50 anos antes de seu aparecimento. A noosfera precedeu até mesmo a idéia de "Gaia", de James Lovelock, pela qual entendemos o planeta como um organismo vivo.

Teilhard disse que, à medida que a humanidade se tornasse mais auto-reflexiva, capaz de perceber seu lugar no tempo e no espaço, sua evolução começaria a se dar em grandes saltos e não mais por uma lenta ascensão. Em lugar do ritmo glacial da seleção natural, um refinamento de idéias férteis acabaria nos levando à libertação completa do mundo físico – um movimento irresistível em direção a um novo tipo de existência no qual todo o nosso potencial seria atingido. Teilhard o chamava de ponto Ômega.

Comentários finais

O fenômeno humano é o livro mais importante e conhecido de Teilhard e sua influência parece crescer continuamente, mas não é fácil de ler. Sua linguagem é às vezes quase impenetrável. Mas devemos nos lembrar que Teilhard nunca teve um público que testasse suas idéias e lhe desse retorno. (Quem busca algo mais digerível pode ler *O meio divino: ensaio de vida interior.*)

A idéia de sobrevida pode parecer um castelo de cartas, mas Teilhard era de opinião que uma verdade vista por uma única pessoa era assim mesmo uma verdade e acabaria sendo aceita por todos. Embora seu livro tenha feito sucesso após sua morte, as terríveis realidades do século XX minaram – o que é natural e compreensível – a idéia de que estamos nos movendo consistentemente rumo a um maravilhoso ponto Ômega no nosso destino.

Progresso espiritual e avanço espiritual podem, não obstante, coexistir com o mal, de modo que para Teilhard coisas como o totalitarismo eram componentes naturais de nossa evolução social que acabariam sendo suplantados por formas melhores de organização e coletivismo.

O fenômeno humano é um livro de auto-ajuda da mais alta qualidade. Ele oferece um conjunto de idéias capazes de nos levar além do tempo e lugar de nossas vidas individuais. Pensando grande sobre a espécie humana, podemos encarar nossa tarefa pessoal com energia e clareza.

As pessoas, quando fitam o cosmo, costumam repetir o clichê: "Percebemos a nossa insignificância." Teilhard não teria compartilhado esse sentimento. Em sua filosofia, toda alma tem um papel vital a exercer na evolução do mundo, e nós, conscientes de nossa humildade, sabemos que isso não significa necessariamente ter um grande ego. Mais exatamente, isso requer a máxima expressão de nossa personalidade e capacidade individual.

Pierre Teilhard de Chardin

Nascido em 1881 na região de Auvergne, na França, Teilhard era o quarto de 11 irmãos. Interno num colégio religioso, aos 18 anos entrou para a ordem jesuíta, onde permaneceu por seis anos. Aos 24 foi enviado à cidade do Cairo, onde passou três anos ensinando física e química. Nos quatro anos seguintes, Teilhard estudou teologia, geologia e paleontologia em Sussex, na Inglaterra. Em 1912 foi finalmente ordenado padre e retornou a Paris para prosseguir os estudos geológicos no Museu de História Natural, mas foi frustrado pela eclosão da Primeira Guerra Mundial. Por seus serviços como padioleiro, recebeu uma medalha militar e a Legião de Honra.

Em 1923, depois de completar o doutorado na Sorbonne, Teilhard foi enviado à China, para um estágio de um ano no Museu de História Natural. Voltou em 1926 e passou mais 20 anos naquele país, onde acabaria dando significativas contribuições ao conhecimento geológico e paleontológico. Teilhard estava no grupo que achou o Homem de Pequim.

Terminada a Segunda Guerra Mundial, ele teve permissão para voltar a Paris, onde desfrutou uma agitada vida intelectual. Um ataque cardíaco, em 1947, obrigou-o a uma convalescença forçada. Seus escritos foram deixados com um amigo para serem publicados após sua morte.

Agradecimentos

A todos os autores: obrigado por escreverem seus clássicos e por suas inestimáveis contribuições ao desenvolvimento pessoal. Foi muito divertido ler seus livros e falar sobre eles com outras pessoas.

Aos editores: obrigado por seu compromisso com um gênero literário que, apesar de sua popularidade, nunca desfrutou da atenção que merece por parte da crítica. Espero que este livro traga ainda mais leitores para seus títulos.

À minha companheira Tamara Lucas: este livro é dedicado a você. Obrigado por seu amor e inspiração e por agüentar o computador ligado noites a fio.

À minha mãe Marion Butler-Bowdon: obrigado por tudo o que me deu nos últimos 35 anos e por ser a minha maior relações-públicas.

A Noah e Beatrice Lucas: obrigado pelo apoio constante e pelo interesse no que faço.

A Nick Brealey, da Nicholas Brealey Publishing: obrigado por suas idéias, seu entusiasmo e sua diligente atenção para com esta obra; a Sally Lansdell, pela edição, e a Angie Tainsh e Terri Welch, pela publicidade.

E aos que me apoiaram com palavras de estímulo e senso de perspectiva recentemente ou ao longo dos anos: Andrew Arsenian, Andrew Chang, John Melville, Giselle Rosario, meus irmãos Caroline, Teresa, Charles, Edward, Piers e Richard e seus companheiros Charles, Will, Valerie, Kate, Tammy e Ruth, meus sobrinhos e sobrinhas Celeste, Caleb, Jacob, Toby e Conrad, os Pollock – Joy, Norman, Jane, Cathy, Adrian e Roger –, os Taylor – Maurice, Barbara, Howard e Jessica –, os Misak – Sonia, Albert, Natan e Raphael –, Sarah Ravenscroft, Humphrey Butler-Bowdon, Paul Goose, Fitzroy Boulting, Richard Koch, Ronnie Gramazio, Frazer Kirkman, Pria Mitra, Ian Hunter, Nick Harford, Tom Magarey, David Meegan e Yvette, Rosemary, Karen e Isobel, da OCC. Este livro é também um tributo a meu pai, William Butler-Bowdon (1913-2001).

Conheça os próximos livros de Tom Butler-Bowdon

50 clássicos de sucesso

Em *50 clássicos de sucesso,* Tom Butler-Bowdon indica livros que ajudaram milhões de pessoas a dar uma guinada em suas vidas e em suas carreiras - desde clássicos como *A arte da guerra* até lançamentos recentes como *Quem mexeu no meu queijo?*.

Fazendo uma análise das 50 principais obras já escritas sobre inspiração, motivação e capacitação profissional, o autor mapeia as mais diversas correntes de pensamento sobre o assunto. Apresentando, entre outros autores, Henry Ford, Jack Welch, Eleanor Roosevelt, Ernest Shackleton e Nelson Mandela, esse livro vai impulsionar você a perseguir e a conquistar seus objetivos.

50 clássicos de espiritualidade

50 clássicos de espiritualidade leva os leitores a conhecer e se aprofundar nas teorias de alguns dos mais importantes pensadores da espiritualidade de todos os tempos.

Analisando as 50 principais obras do gênero, esse livro atravessa continentes, tradições espirituais e crenças seculares. Tom Butler-Bowdon estimula nosso próprio potencial transformador ao discorrer sobre as idéias de grandes nomes como Santo Agostinho, Madre Teresa, Ghandi, Thich Nhat Hahn, Pema Chödron, Eckhart Tolle e Hermann Hesse.

Conheça os 50 Clássicos da Sextante

Espiritualidade/Inspiração

Muitas vidas, muitos mestres, de Brian Weiss
Muitas vidas, uma só alma, de Brian Weiss
Jesus, o maior psicólogo que já existiu, de Mark W. Baker
Conversando com os espíritos, de James Van Praagh
A última grande lição, de Mitch Albom
Uma ética para o novo milênio, de Sua Santidade, o Dalai-Lama
A arte da meditação, de Daniel Goleman
O Mestre dos Mestres (coleção *Análise da Inteligência de Cristo*), de Augusto Cury
Espiritualidade, um caminho de transformação, de Leonardo Boff
Autobiografia de um iogue, de Paramahansa Yogananda
O Poder do Agora, de Eckhart Tolle

Negócios

O monge e o executivo, de James C. Hunter
Como se tornar um líder servidor, de James C. Hunter
Jesus, o maior líder que já existiu, de Laurie Beth Jones
Faça o que tem de ser feito, de Bob Nelson
Seu balde está cheio?, de Tom Rath e Donald O. Clifton
A hora da verdade, de Jan Carlzon
A Boa Sorte, de Álex Rovira Celma e Fernando Trías de Bes
Você é mais capaz do que pensa, John G. Miller
Seis fundamentos do sucesso profissional, de Stuart R. Levine

Ficção

O Código Da Vinci, de Dan Brown
Ponto de Impacto, de Dan Brown
Anjos e Demônios, de Dan Brown
Fortaleza Digital, de Dan Brown
As cinco pessoas que você encontra no céu, de Mitch Albom

Livros de bolso

Dez leis para ser feliz, de Augusto Cury
Seja líder de si mesmo, de Augusto Cury
Você é insubstituível, de Augusto Cury
Palavras de sabedoria, de Sua Santidade, o Dalai-Lama
A vida é bela, de Dominique Glocheux
Filtro solar, de Mary Schmich
Posso conseguir o que desejo, de Iyanla Vanzant
Quem acredita sempre alcança, de Peter McWilliams

Auto-ajuda

O método fácil de parar de fumar, de Allen Carr
Por que os homens fazem sexo e as mulheres fazem amor?, de Allan e Barbara Pease
Desvendando os segredos da linguagem corporal, de Allan e Barbara Pease
Por que os homens mentem e as mulheres choram?, de Allan e Barbara Pease
O poder que vem do seu nome, de Aparecida Liberato e Beto Junqueyra
Nunca desista de seus sonhos, de Augusto Cury
Pais brilhantes, professores fascinantes, de Augusto Cury
100 segredos dos bons relacionamentos, de David Niven
Não leve a vida tão a sério, de Hugh Prather
Mantenha o seu cérebro vivo, de Laurence Katz e Manning Rubin
100 segredos das pessoas felizes, de David Niven
Enquanto o amor não vem, de Iyanla Vanzant
A Dieta do Abdômen, de David Zinczenko e Ted Spiker
A Dieta de South Beach, de Arthur Agatston
O poder da paciência, de M. J. Ryan

Referência

1.000 lugares para conhecer antes de morrer, de Patricia Schultz
O ócio criativo, de Domenico De Masi

Informações sobre os próximos lançamentos

Para receber informações sobre os lançamentos da Editora Sextante, basta enviar um e-mail para atendimento@esextante.com.br ou cadastrar-se diretamente no site www.sextante.com.br

Para saber mais sobre nossos títulos e autores, e enviar seus comentários sobre este livro, visite o nosso site: www.sextante.com.br

Editora Sextante
Rua Voluntários da Pátria, 45 / 1.404 – Botafogo
Rio de Janeiro – RJ – 22270-000 – Brasil
Telefone (21) 2286-9944 – Fax (21) 2286-9244
E-mail: atendimento@esextante.com.br